技术、形态与文化

宜兴紫砂欧洲交流史

安 丛 著

中国轻工业出版社

图书在版编目（CIP）数据

技术、形态与文化：宜兴紫砂欧洲交流史 / 安丛著．— 北京：中国轻工业出版社，2022.7

ISBN 978-7-5184-3820-4

Ⅰ．①技… Ⅱ．①安… Ⅲ．①紫砂陶—陶瓷艺术—文化交流—文化史—宜兴、欧洲 Ⅳ．① K876.3

中国版本图书馆 CIP 数据核字（2021）第 277381 号

责任编辑：徐　琪　　责任终审：劳国强　　整体设计：锋尚设计
策划编辑：毛旭林　　责任校对：吴大朋　　责任监印：张　可

出版发行：中国轻工业出版社（北京东长安街6号，邮编：100740）
印　　刷：北京博海升彩色印刷有限公司
经　　销：各地新华书店
版　　次：2022年7月第1版第1次印刷
开　　本：710×1000　1/16　印张：13
字　　数：260千字
书　　号：ISBN 978-7-5184-3820-4　定价：69.80元
邮购电话：010-65241695
发行电话：010-85119835　传真：85113293
网　　址：http://www.chlip.com.cn
Email：club@chlip.com.cn
如发现图书残缺请与我社邮购联系调换
211192K2X101ZBW

目　录

第一章　绪论

一、选题背景与意义

大航海与文艺复兴，分别意味着欧洲对外部世界广度的探索和对自身文化的深度追寻。而以大航海和文艺复兴为基础的全球贸易则深刻影响了欧洲的发展及其与世界的交流。罗伯特·芬雷（Robert Finlay）在《青花瓷的故事》[①]一书中，把瓷器作为全球贸易的一部分，认为“瓷器是一种敏感度极高的人间事物测试针，比起其他任何商品都敏感”，并且记录了历史的种种迹象，反映了人类生活的方式，在许多事物及议题上，都扮演了中心角色。作为明清时期中西艺术与对外文化交流的重要媒介，陶瓷所起到的载体的作用尤其重要。然而，在同时期兴盛发展的另一个中国陶瓷品类——宜兴紫砂，虽然在交流史中也扮演了重要角色，但是却很少有人关注。

17世纪中叶到18世纪末这段时间通常被称为欧洲的“启蒙时代”，而中国正经历清代康熙、雍正、乾隆三朝皇帝，这是中国对外贸易和文化交流的繁盛时期，尤其是中欧陶瓷文化的往来，由沿海到内陆、由王宫到市井，中国陶瓷影响了欧洲的饮食方式、生活方式以及文化精神。在大量的中国陶瓷中，数量不多、短暂流行于欧洲的宜兴紫砂茶器有特殊的地位。宜兴紫砂对外输出虽然数量上逊于景德镇瓷器，但在质量上因专供欧洲王室使用，制作精工、质地优良，远非一般外销瓷能相比[②]。

宜兴紫砂传入欧洲，一方面，是随着海上丝绸之路茶叶、瓷器的贸易大潮，最先作为饮茶器皿而输入，另一方面，得益于宜兴紫砂在明末清初的高水平发展。从中国饮茶历史来看，饮茶用壶代替宋元以来的茶盏，弥补了茶汤易冷和落尘的缺点。使用宜兴茶壶“形制古洁者，取以注茶，更为适用”[③]。清代的饮茶风尚进一步发展，然而茶器在类型上较明代并没有多大差异，景德镇和宜兴仍然并驾齐驱为全国茶器生产中心。

---

① 罗伯特·芬雷．青花瓷的故事[M]．郑明萱，译．台北：猫头鹰出版社，2011.

② 故宫博物院编．2007年国际紫砂研讨会论文集[C]．北京：紫荆城出版社，2009: 7.

③ 文震亨．长物志[M]．北京：中华书局，1985: 85.

宜兴紫砂壶享誉天下，四百余年来，牵引宜兴壶踪四处流动的动力，正是无所不在的茶文化。诚然，茶必先行于壶，各地茶叶消费风气的形成时间各不相同，随之登场的宜兴紫砂壶，对当地窑场的触发与影响也深浅有别，有些只是阶段性的启发借鉴，有些则是高度依循着宜兴紫砂壶的器用准则。紫砂在欧洲也触发、影响了欧洲陶业的发展。为满足市场需求，荷兰、英国、德国等国家对宜兴茶器进行仿制，不论是从颜色、造型、装饰还是风格上都以宜兴茶器为范本。一直以来，经济学家把早期流入英国的陶瓷看作18世纪英国工业转型的基础，最终奠定了后来被称为“工业革命的重要基础”①。欧仿宜兴紫砂壶的生产经历了引进-仿制-创新的生产历程，它植因于经济动机，以技术创新为推力，不妨把它看作产业提升的一个历程。

宜兴紫砂对欧洲社会生活也产生了影响，触发、引导了以女性为中心的消费文化的建构。这是其稀有性和昂贵的价格特征所决定的。同时，茶器的使用，启蒙、形成了当时新的社会生活和社交礼仪。之后，中国陶瓷茶器输入欧洲的数量证明了这种影响力的深远。在17、18世纪，中国陶瓷在欧洲有很广阔的市场，到18世纪末期，至少有7000万件中国陶瓷通过海运到达欧洲②。在1766—1786年的二十余年，仅瑞典就有超过1100多万件的中国瓷器输入。在18世纪欧洲输入中国陶瓷的总量中，茶器大概占瓷器总数的三分之一，远远超出其他任何种类的瓷器。另外，据史料记载，荷兰东印度公司运销的大宗商品为日用瓷，以餐具和茶具、咖啡具、巧克力具之类的饮具最为常见，例如，1751年，荷兰东印度公司从中国输入瓷器49.5万件，其中饮具约20万件，占总数的40%③。

18—19世纪，中国与欧洲文化交流大背景下的宜兴紫砂表现出视觉艺术上的交融风格。清代是工艺美术发展的繁盛时期，随着瓷器绘画性的倾向，内销紫砂也出现装饰化倾向，欧洲的审美方式、装饰风格在其中可呈现出来。偶尔流入外国的紫砂更是兼具当时盛行的金漆、粉彩等瓷器装饰工艺，尤其是进入欧洲之后金属附件的加饰，给宜兴紫砂带来别具一格的美。20世纪中期之后，

① Maxine Berg. In Pursuit of Luxury: Global History and British Consumer Goods in the Eighteenth Century[J]. Past & Present, 2004, 85-142.

② Peter Wilhelm Meister and Horst Reber, European Porcelain of the 18th Century, trans. Ewald Osers (Ithaca, N. Y.: Cornell University Press, 1983), p.18, cited in Robert Finlay, "The Pilgrim Art: The Culture of Porcelain in World History". Journal of World History. 1998, 9(2): 142.

③ 香港艺术馆编：中国外销瓷——布鲁塞尔皇家艺术历史博物馆藏品展[C]. 香港：香港市政局，1989: 46.

随着欧洲现代主义设计的兴起，紫砂设计也吸收借鉴了现代主义设计理念，在工艺形式上，紫砂壶设计从造型、构成方式和陈设上都表现出很强的现代性和现代艺术的特征。无论具象还是抽象，或是强烈的装饰性处理，现代紫砂所表达的形象语言或者艺术表达方式都流溢出现代设计的意绪。

值得特别说明的是，本书虽然以紫砂器为实例，然而由于时间跨度达四百余年，时代的变迁使得宜兴紫砂在形态范畴上也发生了变化，因而，本书不过多地分辨其功能性或是陈设性，也刻意模糊了现代手工艺、工艺美术、设计或者纯艺术的界限，而是着重从文化艺术双向交流、互动影响的角度对宜兴紫砂在不同时代文化交融下的风格、审美以及艺术价值的阐释。

总之，宜兴紫砂，无疑是全球文化流动中一个充满故事性的典范。它作为一个“触点”进入欧洲市场，助推了中国文化在欧洲的传播。这就像今日之美国文化的传播和渗透，成为其影响世界其他国家的重要因素。当下，恰逢我国提出“一带一路”发展倡议的实施推进，以宜兴紫砂为载体探讨中欧文化交流，有重要的历史和现实意义。

借助史料和文献，本研究梳理了17—20世纪宜兴紫砂茶器生产、发展的状况以及每个时代的艺术特色等；厘清了紫砂传入欧洲的贸易路线、输出主要国家、输出品种及数量；论述了不同时代背景下，由于紫砂文化的传播对欧洲制陶业、物质文化以及日常生活的影响。

二、研究方法与框架

本书以宜兴紫砂茶器为主要研究对象，以中国与欧洲的文化交流互动和影响为着眼点，选取17—20世纪以宜兴茶器为符号的中国文化被欧洲社会接触、接纳，甚至融合的过程这一横向维度，以各时代中欧文化交流背景之下紫砂茶器装饰、造型、艺术风格等方面的特点为纵向研究内容。特别值得说明的是，在考量研究主旨的情况下，为了更加深入分析17—18世纪输入欧洲紫砂茶器的艺术风格及其在欧洲各国的消费、品鉴、追摹、蜕变等情况，也将并陈比较同时期传入泰国、新加坡、日本等国家及中国台湾的宜兴茶壶的工艺及艺术风格。简言之，本书以全球史为框架，把“紫砂茶器”作为“一个具体而微的例子”，置于中国与欧洲工艺交流发展史的宏观视域中，加以近距离地审视。

在研究主题方面，欧洲国家对宜兴茶器及其所承载的文化象征与艺术符号的认识，不同国家和地区民众对其的不同需求反映出日常生活的实用差异，对品类和纹饰的需求则关联着当时的审美风尚及更深层的价值观判断和文化接受与认同。因而，随着茶文化传播过程中紫砂器与欧洲文化碰撞后在装饰、器型、工艺以及风格特色上的变化为本研究的主要内容。在19世纪以前，以上述对象的造型特色、装饰题材、文化内涵及其影响因素为重心，涉及必要的历史文献、茶文化、泥料特色、装饰技法，在19世纪以后，涉及民国历史、现代设计等时代背景。

西方艺术史家、批评家夏普洛（Meyer Schapiro）认为："一项研究的价值和效用，并非完全取决于对于资料的研究。一个人通过研究数量较少，然而挑选精到的材料，同样可以作出大贡献——只要这些物品能很好地代表其级别和类型，只要分析得仔细、透彻，方法正确"①。因而，本书尝试综合利用历史学、社会学、文物学以及设计学等学科研究方法，主要利用文献研读、实物研究、器物分析等方法。具体研究方法有三种，简述如下。

1. 确定"标准器"法

在考古论述中，传统的断代方法是找到一个代表性"器物"，然后综合各种渠道信息进行比较、鉴定。爱尔兰古陶瓷研究者唐娜丽在研究德化瓷时曾运用此方法。在本书的撰写中，笔者借鉴唐娜丽和法国紫砂研究者帕特里斯·万福来研究方法：每一种装饰系列的茶壶确定出一种"标准器"，即确定一个具有该系列茶壶典型装饰特征的、确切信息的茶壶的类型。通过挖掘其他信息线索，如同时期中国内销的茶壶、欧洲仿制茶壶等重叠信息，与"典型器"进行比对，初步建立相对可信的年代列表，并在此基础上研究同时期外销至欧洲茶壶的艺术特征。另外，在尽可能挖掘更多信息的基础上，以下的信息也要关注：旧的书刊的插图，或者是具有确切年代和信息的绘画作品；17、18世纪欧洲陶瓷艺术家复制的茶壶；相关参考文献，尤其是欧洲王室收藏目录中注明的茶壶获取或者入编日期。

2. 风格学

风格学旨在对艺术作品进行研究，即器物类型的发展研究，主要内容包括：研究作品在特定时空、历史背景中的造型、艺术风格等特点。

---

① 阿洛瓦·里格尔. 风格问题——装饰艺术史的基础[M]. 刘景联，李薇蔓，译. 长沙：湖南科学技术出版社，2000: 5-6.

3. 文物学

有学者指出，文物应该是具有历史性、艺术性、科学性和纪念性质的遗物[①]。宜兴紫砂茶器在属性上的确具备这四种性质。首先，从明开始出现，到明末清初在国内外的流行，清代发展的兴盛，再加上新中国成立后新的发展，这种五百多年的传承，就有浓厚的历史性特点；其艺术性表现在造型、内涵、装饰、工艺美学等方方面面；其严谨的结构，严丝合缝的造型特征以及科学的烧成制度，体现了其具有科学性特征；纪念性的特征表现在外在上是款识和署名，内涵上是必然从属于特定的时代，与各时代、各国茶文化结合后具备了某种程度的纪念性。

再者，虽然是以分析器物为主，但是不孤立地看待作品，而是基于新史学派（New history）[②]的主张，把研究对象纳入整个历史和社会生活背景中去研究，以器物证史的方法，以文献和实物资料为主，阐释它们所表现出来的物质文化、社会风俗及人文历史。

总之，笔者以17—20世纪中国与欧洲的文化交流为背景，紧扣宜兴紫砂在不同时代所呈现的艺术特征，并结合社会学的研究方法，将宜兴茶器在欧洲流行时期内中国与欧洲在社会生活、人文思想、审美理念等方面的异同及其相互渗透纳入研究视野，反观紫砂器在中欧艺术文化交流中的多元特质。在具体分析中，将器物、文献、图像以及专家学者的探讨综合在一起，意图揭示其在当时的物质文化及社会风俗中的价值。借此，来重新评估宜兴紫砂在世界陶瓷史及世界茶文化中的历史定位。

本书在内容构成上，采用“一纵两横”的思路。“一纵”是指时间和发展维度上的纵向研究，紫砂茶器在17—20世纪中欧文化背景下的发展过程分为4个方面：接触、回应、互动、嬗变。它们构成了论文的4个主要章节。

接触，即第二章“17世纪紫砂陶在欧洲的流布”。宜兴紫砂在17世纪20—30年代开始传入欧洲，本章主要关注其在欧洲的传播途径、方式、时间以及传入器的艺术特色等。

回应，即第三章“18世纪紫砂茶器对欧洲的影响”。宜兴紫砂传入欧洲之

① 吴诗池．文物学概论[M]．上海：上海文艺出版社，2002: 50.

② 指20世纪初开始萌动、20世纪50—60年代空前发展、旨在反对以兰克为代表的传统史学的史学新潮流。主要宗旨是提倡广阔开拓史学研究领域，与社会科学、人文科学分支合作，强调史学家解释，重视历史学与现实的关系即史学功能等。

后，随着茶文化的兴起，其迅速成为当时饮茶的必备。因紫砂茶器价格昂贵、数量稀少，只为上流阶层所拥有，加之紫砂茶器带有中国传统风格的装饰纹样满足了欧洲人对于东方的想象，于是欧洲各国做出回应。荷兰、英国、德国等国家先后进行仿制。本章用尽可能丰富的史料、图片资料分析、论述各国仿制的情况。对紫砂仿制，各国在生产上具有一致性，其发展脉络表现为：尽可能地接近蓝本、自主基础上的创新、形成独立风格。从生产要素的视角，这是一个产业提升的过程，对欧洲陶瓷业发展具有推动作用。另外，从全球贸易史的角度去考察，宜兴紫砂作为一种引子的作用，影响了欧洲的社会生活，使欧洲形成了新的社交礼仪和以女性为中心的消费文化。

互动，即第四章“19世纪中欧艺术融合中的紫砂茶器”。在巴洛克、洛可可艺术和清宫廷艺术交流的时代，也是清代紫砂发展的新阶段，紫砂形成中西合璧的艺术风格，这时候，中国外销紫砂的势头明显减弱，外来风格的影响开始更多地表现在内销紫砂上。此时在品种上新出现的宜兴胎珐琅，在工艺上贴花、金漆、金属附件加饰等把宜兴紫砂推向装饰化倾向。本章通过器物分析，意图揭示这些受外来风格影响的细微变化。

嬗变，即第五章“20世纪中外艺术嬗变中的宜兴紫砂”。在这一章，着重从现代设计观对紫砂影响的角度阐释新的文化交流背景下紫砂器所呈现的新面貌和设计风格。在20世纪文化交流嬗变的背景之下，现代设计与传统的紫砂工艺仍然在文化上有互动和交融。一方面，西方陶艺家、设计师受宜兴陶的启发，所设计的作品，不论在材质、造型还是内涵上都有创新；另一方面，现代设计中强调几何造型、块面感、直线条等设计元素被现代紫砂设计所采用，赋予紫砂茶器新的风格。再者，作为传统文化符号，宜兴紫砂仍然影响了艺术家和现代企业的生产，甚至在现代企业中“复活”。

除此之外，“两横”是指在按照发展论述的同时，以辩证的眼光，围绕文化交流背景之下，双方正反两面的影响、互动叙述，具体指第二、第三章侧重于阐述宜兴紫砂对于欧洲的影响，第四、第五章则以欧洲艺术审美、社会思潮对于宜兴紫砂的影响为侧重点。

三、概念的厘清

本书所涉及的中国与欧洲文化交流背景下的紫砂茶器，主要包括三类：一是外销至欧洲的紫砂茶器，二是受双方文化互动影响下的内销茶器，三是受现代主义设计理念影响下的现代紫砂器。

为尽量全面地展示紫砂茶器在不同时代背景下的文化、艺术面貌，本书也会涉及与宜兴紫砂具有相关性的陶器、瓷器等品种，有必要对书中提及的几个陶瓷品种的特性做以下说明和区分。

综合日本学者加藤悦三[①]和北村弥一郎[②]的观点，将传统陶瓷划分为土器、陶器、炻器、瓷器四大类。

土器（unglazed earthenware，terra cotta，pottery），是以调水的黏土制坯，经800～1000℃高温烧成的多孔无釉陶器。多呈棕色或红棕色，普通陶器多用拉坯或者模制，机械强度特别低。

陶器（earthenware，pottery，whiteware），与土器相比，坯色为白色或者近似白色，烧成温度更高，并且在坯料中配入更多的如燧石等非黏土的材料。同时，陶器常施釉，能够工业制造，实现批量化生产。

炻器（stoneware），与陶器相比较，炻器坯体十分致密，并且已经玻化。炻器黏土的熔剂非常高，当烧制温度足够高时，熔剂将导致坯质玻化，因而无孔隙。坯时常着棕色。经研究比较，本书所涉及的第三章节，欧洲各国陶工所仿制宜兴，英国、德国陶工所制皆为炻器，英文文献常称之为“dry-bodied stoneware”。而代尔夫特陶工的仿制实际上是一种硬质陶，不是真正的炻器。

瓷器（porcelain），是一种致密的坯体，不仅是白色，并且是半透明。瓷器的形成应当具备三个条件：第一，原料为高岭土，胎内三氧化二铝（Al_2O_3）含量的提高和三氧化三铁（Fe_2O_3）含量的降低，使胎质呈白色或灰白色；第二，经过1250℃以上高温，胎质烧结致密；第三，器表施釉，经过高温烧成使胎釉结合紧密，釉面均匀[③]。三者相互制约，缺一不可。瓷器包括硬质瓷与骨灰瓷（bone china）等类型。硬质瓷，英语常表示为“hard porcelain”“hard-paste porcelain”，偶尔也称为“真瓷”（true porcelain）。一般在欧洲大陆的任何人，或者在英国的陶瓷技术人员提到的“瓷”（porcelain）时，指硬质瓷而言[④]。硬质瓷正统的组成是50%的黏土物质，25%的长石，25%的石英。在欧

---

① 加藤悦三．中京短期大学论文集[C]．15卷1号，1984.

② 北村弥一郎．陶磁用语辞典[S]．东京：雄山阁出版社.

③ 叶宏明．中国瓷器起源的研究[J]．陶瓷学报，2008（2）: 123.

④ 宋光梁．陶瓷技术概论[M]．台北：徐氏基金会，1974: 153.

洲，硬质瓷由德国伯特格尔在1709年烧制成功。

在中国，传统陶瓷的划分，往往把有釉、无釉作为标准，以此分为陶器和瓷器两大类。无釉为陶器，烧结程度低的为陶器，即日本标准中的“土器”，略高的为硬质陶器。部分施釉或者施釉的分为炻器和瓷器。其中高温胎体不透明的为炻器，高温胎体透明的为瓷器。

典型陶瓷器的特征以表1.1示例如下。

表1.1　陶瓷器的特性①

种类	原料	烧成温度/℃		颜色
		素烧	釉烧	
土器（pottery）	黏土	900	1000～1100	棕色、红棕色
陶器（earthenware）	球土、瓷土各占50%，长石质矿物5%～20%	1050～1150	950～1050	灰白色
炻器（stoneware）	黏土或者黏土+熔剂及矽石材料	1100～1300	1000～1100	灰色、浅黄色等
马略卡陶器（majolica）	黏土+砂及熔剂	900	1000～1100	棕色，但覆盖有白色不透明釉
硬质瓷（hard porcelain）	瓷土50%，长石15%～25%，石英15%～35%	900～1000	1400	白色，半透明
软质瓷（soft porcelain）	瓷土30%～40%，长石30%～40%，石英25%～35%	900～1000	1250～1350	白色，半透明

① 宋光梁．陶瓷技术概论[M]．台北：徐氏基金会，1974: 4-5.

第二章　17世纪紫砂茶器在欧洲的流布

一、输入欧洲紫砂陶的艺术特色

笔者就收集到的欧洲各大重要博物馆馆藏紫砂茶器的图像信息和文字资料，对17、18世纪流入欧洲的紫砂茶器做了一个风格分类。总的来说，外销欧洲宜兴紫砂有两大类：一类是在造型、装饰上呈现浓厚的中国风格和审美习俗的紫砂器，与同时期内销紫砂在风格上基本是同步的；另一类是专门为欧洲制作的，虽然数量远远少于第一类，但造型和装饰上追求繁复新巧，新颖别致，风格更是“洋风扑面”，有浓厚的异国风情，罕见于内销市场。

同为生产外销品的景德镇有诸多文献可考，记录这种特殊的生产状况。例如，兰浦在《景德镇陶录》卷二中提到洋器专售外洋，“商多粤东人，贩卖去与鬼子载市。式多奇巧，岁无定样。”虽然宜兴文献尚未见此类记载，但是我们仍然可推测出当时外销宜兴紫砂不排除国外提供形制、纹饰等要求的可能性。首先，通过现有文献资料可见，同一纹饰和形制的紫砂器，常常在欧洲几大博物馆都能够见到类似收藏；其次，从一些文献中可见明清时期输入日本的一些紫砂茶器，有的贩洋者会直接购入产品进行转销，有些煎茶流派也会向宜兴定制新样，另有要求[①]。因而，可顺理推断出，这些奇巧的壶式和装饰应该是由欧、日商人提供给陶工的订样。

1. 宜兴紫砂的起源与宜茶性

（1）紫砂茶器的起源

用宜兴特有的紫砂泥制成的不挂釉的紫红色陶器，叫紫砂陶器。烧成后，表面光洁平滑中含有小颗粒状变化，表现一种砂质效果。从广义上说，宜兴紫砂陶器有两大类：一类是指大量生产的日用和园林所用陶瓷工业紫砂胎制品（如紫砂花盆、陶桌等）；另一类是具有丰富的文学、艺术和文化内涵的，以紫砂壶等紫砂茶器为代表的陶瓷工艺美术品[②]。在许多文学作品以及历史文献中，那些常常称之为“紫砂器”“紫砂陶”“紫砂”的，也往往意指紫砂工艺品。

---

① 黄怡嘉．东瀛遗朱：培集轩珍藏输日宜兴壶[M]．台北：台北盈记唐人工艺出版社，2007: 11-12.

② 李家治主编．中国科学技术史・化学卷[M]．北京：科学出版社，1998: 448.

本章所探讨的也正是这种紫砂工艺品，从范畴和功能上指专门用于饮茶之用的紫砂茶器，例如，紫砂壶、紫砂茶叶罐、紫砂茶杯等。

紫砂茶器在宜兴起源，与宜兴产茶、饮茶和陶泥的蕴藏密切相关。这三个物质资源条件和传统工艺基础，使紫砂茶器进入历史，由日常生活器皿升华出特殊的艺术品格。

宜兴紫砂陶虽久负盛名，然而学术界就其发源、创始一直持不同意见。依据历史文献和考古发掘，目前学术界主要有两种观点："宋代起源说"和"明代起源说"。"宋代起源说"理论依靠考古发掘和文献记载两种。主要依据的考古发掘是南京博物院考古学家在1976年对宜兴丁蜀镇蠡墅村羊角山发现的一处古窑遗址。报告称，窑址旁边的废品堆第一层为缸、瓮等近代陶窑废品堆积。第二、第三层有元末明初的紫砂残片，第四层为北宋中期江南地区墓穴常见的小墓砖。从遗址的断层残留来判断，第二、第三层的堆积物、残片，带有元明时期的风格，例如，器肩堆贴菱花状边饰的陶瓮、玉壶春似的釉陶注壶等。综合器物风格得出结论："上限不早于北宋中期，盛于南宋，下限延至明代早期"①。

此外，还有专家说：羊角山紫砂年代"约可推定为宋代"，一说主要烧造"大抵在南宋，其下限则可能延续到元代"②。支持"宋代起源说"的学者主要还有冯先铭③、蒋赞初④、杨振亚⑤、韩其楼⑥、刘如醴、吴山⑦等。

然而，关于《宜兴羊角山古窑址调查简报》得出的这一论断，北京大学考古学研究中心秦大树教授曾在某学术研讨会上对该结论持异议："宜兴羊角山古窑址考古调查属于地面采集，没有底层挖掘，另外也没有考古对比资料"⑧。

另外，羊角山发掘简报称窑中保存了大量宋代的紫砂陶残片，以壶、罐残片居多，壶是大类，有高颈壶、矮颈壶、提梁壶等品种。并且发现了大量的壶身、壶嘴、提梁、把手和器盖⑨。从复原的残片看，三种紫砂壶烧后断面呈紫红

---

① 文物编辑委员会编．中国古代窑址调查发掘报告集[M]．北京：文物出版社，1984: 62.

② 顾景舟．宜兴紫砂珍赏[M]．香港：生活·读书·新知三联书店，1992: 12.

③ 冯先铭．中国陶瓷史[M]．北京：文物出版社，1997: 392.

④ 蒋赞初．长江中下游历史考古论文集[M]．北京：科学出版社，2000: 234-235.

⑤ 杨振亚．宜兴紫砂源于宋代[J]．江苏陶瓷．1994（2）: 42-46.

⑥ 韩其楼．紫砂壶全书[M]．香港：八龙书屋．1996: 59.

⑦ 吴山．宜兴紫砂文化史[M]．杭州：浙江摄影出版社，2000: 7.

⑧ 杨子帆．紫砂的意蕴[M]．北京：中华书局，2014: 23.

⑨ 文物编辑委员会编．中国古代窑址调查发掘报告集[M]．北京：文物出版社，1984: 59-62.

色，表里皆无釉，紫砂胎质与粗陶相比较为细腻，色泽单一，表面细密度差，常有火疵现象，这是由于原料不纯、淘炼不精和烧时未用匣钵装套，以及还原气氛较重造成的。但是从泥片镶接法、壶嘴、壶把和盖纽打洞捏塞法等成型工艺和装饰工艺上可见明清紫砂壶的雏形[①]。这一发现固然为我们提供了迄今为止研究早期紫砂器的最重要的实物资料，但是从这些胎质较粗、制作朴拙的工艺上，并不能令人信服是用作泡茶的器具。蒋赞初曾认为，这些早期紫砂壶是作为煮茶或煮水之用；而笔者认为，从当时的饮茶方式来看只可能是煮水之用。

追溯彼时的饮茶方式可知，唐代是蒸青后压制茶饼，宋代制茶发展成为碾茶，将半发酵的茶叶制成膏饼。在饮用方式上，不像唐代那样直接煮茶，而是用点茶。点茶法是将膏饼碾成茶粉放在茶碗里，注入沸水点注，同时用茶筅搅动，茶末上浮，茶汤表面浮起一层白沫。南宋诗人杨万里诗《谢傅尚书惠茶启》描写当时这种喝茶的景象："远饷新茗，当自携大瓢，走汲溪泉。束涧底之散薪，燃折脚之石鼎。烹玉尘，啜香乳，以享天上故人之意……"，这种"啜香乳"类似于喝粥，就是把茶粉和茶汤一起喝。这种饮茶习惯一直延传到元代。所以，用沸水点注的方式饮茶，使能够实现即冲即饮的盏或者茶碗流行成为情理之中的事。因而，羊角山出土的这些胎质较粗的紫砂壶并不是作为泡茶啜饮之用，只可能作为煮水之器。

另外，"宋代起源说"常以文献中提到的北宋梅尧臣（1002—1060年）的《依韵和杜相公谢蔡君谟寄茶》诗："团香已入中都府，斗品争传太傅家。小石冷泉留早味，紫泥新品泛春华"[②]为依据，以"紫泥新品"作为紫砂茶器出现的佐证。

然而，这一说法也并非全然让人信服。因为这里的"紫泥"与同时代诗中频繁出现的"紫瓯"，更可能是指代北宋的黑釉茶盏。蔡襄《试茶》："兔毫紫瓯新，蟹眼青泉煮"，米芾《满庭芳》词"……轻涛起，香生玉尘，雪溅紫瓯圆"[③]。蔡襄的《试茶》中也已说明，"紫瓯"就是兔毫天目釉。另外，工艺美术大师徐秀棠也认为"紫泥新品"诗中，紫泥应该指盏，而非壶[④]。从宋代茶饮审美习俗来看，白色的茶汤与黑色的茶盏，黑白色调分明，才符合宋代斗茶

① 蒋赞初. 长江中下游历史考古论文集[M]. 北京：科学出版社，2000: 234.

② 梅尧臣. 依韵和杜相公谢蔡君谟寄茶[M]. 全宋诗（第五册），卷253，北京大学考古文献研究所编，1991: 3046.

③ 李家治主编. 中国科学技术史·陶瓷卷[C]. 北京：科学出版社，1998: 449.

④ 徐秀堂，山谷. 宜兴紫砂五百年[M]. 上海：上海辞书出版社，2009: 86.

的审美趣味。因而，当时普遍流行于宋代的是黑釉茶盏，这不仅符合当时的茶道规制，更符合宋代黑釉烧制工艺发展成熟的科技史实。

更何况，“紫泥”句早在唐代诗作中就屡见不鲜。例如，李白诗“凤凰丹禁里，衔出紫泥书”，李商隐“荔枝卢橘沾恩幸，鸾鹊天书湿紫泥”，钱起“紫泥何日到沧州，笑向东阳沈隐侯”等。有学者辨析唐诗中的“紫泥”是受“皇帝六玺……皆以武都紫泥封”（卫宏《汉旧仪》）汉家制度的影响，实际上指“封泥”，在诗作中指皇帝诏书、诏令。梅尧臣诗中的“紫泥”，也是此解。因而“紫泥新品”更可能指奉皇上诏令上供的当年新茶①。这些说法皆有道理。“宋代起源说”还可商榷。

综上所述，至少有以下三点原因可判断羊角山古窑址出土的早期紫砂器从功能来讲不是作为茶器之用：第一，这些紫砂壶残片，胎质粗糙，器表致密度差，不施釉，应该为民间粗货，并没有得到代表社会文化发展主流的文人士大夫阶层的普遍青睐。第二，北宋时期，饮茶还没发展到手撮茶叶、用壶冲饮、替代烹煎方式的阶段。当时流行的是半发酵的膏饼茶，茶汤表面浮起白色泡沫，大口小足、形如斗笠的黑釉盏（有些文献也称为瓯）较为符合斗茶的格调和宋人的审美习惯，所以，建窑兔毫盏和吉州窑的玳瑁盏盛极一时。第三，从羊角山发掘出来的这些无釉粗糙的紫砂器，器型较大，容量在1500毫升左右，工艺水平也较低，并没有作为茶器的可能，应该是作为煮水、煮物等日常之用的粗陶。

“明代起源说”是目前较受学者支持的一派。从考古发掘、明清以来的文人著述（比较重要的是明代周高起的《阳羡茗壶系》、清代吴骞的《阳羡名陶录》），从茶器的发展来看，都指向了明代起源说。

支持“明代起源说”的大部分学者认为，羊角山早期紫砂窑址的依据并不充分。例如，宋伯胤曾经指出：“仅仅依靠少数造型和北宋墓葬出土物的相似性，某种形式不见于‘南宋以后’”，并且“砖垛上的砖的尺寸和北宋砖的相似性等都是极其不够的”②。学者张浦生也认为，羊角山窑址未见宋代其他品类的陶瓷器出土，也未见可以参照的窑具之类器物，因而“将羊角山窑址出土的紫砂器定为明代中期前后较为稳妥”③。支持“明代起源说”的专家还有耿宝昌④。

---

① 袁志洪．“紫泥”“砂罂”辨[J]．浙江工艺美术，2002（2）．

② 宋伯胤．宋伯胤说紫砂[M]．杭州：西泠印社出版社，2008: 20.

③ 张浦生，王健华．宜兴紫砂鉴定与鉴赏[M]．南昌：江西美术出版社，2000: 35.

④ 在2004年9月27日南京博物院《砂壶汇赏：国际学术研讨会》发言记录。

笔者认为，结合紫砂茶器的起源，考古发掘、文献资料以及对当时饮茶方式等因素的综合考量必不可少。考古比较重要的证据其一是1965年在南京中华门外油坊桥明代司礼太监吴经墓出土了一把紫砂提梁大壶，是迄今所见有明确纪年可考的紫砂壶（图2.1）。其二是1991年，无锡市南禅寺古井中发现一件无盖紫砂器（图2.2）。此器与吴经墓出土的紫砂提梁特征相似：大腹平底，胎质粗糙，飞釉，壶腹内部有上下黏结胎痕，这些都可看作是原始陶器工艺的主要特征。专家普遍认为两壶为明代早中期的紫砂器。

图2.1　吴经墓出土紫砂提梁壶
高17.7cm，口径7cm，南京博物院藏

图2.2　南禅寺出土紫砂四系罐

那么，从功能上讲，它们是不是用作茶事的紫砂器呢？

首先，结合明代的饮茶方式来看。明初朱元璋有感于团饼贡茶制作劳民伤财以及饮茶的烦琐，因而废团倡散[①]，加上当时炒青工艺的精进，共同促进了散茶和芽茶、叶茶的发展。明代周高起《阳羡茗壶系》一直被视为考察明代紫砂的较为可靠的典籍。书中提到“故茶至明代，不复碾屑和香药制团饼，此已远过古人”[②]。这也印证了茶饮至明代，茶叶不再是碾成屑和香药制成团饼，而是高温杀青的炒青法制成散茶，加以冲泡，不同于传统的煮茶。周高起还提到当时明代饮茶的方式：“壶供真茶，正在新泉活火，旋瀹旋啜，以尽色、声、香、味之蕴”[③]，“旋瀹旋啜”的意思就是随泡随饮。冲泡茶操作简单，一改唐宋代以来汤、渣不分的饮茶方式，保留了茶色茶味，得到人们认可，延续至今。开水冲

① 根据《馀冬序录摘抄内外篇》载：“国初建宁所进，必碾而揉之，压以银板，为大小龙团，如宋蔡君谟所贡茶例，太祖以重劳民力，罢造龙团，一照各处，采芽以进”。可以看出朱元璋提倡散茶作为贡茶。

②〔明〕周高起，董其昌．阳羡茗壶系・骨董十三说[M]．北京：中华书局，2012: 11.

③〔明〕周高起，董其昌．阳羡茗壶系・骨董十三说[M]．北京：中华书局，2012: 78.

茶需要滤去渣滓，倒出茶汤来喝。

茶法既变，茶器随之。用于冲茶的茶壶和分茶的茶盏等茶具成为所需。从明代画家王问（1497—1576年）的《煮茶图》中可见放在火炉上的提梁壶（图2.3），与明代吴经墓中出土的紫砂壶样式相似。按照墓主人死于1533年的记载，吴经墓中壶的烧成，最迟不到嘉靖十二年。画家王问的主要艺术创作在嘉靖一朝。王问当年弃官归隐后，便“筑室湖上，读书三十年，不履城市”（《明史·儒林一》），由此可见，出现在其画笔之下的应该是当时真实生活的写照。

图2.3　王问《煮茶图》，台北故宫博物院藏

其次，从壶本身的形制来讲，吴经墓出土的壶容量大，大约有450毫升，宽大的平底，可以作泡沏器，也有作为烹煮器的可能，并且“从它的形制与装饰纹样推测，它被用作案几陈设品的可能性也是存在的”①。紫砂工艺大师徐秀棠曾经指出，“紫砂壶宜茶的物理性能，是在煮茶时被文人或者平民百姓发现的，叶茶的冲泡逐渐取代团茶的烹煮后，紫砂壶便由大变小，其时当在嘉靖早期到万历中期”②。

综上分析，笔者认为，吴经墓出土紫砂壶从发展历程来说可以作为紫砂茶器萌芽期的一个“标准器”，并不是真正意义上的紫砂茶器，某种程度上，具有承上启下的历史地位。在工艺上与羊角山工艺一脉相承，均为平底，壶嘴与壶身铆接处，贴上一柿蒂片子。烧成上同样没有另装匣钵，而是与一般缸器同窑。其工艺又影响供春制壶技法，直至被明中后期时大彬改革。在艺术特色上，羊角山出土器和吴经墓陶器素面无饰，朴素无华，这又与供春时期紫砂的审美特征一致。因而把周高起《阳羡茗壶系》中提到的金沙寺僧和供春看作是紫砂茶器专门化和艺术化的开端是比较合理的。由此可以判断，在明代中晚期，紫砂从功能上真正作为茶器之用。

（2）紫砂器的宜茶性

宜兴位于长江下游的太湖之滨，境内河流纵横，山川起伏，山区则盛产优

---

① 顾景舟．宜兴紫砂珍赏[M]．香港：生活·读书·新知三联书店，1992: 13.

② 徐秀棠．中国紫砂[M]．上海：上海古籍出版社，1998: 15.

质陶土和竹木薪炭，农业和制陶业发展得到天时地利，制陶历史悠久，可追溯到6000年前的新石器时代。宜兴当地产的紫砂泥“深藏于岩石层下，夹杂于甲泥之中……据科学检测其可塑性指数高达17左右，是一种高塑性黏土……其特点是质地细腻，含铁量特高，这是它烧后呈紫红色的原因。紫砂器的烧成温度一般介于1100～1200℃之间，需采用氧化气氛，烧成后的成品吸水率＜2%，说明它的气孔率介于一般陶器与瓷器之间”[①]。

中外研究人员对宜兴紫砂原料和出土的古代紫砂残片的化学组成、矿物组成进行了试验分析。结果表明：宜兴的特点是MnO，CaO和Pb含量低（表2.1，表2.2）。

表2.1　紫砂器的化学组成　　单位：%

试样名称	SiO_2	Al_2O_3	TiO_2	FeO	$Fe_2O_{3(总)}$	K_2O	Na_2O	CaO	MgO	Cr_2O_3PbO	MnO
紫砂泥	58.39	20.12	1.08		8.38	3.38	0.06	0.25	0.57		0.01
绿泥	58.32	24.13	1.07		1.91	2.01	0.07	0.41	0.46		0.006
北宋紫砂残器	62.50	25.91	1.32	1.38	7.75	1.36	0.07	0.43	0.36	0.02	1.10
清早期紫砂残器	64.62	20.69	1.28	0.44	8.60	2.50	0.13	0.51	0.55	0.02	0.018
清中期紫砂残器	62.72	23.85	1.29	0.33	8.66	2.05	0.08	0.28	0.53	0.02	0.011
清晚期紫砂残器	70.55	17.67	1.35	0.40	7.40	1.54	0.09	0.26	0.42	0.03	0.012

数据来源：中国硅酸盐学会．中国陶瓷史[M]．北京：文物出版社，1982: 394.

表2.2　各地所制红陶器化学元素成分

元素		组成（*wt*, %）										
		SiO_2	Al_2O_3	Fe_2O_3	MnO	MgO	CaO	Na_2O	K_2O	TiO_2	Pb	其他[1]
宜兴	1.	56.9	21.8	16.89	0.023	0.32	0.24	0.16	2.56	0.91	0.005	0.192
	2.	54.7	25.7	14.92	0.015	0.42	0.39	0.00	2.42	1.20	0.009	0.226
	3.	64.2	17.2	15.24	0.016	0.50	0.18	0.02	1.77	0.76	0.019	0.095
	4.	56.5	25.6	12.50	0.023	0.66	0.33	0.00	3.14	1.19	0.006	0.051
	5.	68.0	18.8	8.94	0.024	0.38	0.29	0.00	2.36	1.09	0.015	0.101
	6.	50.0	21.3	21.33	0.020	0.73	0.61	0.48	3.64	1.28	0.002	0.608

① 赵匡华，周嘉华．中国科学技术史·化学卷[M]．北京：科学出版社，1998: 74.

续表

元素		组成（wt, %）										
		SiO_2	Al_2O_3	Fe_2O_3	MnO	MgO	CaO	Na_2O	K_2O	TiO_2	Pb	其他[1]
代尔夫特[2]	1.	45.3	24.7	14.73	0.241	0.00	6.39	1.98	3.49	2.35	0.123	0.696
	2.	62.0	15.6	9.09	0.206	0.58	6.78	1.03	2.27	1.06	0.296	1.088
	3.	57.5	15.2	15.59	0.067	0.87	3.91	1.08	3.54	1.43	0.145	0.968
	4.	45.7	19.9	15.08	0.354	0.40	8.08	3.41	3.58	1.23	1.174	1.092
	5.	62.6	13.6	12.41	0.143	0.72	5.30	0.84	2.41	1.22	0.091	0.666
	6.	62.1	11.5	16.55	0.046	1.05	3.60	1.08	2.11	1.05	0.279	0.635
英格兰[3]	1.	51.5	27.5	10.79	0.083	1.42	3.68	0.02	2.95	1.67	0.013	0.374
	2.	56.2	20.6	11.34	0.083	1.88	3.83	1.36	2.70	1.33	0.094	0.583

1. 其他：如Cl，Cr，Co，Cu，Zu，Rb. Sr，Zr等微量元素数据并没有出现在目前发布中。
2. 代尔夫特组：采样品1和2来自陶工德·米尔德；3和6来自德·卡卢威；4来自范·伊恩霍恩。
3. 英国组：采样品1来自陶工阿斯特伯雷，2来自立德兹。

数据来源：Anders G J P A, Jörg C J A, Stern W B, and Anders-Bucher N On Some Physical Characteristics of Chinese and European Red Wares[J], Archaeometry, 1992, 34 [1]: 45.

在以上两个数据表格中，同样是宜兴紫砂，MnO和CaO成分不同是因为表2.1的中国研究者当时的试验选取了较为均匀的一批紫色（紫砂）陶片，而在表2.2的试验中，所选取的六个宜兴壶则包括浅红色、朱红色到深紫褐色等在内的取样，因此涵盖了更广泛的宜兴黏土样品①。

根据这些试验，紫砂原料岩相分析结果表明：紫砂黏土是高岭–石英–云母类型，其特点是含铁量较高。“紫砂器的显微结构存在着大量的团聚体，大部分团聚体是由石英、赤铁矿和云母等多种矿物质构成。少量的团聚体仅由高岭石等单一矿物构成。”②

千人计划专家联谊会实验人员在2016年的一份科学报告通过定量化参数来解读紫砂壶提携不烫手、泡茶不易霉馊、蓄茶不变色的原因，归结为紫砂为多孔性材质，气孔细微并且密度高。此种结构有助于保证壶水的氧分子浓度维持在一个较高范围，厌氧微生物很难存活。加之沏茶的水为能够杀死微生物的沸水，因而大大降低了微生物在壶内发酵的几率③。紫砂器的气孔有两种：一种是团聚

① G. J. P. A. Anders, C. J. A. Jörg, W. B. Stern, and N. Anders-Bucher, On Some Physical Characteristics of Chinese and European Red Wares[J]. Archaeometry, 1992, 34(1): 49.

② 中国硅酸盐学会．中国陶瓷史[M]．北京：文物出版社，1982: 394.

③ “紫砂本不语，科学自有声”——科学解读宜兴紫砂壶[J]．科学通报．2016（18）: 1975-1977.

体内部的气孔，属于闭合气孔；另一种是包裹在团聚体周围的气孔群，大部分属于开口气孔。紫砂陶的良好的透气性特质，与这种特殊的纤维结构有关①。

与白瓷相比，宜兴紫砂陶瓷独特的内部孔隙结构和相组成，赋予了它作为茶具的更优良性能。试验人员通过对比普通陶瓷和白瓷样品的热导率和弯曲强度，发现这三种样品的热导率基本上与孔隙度成反比。白瓷的热导率最大，普通陶瓷的热导率最小，紫砂壶的热导率介于两者之间②。

在陶瓷材料中，孔隙是一种阻碍传热的分散相，通常会降低基体的导热系数。普通陶瓷由于孔隙率高达18%，导热系数最低，绝缘性好，质地松软，机械强度低，外观粗糙。所以不适用于茶具。对于白瓷罐，虽然机械强度高，外观精致，但其导热系数高，隔热性差，使得茶叶提取物难以充分溶解，在一定程度上影响了饮茶效果。而宜兴紫砂陶器却找到了一个很好的平衡点。宜兴紫砂陶的孔隙率虽然达到了10%左右，但这个数值是全身的平均孔隙率。

如上所述，它的外表面孔隙率低，致密，有助于使紫砂陶器呈现精致的外观，同时其中间和内层的高孔隙度赋予了茶叶提取物良好的隔热性和充分的溶解性，从而提高了饮茶适口感。因而，紫砂壶不仅代表一种工艺文化、文人审美特性，而且深刻地体现了优良的科学性，是艺术与科学融合的典范。

紫砂茶器在明代中期前后使用、演变的微妙变化证明了饮茶方式和饮茶文化的传播和扩散趋势。在明代初期，壶泡茶法尚未流行。受宋元茶法的影响，当时仍旧将茶叶碾成粉末进行冲点。至明代中期之后，用沸水直接冲泡叶茶的“冲泡法”（亦称“瀹茶法”）才在社会上广泛流行起来。学者吴智和曾指出：万历朝之前，是壶、瓶、盏主要的时代；其后则渐以砂壶风骚的时期③。用紫砂壶泡茶的优点，古来多有叙述，通常可作为我们的参考。文震亨《长物志》所述最为精当：“茶壶以砂者为上，盖既不夺香，又无熟汤气……”④。

周高起《阳羡茗壶系》中有明代正德年间供春学金沙寺僧制作茗壶的记载，他提到供春壶的制作工艺和泥材：“淘细土抟坯，茶匙穴中，指掠内外”，

---

① 中国硅酸盐学会．中国陶瓷史[M]．北京：文物出版社，1982: 394.

② WuJuan, HouTiejun, ZhangMaolin etc., An analysis of the chemical composition, performance and structure of China Yixing Zisha pottery from 1573 A. D. to 1911 A. D. [J], Ceramics International, 2013, 39(3): 2594.

③ 吴智和．明人饮茶生活文化[M]．台北：明史研究小组出版，2009: 74.

④ 文震亨．长物志（卷十二）[M]．北京：中华书局，1985: 85.

可以看出制壶工艺属于初级阶段。选用“细土”，进一步加以澄炼，没有专门的工具，就用茶匙挖空壶中的泥土，手捏泥坯。然后加上壶嘴、壶柄和壶盖，附在烧缸瓮的窑中烘烧而成。另外，周容《宜兴瓷壶记》曾提到供春创造了“斫木为模”，可见其曾使用木模。这些工艺技术说明供春制壶技法已经与当时的日用粗陶紫砂制作分离。

紫砂茶器的起源和发展与各朝代饮茶方式、文人生活方式息息相关。明代饮茶方式和茶道审美文化对紫砂茶器的形成起着重要的作用。“亦有宜兴时大彬制砂壶名手也当携器艺术以游公卿之门”，因而“名公巨卿，高人墨士，无不惜重价购之”①。明清时，“玄澹简和”是茶人的饮茶哲学。明清时期的饮茶文化，是在文人雅集品鉴名茶、研讨茶艺、写诗作文中成为“松根自汲山泉煮”超凡脱俗、简约玄澹的雅事。他们或者是诗文巨匠、硕儒名宦，或者是释道名家，抑或是世外高人，他们对茶事的追求和理解，对茶文化内涵的深刻认识，已经成为特殊的精神符号和文化载体。

对于紫砂茶器来说，因其釉色、器型、工艺，本身就具有独立的审美特质，而它与茶文化的融合，使紫砂壶有了超越器物本身的审美性和艺术性，同时，文人阶层的渗透，使紫砂茶器寄寓着工匠和文化人的人格精神。

2. 泥料与形制

与同时期内销宜兴紫砂茶器相比，外销紫砂茶器在泥质和种类上有明显差异。

（1）泥料

宜兴紫砂陶泥，主要产地通常是指丁蜀镇黄龙山，属于高岭土–石英–云母类型。明代周高起《阳羡茗壶系》：“相传壶初土时，先有异僧经行村落，日呼曰：‘卖富贵土。’人群嗤之。僧曰：‘贵不欲买，买富何如?’因引村叟，指山中产土之穴，去。及发之，果备五色土，烂若披锦。”因而，紫砂泥又别称“五色土”“富贵土”。紫砂泥土质地细腻，含硅量较高，可塑性强，干燥收缩率极小，从泥坯成型到烧成收缩约8%，烧成温度范围较宽，一般为1020～1130℃。生坯强度大，因而紫砂茶壶的口盖能做到严丝合缝，造型轮廓线条规矩严整而不致扭曲。含铁量高是紫砂泥的一大特点，一般在8%～10%，有的甚至高达11%～12%。烧成后呈现红棕色、紫色等不同色泽，

① 朱琰等．陶说（二）·阳羡名陶录（附续录）·古玉图·玉名诂．北京：中华书局，1991: 12-13.

还有暗肝、冻梨、轻赭、铁色等种种色调[1]。

宜兴紫砂陶泥包含紫泥、绿泥及红泥三种。紫泥古称“天青泥”，种类繁多，是制作紫砂壶最主要的原料。产于宜兴丁蜀镇黄龙山，深藏于黄石岩中，夹于甲泥矿层，故有“泥中泥”之别称。绿泥是紫泥砂层中的夹脂，出产稀少，不宜制作大件，宜制作小件，常作为化妆土，涂于紫泥坯体表面供装饰之用。

红泥产于宜兴川埠，矿层位于嫩泥层和矿层底部，质坚如石。清代吴骞《阳羡名陶录》曰：“未触风日之石骨”，指的就是红泥。红泥烧成的胎色为各种深浅不一的棕红色，如赭红、枣红、砖红等。《阳羡名陶录》中“未触风日之石骨”，其烧成后色似朱砂，故又名“朱砂泥”。这种泥的最大特点是含氧化铁极高，矿源有限，且采掘困难。其色泽纯正，结合性能好，但烧成时收缩率大，烧成温度偏低，不易于单独成大器，所以适宜制作小件器物，有时也作为化妆土，供装饰用。用各色泥所沏茶风味不同，红泥泡茶以发酵程度较高的普洱茶、红茶最为适宜，尤其是红茶，朱泥壶能够充分体现茶汤的色泽、香味和韵味，并能大大降低其酸涩口感。17、18世纪外销欧洲的紫砂器，以及销往闽南、潮汕、南洋一带的朱泥小壶多是以红泥为原料，少见黄泥或紫泥。这或许与欧洲人多饮用红茶有关。当时外销宜兴壶虽然多用红泥，但是为了满足欧洲人繁复精致的审美习俗，也尽量用色泥进行混合装饰，主要表现在：第一种，同色泥装饰，多见同色泥装饰一枝盛开梅花的花枝；第二种，对比色装饰，把黄色色泥装饰在红或者棕色底色泥上。

（2）形制

宜兴陶制品种类丰富，仅茶具类就包含了茶壶、茶叶罐、茶杯、茶托盘、茶海、茶勺等。文房四宝有笔筒、笔洗、水丞、臂格。日用杂件和花盆鱼缸在内销市场也常见。尤其清雍正乾隆时期，紫砂造型最为丰富多彩。传入欧洲的宜兴紫砂，在形制上以紫砂茶器为主，茶壶是主要种类。清早期，传入欧洲的紫砂壶器型较小，大部分容积在300～400毫升，到18世纪上半叶，随着茶叶在欧洲的大量普及和价格的下跌，茶壶的容量才相对增大，能够达到1000毫升[2]。另外也有配套的茶叶罐、杯碟、碗等，还有少量花瓶、茶勺等在18世纪中期之后一并传入欧洲，这种现象的产生是随着欧洲把来自中国的茶饮吸纳、转换为本国

---

① 吴山．中国紫砂辞典[M]．南京：江苏美术出版社，2007: 52.

② 帕特里斯·万福莱．紫砂西行记．2007年国际紫砂研讨会论文集[C]．北京：紫禁城出版社，2009: 36.

的饮茶生活方式，并且发展成适合本国社交礼仪的规范、稳定的茶器文化而形成的。在器型上，早期出口到欧洲的紫砂壶，通常造型设计简单，装饰朴素无华。紫砂茶壶以圆形、桶形、方形（四方或六方壶）、梨形器见多。此外，在18世纪中期，又流行了竹节壶、瓜棱形等筋纹器。这些器型与当时明末清初之际流行的器型基本一致。沉船多有绝对纪年，打捞沉船的紫砂残骸为我们提供了实证。从1985年被打捞的"格尔德玛尔森"号商船出水的八件紫砂壶中可看到当时欧洲人对茶器造型和装饰的特殊喜好（图2.4）。

图2.4　八件紫砂壶示意图①

图2.5　茶壶、姜罐和奴隶烛台
皮耶特·格里茨·罗斯特拉坦绘，1695年，英国V&A博物馆藏

在欧洲各博物馆中，传入欧洲的紫砂茶叶罐实物今天并不多见，在彼时的绘画作品中可见其身影。荷兰哈勒姆黄金时代静物、风俗画家皮耶特·格里茨·罗斯特拉坦（Pieter Gerritsz van Roestraten，1630—1700年）17世纪末的绘画作品中常有紫砂壶的身影。反映了近代早期欧洲对异国珍奇品的好奇与想象。甚至连馆藏实物并不多见的紫砂茶叶罐都出现其中。罗斯特拉坦绘画中的紫砂茶叶罐，朱泥、素面、卧狮纽皆表现了时代风貌（图2.5）。从画中紫砂茶器形制可见对日后欧洲所制瓷质茶叶罐的影响作用。除此之外，铜版画、摄影明信片也屡见宜兴紫砂的身影。把这些图像所呈现的信息作为参考，根据成画时间、静

① 图片来源：宋伯胤.《宋伯胤说紫砂》[M]. 杭州：西泠印社出版社，2008: 184.

物状态，可见早期传入欧洲紫砂的形制、装饰及艺术风格。

在罗斯特拉坦绘画作品中常见朱泥梨形小壶（图2.6、图2.7）。这种形制最初见于惠孟臣。小壶的主要特点是壶肩内收，造型简洁，壶盖与壶颈形成压截线。孟臣小壶的流行得益于：一方面，它是后世水平壶的前身；另一方面，当时华南一带盛行功夫茶，功夫小壶流行。当时“漳、泉、明三府品茗，茗必武夷，壶必孟臣，杯必若琛”（《茗谡》）。“漳、泉各属，俗尚功夫茶。器具精巧，壶小有如胡桃，名孟公壶；杯极小者，名若琛杯。茶以武夷小种为尚，有一两值番钱数圆者，饮必细啜久咀，否则相为笑”（《闽杂记》）。

图2.6　静物与宜兴紫砂
皮耶特·格里茨·罗斯特拉坦画，1690年，油画，英国V&A博物馆藏

图2.7　静物与中国茶碗
皮耶特·格里茨·罗斯特拉坦画，油画35cm×48cm，柏林国立美术馆藏

明末清初，文人的参与使得紫砂在形制上更符合文人审美习惯。紫砂艺人时大彬听从陈继儒等文人的建议，改大壶为小壶；陈鸣远深受文人影响，所做壶最具有文人味道。冯可宾《茶笺》：“茶壶以小为贵”；《茗壶系》：“壶宜小不宜大”。传入欧洲之后，这种壶的影响力一直延续到18世纪中期。英国皇后的珍妮银壶也一直模仿此造型。当时，朱泥小壶在日本也受到热衷追求，这是因为当时流行于日本的煎茶道受中国功夫茶俗的影响[①]。宜兴所产的这类小壶，应该为当时贩洋者直接从中国市场购入转销，通常并未进行特别定制。

① 黄健亮．日本煎茶道与中国紫砂壶[M]．//东瀛遗朱——培集轩珍藏输日宜兴壶．台北：盈记唐人工艺出版社，2007: 11.

相比较，朱泥梨形小壶、六方壶形器的输出时间稍晚。与当时国内同器型所流行的时间来看，输出时间大约在17世纪末期或者18世纪早期。方器的造型具有空间感，外销货中不乏贴花、泥塑、模印等工艺装饰的紫砂精品。还有，输入欧洲的紫砂器也不乏直筒壶造型。直筒紫砂壶大约流行于18世纪中后期，是随着宜兴壶外销到泰国、东南亚等地而流行的壶制。

这些传入欧洲的宜兴贸易壶器，并非皆作为实用，不少是人们当作摆置观赏的陈设器。这类器皿一般形制独特，器型高大挺拔，气势雄浑（图2.8）。还有的紫砂壶构思奇巧新颖，供玩赏之用。例见大英博物馆藏有一件转轮双嘴紫砂壶（图2.9），在1876年由奥古斯沃拉斯顿·弗兰克斯爵士捐赠，这件是他在伦敦东南端的贝斯纳尔格林博物馆的个人陶瓷收藏展中所编辑入册的藏品。此壶为双流，还有一个在中间循环的轮，造型趣味盎然，可见宜兴陶工技艺的娴熟。值得一提的是，这只壶是大英博物馆收藏的第一件宜兴紫砂[①]。

图2.8　康雍乾镂空花卉纹紫砂壶
宜兴制，高41cm，大英博物馆藏

图2.9　清康雍转轮双嘴紫砂壶
宜兴制，高10.1cm，宽13.2cm，大英博物馆藏

彼时，传入欧洲的还有花瓶、多穆壶、竹节壶、罐等器，这些壶造型奇特，体积大，多硕大厚实，壶内多无使用茶渍痕迹，[②] 说明已经脱离了紫砂壶的使用功能。传入欧洲之后多作为室内陈设之用，也有的镶嵌金属附件装饰，

① Jessica Harrison-Hall. 大英博物馆自1876年宜兴器物的收藏. 载于紫泥沉香：2015宜兴紫砂学术研讨会论文集[C]. 江苏省考古研究所编. 南京：译林出版社. 2017: 235.

② 黄健亮. 茶文化视野下的宜兴贸易壶[C]//故宫博物院2007年国际紫砂研讨会论文集. 北京：紫禁城出版社，2009: 241.

与彼时欧洲洛可可、巴洛克风格的室内环境相配，专属王公贵族所有，十分珍贵。英国V&A博物馆藏有一组六面大盖罐，属于组合盖瓶（图2.10）。器身贴塑，以当时流行的梅枝装饰，当时在德化瓷器上常见类似装饰。盖沿、口沿、底沿在法国配造以镀金青铜附件，盖纽是高浮雕佛狮坐像。

另外，多穆壶造型也作为典型的陈设器（图2.11）。多穆壶的定义来源目前有四种观点：分别是“藏语起源说”“蒙语起源说”“满语起源说”和“区域流变说”①。元代，汉地制作的多穆壶仅见瓷器一种②，明朝增多，兴盛于满族统治下的清朝，这时有瓷器、紫砂、掐丝珐琅等在内的多种材质制品。多穆壶为藏区用以盛贮酒、油、酥油茶等液体的器具。壶体呈长筒状，体侧有执，侧面有短流，有盖，顶略同僧帽，向背一边斜矮，向流一面骏高，器表有数道横向的凸弦纹环绕。值得一提的是，也见以笙的形状作为壶的造型（图2.12）。笙是清代较为流行的装饰，有“长生不老”“生长”之意。英国V&A博物馆存有两把这样的壶，系手工成型，因而造型、泥色略有差别。同是带有“孟侯”篆书款，它们大概是康熙时期的制品。这两把壶原本是英国大收藏家威廉·碧福（William Beckford，1760—1844年）的藏品。推断的原因是德国奥古斯都王（Augustus the Strong，1670—1733年）曾经有同样的茶壶，1721年写成的财务清单上有提到它③。

图2.10　盖罐
宜兴制，18世纪，高34cm，英国V&A博物馆藏

图2.11　紫砂贴花螭龙纹多穆壶
清早期

图2.12　笙形壶
手工成型，宜兴制，1700—1720年，英国V&A博物馆藏

① 满泽阳. 多穆壶定义考略[J]. 文物鉴定与鉴赏，2015（12）: 96-98.

② 尚刚. 中土初起西南风——元代汉地工艺美术中的藏传佛教因素[J]. 装饰，2009（12）: 62.

③ 刘明倩. 英国维多利亚阿伯特博物馆藏明清紫砂器[D]. 故宫博物院编. 北京：紫禁城出版社. 2009: 106.

3. 工艺特色与装饰技法

（1）紫砂茶器的工艺特色

传统意义的紫砂茶器并不施釉，以素面素心立身，器表光滑莹润，线条挺括，呈现神韵古雅、质朴雅净的艺术审美趣味。没有釉色的装饰与覆盖，因而紫砂的形制、造型成为人们最直观的感受，对器身线条、修整的要求也极高，因而紫砂的成型工艺至关重要。一件紫砂茶器的完成，需要十到几十道工序流程，此中，繁多的制作工具与娴熟的制作技艺缺一不可。

“从工艺技术而言，生产条件中的工具、用具的水平，亦影响着工艺规范的形成，导致不同的工艺方法。”[①]在清代盛期，宜兴的制壶工具就已经达到十件套之多[②]。对于紫砂工具的种类与操作方法，有陶艺家曾经专门说明[③]。如若不是经年累月浸淫于紫砂制作的人，难能一一阐述各类工具之使用及其演变发展。这些繁杂的工具和复杂的工艺流程，保证了紫砂器结构规整、轮廓线条挺括分明、严丝合缝，以及器表光滑如玉。

传统宜兴紫砂器的成型方法并非是在其他陶瓷门类中普遍使用的拉坯成型，因为宜兴黏土加水容易软化，所以不适合转轮的高速运转。宜兴传统工艺是以手工打造紫砂壶，它的成型技艺也并非一成不变。成型工艺的发展经过了最初明代嘉庆、正德年间金砂寺僧供春制壶的成型法为削砍木头制成内模，将泥片分段包于近圆球状的木模上，利用模塑以范壶形。周容《宜兴瓷壶记》中记载，“供春更斫木为模，时悟其法则又弃模”[④]。嗣后，万历年间时大彬领悟到了供春壶的成型方法，于是，先学用模，后弃用内模，改用各种竹刀工具制壶，首创泥片镶接、拍打成型的技艺，被宜兴陶工承袭沿用至今。除了手工成型之外，还有注浆、施坯和印坯等几种成型方式[⑤]。

经过工艺的传承与创新，时至今日，宜兴紫砂的成型工艺已经自成体系。宜兴紫砂的泥片镶接主要分泥条围制和泥片镶嵌成型两种。泥条围制工艺主要用于圆器和花器（塑器）的制作，而泥片镶嵌最常用的分为“打身筒”和“镶

---

① 李砚祖．工艺美术概论[M]．济南：山东教育出版社，2002: 121.

② 黄健亮．明清紫砂艺术——明清紫砂壶及其装饰研究[M]．台北：盈记唐人工艺出版社．2007: 47.

③ 这一部分内容可参见宜兴老艺人徐秀棠的《紫砂工艺》，杭州：浙江人民出版社，2009年版，123-126.

④ 陈雨前编．中国古陶瓷文献校注（下卷）[M]．长沙：岳麓书社，2015: 652.

⑤ 徐秀棠．中国紫砂[M]．上海：上海古籍出版社，2005: 17.

身筒”。“打身筒”是成型工艺中最基本的方法，适用于圆形器。“镶身筒”主要是用于制作四方、六方、八方等边角直挺的方器，技法的概念主要来自锡壶工艺，大多是以样板裁切泥片黏合而成①。泥片的围合和镶嵌在传统陶瓷和民间陶瓷生产中是比较常见的，并非宜兴紫砂独有。但是，宜兴历代陶工将泥板的围合与镶嵌式发挥得淋漓尽致，通过手工打制各种厚薄规格的泥板，再经切削、黏合、修整等工艺过程，呈现出了丰富多彩的紫砂造型样式。

打身筒和镶身筒的成型工艺要求陶工做到心中有数，技艺娴熟。对于泥片的厚度、湿度、曲度掌握稍有不当，在烧成时就会扭曲变形，功亏一篑。因而，对于紫砂制坯工艺的掌握并非一蹴而就，需要日积月累地不断练习。

从紫砂茶器工艺传承的连续性和工艺发展的进程来看，在紫砂茶器外销的明清之际，其成型工艺基本是以时大彬以来的拍身筒为主。结合外销的壶形，有圆器、方形器，以及稍晚之后受外销东南亚壶形的影响筒形器增多。外销壶的成型方式与内销壶并无不同。圆器、球形器主要是竖起身筒后再用打身筒的方法拍打成型；方形是用已经裁切成的厚薄均匀的泥片镶接而成；筒形主要是立起身筒之后上合虚盘或者下加虚盘②。

（2）装饰技法

内销紫砂茶器一直有很深的文化传统，其艺术特征一直是受文人影响下的简素、内敛的审美倾向，反对雕琢藻绘之工，追求自然天成。而作为另一条脉络的外销紫砂茶器，表现出与内销不同的艺术特征：繁丽华美、精工细琢。紫砂器在早期外销时多朴素无华，进入18世纪之后，随着内销紫砂装饰技法的丰富，模印贴花、泥绘、浮雕等装饰流行起来。

4. 明清之际外销紫砂器装饰技法

（1）贴花工艺

贴花工艺是将事先用模具或者手工制作好的薄泥图案，粘贴到有湿度的泥坯上成型，视觉形象突出，有立体感。现代紫砂常用石膏模作为母模，在清初宜兴贴花工艺主要使用木模、陶模。关于贴花工艺本书第四章详细论述。

欧洲人十分喜欢繁缛的装饰，输入欧洲的宜兴紫砂也多贴花装饰，其中以“梅兰花鸟”为主要装饰题材，呈现浅浮雕的效果（图2.13）。常见有坯泥与贴

---

① 黄健亮．明清紫砂艺术——宜兴紫砂壶及其装饰研究[M]．台北：盈记唐人工艺出版社，2007: 50.

② 徐秀棠．紫砂工艺[M]．杭州：浙江人民出版社，2009: 95-96.

花饰物同泥色的、双色泥的也常见。贴花也是内销紫砂器的常用技法，尤其在惠孟臣时期或者稍后的陶工也常用贴花工艺①。前文所提到的英国伦敦维多利亚博物馆收藏宜兴紫砂壶，壶身刻梅花纹饰，纹饰细腻精致，壶底刻款“天启丁卯年友善堂孟臣制”。17世纪中晚期外销紫砂壶风格典雅端秀，惯用同色泥朱泥模印贴花技法（图2.14）。

图2.13 宜兴茶壶
17世纪中后期，直径18cm，美国克利夫兰艺术博物馆藏

图2.14 朱泥贴花圆壶
清早期，高11.8cm

后来，贴花茶壶在国内不流行，不受清代文人的青睐，慢慢变为专门销往欧洲的出口产品。内销宜兴紫砂文人喜爱之器多流行陶刻装饰。制陶人用锋利的钢刀在泥坯干湿适度时，在器表雕刻文字和图样。刻的文字常临摹书法的骨架，轻重顿挫有序，线条变化有致，内容多为诗文名言。

制作于17世纪末18世纪初期的童子莲花纹外销紫砂壶（图2.15）纹饰为模印，壶身大面积的童子、莲叶纹饰采用木模压印，例如壶肩、把手、口缘处等局部采用戳印。此一题材，就笔者所见有三把紫砂壶，分别在美国皮博迪博物馆、荷兰国立博物馆，以及台北成阳艺术文化基金会。三把壶身皆为球形，饱满圆腹。皮博迪和成阳基金会藏品皆为圈把、狮子纽。

图2.15 童子莲花纹紫砂壶
约1700年，高10cm，宽15.8cm
美国皮博迪博物馆藏

贴花装饰受到欧洲人的欢迎，除了与欧洲宫廷美术喜爱繁缛的装饰风格有关之外，这种类似于浅浮雕的装饰在欧洲有很深的艺术传统。早在意大利文艺复兴时期，欧洲一些国家所产陶器就常用贴花

① 刘明倩. 英国维多利亚阿伯特馆藏明清紫砂器. 2007年国际紫砂研讨会论文集[C]. 北京：紫禁城出版社，2009: 104.

进行器表装饰工艺[①]。当这种有模印花纹的红陶器进入欧洲时，它的装饰风格迅速被当地人所接受，甚至欧洲工匠在模仿紫砂茶器时，从器型到模印贴花，制品皆惟妙惟肖，具有东方韵味。

松针、梅花、竹叶，以及云龙纹为明末清初宜兴紫砂的主要贴花纹饰，尤其贴梅花更是常见。例如，吴梅鼎（1631—1700年）《阳羡茗壶赋》就有“瓶织回文之锦，炉横古干之梅”[②]。吴梅鼎主要的文学艺术活动在清代初期，他的诗论形容了当时贴花梅枝工艺的惟妙惟肖。从周高起、吴骞、周容等几人的论著中虽然未见具体提及贴花工艺字句，但从诗句中可见贴花装饰的艺术效果：“菊入手而凝芳，荷无心而出水。芝兰之秀，秀色可餐，竹节之清，清贞莫比”（吴梅鼎《阳羡茗壶赋》）。在明清之际，贴花是紫砂装饰技法。虽然有学者指出，“贴花装饰这种说法，是20世纪才出现的词汇”[③]，然而当时欧洲陶工模仿宜兴紫砂多以贴花梅枝示人的事实，不但印证了宜兴紫砂出口的主要时间是明末清初，也表明最先传入欧洲的宜兴紫砂多是以贴花作为装饰的，这也能解释为何荷兰、英国陶工一开始对宜兴紫砂的追摹都是以贴花工艺为先。

英国V&A博物馆藏有一四面方瓶（图2.16），此瓶底无款识。锦地回文、古干梅花苍劲伸展，和吴梅鼎的诗句相映照。器表装饰以戳印连续回纹铺底，主纹装饰以贴花梅枝。回纹，亦称作雷纹、云雷纹，是中国传统纹饰，多见于商周青铜器上。在清初外销紫砂器中，多用回纹作为锦地铺底。台北成阳基金会藏有一件类似装饰的梨式壶，旅荷华人谈德龙先生亦藏有一件“无款回纹平盖朱砂壶”（图2.17）。事实上，欧洲的审美尚好也透过订单影响了内销器的装饰，满器押印技法连续回纹者并不多见。

这种类型的瓶传入欧洲，一般在加饰金属附件之后作为茶叶罐贮藏珍贵的茶叶。值得一提的是此瓶是英国陶工埃勒尔仿制瓶的蓝本，制作年代肯定在埃勒尔瓶（制作于1690—1698年）之前，因而可推测此瓶制作年代应该不超过1690年[④]。

---

① Howard Coutts. The art of ceramics: European ceramic design, 1500—1830[M].New Haven: Yale University Press, 2001: 52.

②〔明〕周高起.〔清〕吴骞著. 阳羡茗壶[M]. 北京：金城出版社，2012: 135.

③ 刘明倩. 英国维多利亚阿伯特馆藏明清紫砂器[C].《2007年国际紫砂研讨会论文集》. 北京：紫禁城出版社，2009: 104.

④ 英国维多利亚阿伯特博物院研究员刘明倩曾推测实际上此壶制作年代应该在1650—1690年，然而她并没有说明时间推至1650年的理由，因而笔者认为较为妥切的说法应该是1690年之前。

图2.16　贴花梅枝方瓶
宜兴制，1675—1725年，
英国V&A博物馆藏

图2.17　朱泥回纹壶
清早期，高13.5cm，中国嘉德2013年秋季拍卖会

（2）雕镂工艺

宜兴外销器中透雕装饰十分流行，也通常称之为玲珑装饰。“镂”与“雕”在概念上接近，在紫砂工艺上通常指镂空（镂雕），有三种形式：透雕、全镂、通花[①]，最早常见于明代景德镇的瓷器工艺中。17世纪初，宜兴工匠也开始利用此工艺，一开始在壶局部进行透雕装饰，之后开始流行壶的全身进行镂空装饰。清代康熙年间外销欧洲的朱泥壶常见雕镂工艺。现藏于台北成阳基金会的镂空梅花纹紫砂圆壶是其中精品。腹部镂空梅纹，梅枝盘结，梅朵或绽放，或含苞，镂刻工艺十分精湛，嘴、把手皆用梅桩，与壶身彼此相呼应。目前在欧洲各大博物馆所藏的宜兴紫砂中，这种镂空装饰较为常见，大约制作于1700—1725年。如大英博物馆藏一镂空紫砂壶（图2.18），用竹、梅花和松四面体装饰。壶嘴和手柄虽然已经丢失，但不难看出内部的滤茶器可能是之后添加的。另一把朱泥镂空梅花纹壶（图2.19），珠纽，壶盖与壶身皆以镂空透雕形式作梅报春图，壶柄与流皆塑为梅枝状，制作精致考究。形制相似的梅纹镂空壶收藏亦见于德国德累斯顿博物馆及德国安东·乌里希博物馆。这种具有东方艺术情致的透雕装饰工艺是宜兴专门为欧洲市场所作。除了周身镂空之外，另有局部镂空装饰，方壶形上多做开光装饰布局。

值得一提的是，在宜兴紫砂传统工艺中并没有雕镂工艺，而当时景德镇瓷器中却常见此工艺。有学者曾猜测，当时紫砂陶土可能被带入景德镇烧制。然

① 黄健亮．明清紫砂艺术——宜兴紫砂壶及其装饰研究[M]．台北：盈记唐人工艺出版社．2007: 71.

图2.18　宜兴窑镂空梅花纹紫砂方壶
1700—1722年，大英博物馆藏

图2.19　朱泥镂空梅花纹壶
清早期，高13cm，私人收藏

而，至今考古研究者却未见相关残片在景德镇出土。紫砂大师汪寅仙曾从人口流动的角度分析，景德镇掌握雕镂技术的工人流入宜兴，把此工艺运用到外销紫砂器制作中。如今看来，这种猜测有其合理性。

（3）浮雕装饰

紫砂器的雕塑技法常用于花货，光素器上用以盖纽、壶嘴、把手等的表现手法。雕塑工艺对于艺人的立体塑形能力要求很高，主要手法是捏、塑、雕、刻、贴、镂等。外销紫砂常饰以浮雕装饰，有浅浮雕和高浮雕之分。浅浮雕介于贴花装饰和高浮雕之间。常见的形式是龙首、枝叶等造型被广泛运用于壶的把手、流上。把手、纽和壶嘴通常根据壶身整体纹饰塑成相应形象，如花枝、竹枝等。据笔者收集到的资料，枝叶类以竹子、梅枝、葡萄纹最为常见。高浮雕的表现是盖纽常饰以兽纽，兽纽有狮、鹿、松鼠等，以卧姿为主，如外销紫砂松鼠葡萄纹壶（图2.20）。卧兽是我国陶瓷工艺中擅用的装饰，从宋代青瓷中可见一斑。在18世纪销往欧洲的紫砂中，狮子纽占多数，造型憨态可掬，深受西方市场欢迎。

图2.20　鹿钮松鼠葡萄纹紫砂壶
宜兴制，1700—1800年，大英博物馆藏

（4）色泥装饰

外销欧洲紫砂茶器偶见色泥装饰，主要分为同色泥装饰、对比色装饰，以及泥绘装饰。同色泥装饰比较常见，在欧洲也很受欢迎，主要以贴花工艺形式出现。对比色泥装饰，一般用黄色装饰在棕色或者红色底色泥上（图2.21、

图2.22）。英国18世纪肖像画家亚瑟·戴维斯（Arthur Devis，1712—1787年）的绘画作品中，常见家庭聚会的场景，《希尔先生和夫人》（Mr. and Mrs. Hill）茶桌上就有紫砂壶的影子（图2.23）。据所绘茶壶来看，应为双色泥装饰。学者万福莱认为这种装饰大概在“1725—1750年或者更晚一点很流行”①。笔者梳理欧洲各博物馆馆藏同类藏品，认为这种装饰流行至19世纪初期。

图2.21　宜兴窑双色泥贴花壶
18世纪，荷兰海牙博物馆藏

图2.22　双色泥龙纹装饰紫砂茶器
18—19世纪，英国V&A博物馆藏

图2.23　亚瑟·戴维斯，《希尔先生和夫人》
1750—1751年，耶鲁大学英国艺术中心藏

关于色泥装饰，也有用红泥、紫泥、黑泥，或者是墨绿泥在黄色的底泥茶器上进行装饰的。这种色彩装饰受当时景德镇五彩瓷装饰的影响。此类型的紫砂茶器大约在1700—1725年出口到欧洲。在荷兰、德国奥古斯都的收藏单中有数例馆藏。

总之，综合文献资料与欧洲各主要博物馆实物馆藏，可概括出口到欧洲的

① 万福莱. 紫砂西行记[C]. 载于《2007年国际紫砂研讨会论文集》. 北京：紫禁城出版社，2009: 36-37.

宜兴紫砂在装饰技法上有以下几种：第一，模印贴花装饰。第二，色泥装饰。可分为同色泥装饰，常用贴花装饰表现；对比色泥装饰，把段泥装饰在紫色或者棕色底色泥上，趣味盎然，对比效果明显。第三，彩釉装饰。第四，描金装饰。第五，镂空装饰。第六，泥绘装饰。第七，到欧洲之后添加包镶工艺（见附录B）。

5. 款识特点

专门针对欧洲市场的外销紫砂壶一般不钤款识，这是一个值得研究的现象。

署名或者款识是工匠艺人在艺术品上标识为其专作之物。在明代晚期，尤其是嘉靖朝（1522—1566年）之后，各个行业的工匠开始获得全国性的地位，有时候单凭工匠艺人们的名字就足以为市场中的商品增加价码。当然，最先注意这一现象并且在客观上促进这一趋势发展的都是士绅阶层。王世贞笔记《觚不觚录》中有一则文字："今吾吴中陆子冈之治玉，鲍天成之治犀，朱碧山之治银，赵良璧之治锡，马勋治扇，周治治商嵌，及歙吕爱山治金，王小溪治玛瑙，蒋抱云治铜，皆比常价再倍。而其人至有与缙绅坐者。近闻此好流入宫掖，其势尚未已也"[①]。虽然王世贞所列的许多匠人名字在今日并未见其实物，但这在客观上也证明一个事实：在之前原本受轻视的工匠赢得了士人阶层的关注，工匠之名已经不自觉地为工艺美术品标注了价值尺度，那些能工巧匠或者凡庸之辈的名字也成为衡量工艺品价值高低的标准。这一现象被英国学者柯律格解释为："他们之所以被士绅阶层所关注，事实上更可能是出于士绅阶层日益增长的区别不同类型的商品以适合其标准的需求，而非宽松的社会氛围所致"[②]。

因为当时的社会制度虽然较之元代稍有改变，但确实还没有宽松到工匠阶层被普遍认可的程度。不过他同时也承认，"这时候艺术品上签字，是为了显示这些作品达到了按等级层次管理但仍集体协同工作的作坊的标准，签名并非出自最为个人英雄似的艺术家，而是出自能够保证出质量的作坊主，不论其本人究竟为每件作品付出了多少实际的劳作"[③]。

---

① 王世贞文，谢国桢编. 明代社会经济史料选编：第一卷[M]. 福州：福建人民出版社，1980: 289-290.

② 柯律格. 长物：早期现代中国的物质文化与社会现状[M]. 北京：生活·读书·新知三联书店，2015: 61-62.

③ 柯律格. 长物：早期现代中国的物质文化与社会现状[M]. 北京：生活·读书·新知三联书店，2015: 63.

这一观点也印证了明代晚期工艺美术品作坊式发展的事实。陶瓷业的分工状况最能证明这一观点。以景德镇为例，由于海内外市场对陶瓷的需求，景德镇在明代晚期窑业分工已经细化。法国传教士殷弘绪在清康熙五十一年的一封信中描述了他在景德镇的制瓷工场中所看到的流水作业的情景："绘画工作是由许多画工在同一个工场里分工完成的。一个画工只负责在瓷器边缘涂上人们可看到的第一个彩色的圈，另一个人画上花卉，第三个上颜色；有的专画山水，有的专画鸟和其他动物。"①他所描述的是画工分工的细致，边线、人物、山水、花鸟皆为明确分工，工匠专攻一个门类或工序，一般不会涉及其他。当时，往往一件瓷器的制作要经过几十人之手，仅仅是瓷上绘制一个纹样，也要经过几个人共同完成。蓝浦的《景德镇陶录·画坯》中也有记载"青花画坯，圆琢器皆有之。一器动累什百，画者则画而不染，染者则染而不画，所以一其手，而不分其心也。幅中画染分处，以为画一。"②由此可见，勾线的人不染色，染色的人专门染色，实行流水作业，分工井然有序。景德镇这种瓷器生产的作坊式和规模化已经成为明代晚期手工制作的一个范例。外交官乔治·伦纳德·斯当东（George Leonard Staunton）是马戛尔尼勋爵访华使团的一员，他见过在1793—1794年几百个工厂冒着熊熊火焰的奇观，夜晚的天空是令人敬畏的。他了解到窑厂雇用了超过一百万名男性工人。生产一个茶杯，从采石场到窑炉，要经过50个不同劳动者的手，单单是绘瓷部分也得划分为6个人③。

史料证明，当时漆器、银器生产都存在这样的分工合作，即使是规模小得多的作坊里，亦存在分工合作。这种分工合作带来窑厂生产效率的极大提高。然而，作坊和分工也带来瓷器所表现出来的个人艺术风格的丧失，后代评价这种艺术风格的差别往往是可辨别的、为人所认知的，虽然这种差异在当时更多表现为商号之间差别。

在17、18世纪，同样是作为大量出口欧洲的陶瓷器，宜兴紫砂却表现出生产上的特殊性。一般来讲，篆刻于陶瓷器上的文字称之为"铭文"，而陶瓷器上刻有工匠姓名与其时帝王年支又被称为纪念款识。在紫砂器的评价中，款识

① 〔法〕杜赫德编.《耶稣会士中国书简集：中国回忆录》[M]. 第二卷. 郑德弟，朱静，译. 郑州：大象出版社，2001: 98.

② 傅振伦. 景德镇陶录详注[M]. 北京：书目文献出版社，1993: 19.

③ Geoffrey C. Gunn. History Without Borders—The Making of an Asian World Region, 1000—1800[M]. Hong Kong: Hong Kong University Press, 2011: 265.

构成了一个重要环节。在紫砂陶艺文化中，因其作品一般为独立完成，所以，多有表述作者的镌刻与印记。学术界普遍认可的一个考古事实是从元代开始在紫砂壶上镌刻铭文，至于陶工在壶身留名署款（陶人款），目前所见最早的[①]，较认可的考证是明代正德年间，由制壶大师供春所作的“树瘿壶”（图2.24），有“供春”二字作铁线篆镌于錾内壶身，此壶是现存唯一的供春传器。把旁刻有供春款，壶盖原缺失，后来紫砂七老之一裴石民补配。

图2.24　树瘿壶
供春制，中国国家博物馆藏

然而，供春制壶，虽有款印，却无明确传器，根据《阳羡茗壶系》的论述：“镌壶款识，即时大彬初倩能书者落墨，用竹刀画之，或以印记，后竟运刀成字，书法闲雅，在黄庭乐毅帖间，人不能仿，鉴赏家用以为别。”[②]由此可见，时大彬用两种竹刀篆刻和印记两种方式镌壶。他的运刀成字，款印字体有黄庭坚之风，所以，也有人认为紫砂款识系时大彬首用。时大彬之后，历代紫砂大师艺人都形成了自己独特的款印。自从有了工匠标识，紫砂在后世鉴赏文学中上升到显著地位。今天所见的明末清初的紫砂，其作者款识成为紫砂评价体系重要的参考。也就是在明代晚期工艺品同样也被纳入鉴别体系的范畴。正如明末绘画的款署一样，这时候工艺品的价值也开始由款识决定。一直至清代，款识都十分通行，是紫砂器的一大特色。但《阳羡茗壶系》和《阳羡名陶录》中，关于提及款识的文字，则多为刻款而未及印记。可见，明代中晚期的茶壶上多用刻款，万历年间楷书写的，较少印款[③]。款识主要镌刻壶底，多使用欧体；明末清初，多见用刀刻款，刻款与印款同存；清康熙之后，镌刻减少，钤印增多。

不过，一个特殊的现象就是传世的外销紫砂器中有款识的却比较少见。例如，荷兰东印度公司的本纳布鲁克（Bennebroek）号商船，1713年在好望角沉落，从后来考古工作者打捞上来的紫砂壶器看，皆无落款[④]。对此，一些研究

---

① 韩其楼. 宜兴紫砂陶[M]. 南京：江苏人民出版社，1981: 19.

②〔明〕周高起，董其昌. 阳羡茗壶系 · 骨董十三说[M]. 北京：中华书局，2012: 60.

③ 徐秀棠. 紫砂工艺[M]. 北京：文化艺术出版社. 2012: 216.

④ Rose Kerr. Yingxing ware and teapot[C]. 载于《2007年国际紫砂研讨会论文集》，北京：紫禁城出版社，2009: 147.

者猜测，可能与贩洋商品的属性相关[①]。另外，关于宜兴紫砂重要文献《阳羡茗壶系》《阳羡名陶录》成书立作之时在明末清初，当时也恰逢宜兴紫砂外销的时期，但两书均未对此有只言片语。在国内，紫砂已然“海内珍之，用以盛茶不失元味，故名公巨卿、高人墨士恒不惜重价购之”[②]。笔者认为，紫砂外销器作为商品，考虑到当时的文人意识形态，不难看出其中存在的关联。明末清初的饮茶文化，在文人集团品鉴名茶、研讨茶艺、写诗作文中成为一件“松根自汲山泉煮”超凡脱俗、简约玄澹的雅事。

虽然，在20世纪英国学者柯律格的诸多著作中从物质文化史的角度已经阐明中国艺术早在明代中晚期就已经面临一个艺术品交换的、商品化的市场，但是，那时候的文人仍不愿意多谈市场的运作，出于文人的某种精英意识，并不愿意把艺术品与商品等同。当时为数不少的艺术家已经通过当铺、古董商家等媒介在社会交往形式的掩盖下完成这种艺术品交易。高居翰（James Cahil）曾写道：“从理论上来说，学养与高层文化会使艺术家置身于市场之外，其作品不会用于售卖，但是，如果从严格且实际的角度来看，学养的成果也跟工匠的产品一样，都是有价值的可供营销的商品。”[③]

在当时的瓷器交易中，柯律格曾提到最贵的要数宜兴紫砂，往往是由独立的名匠在与之交好的士绅的支持下创作完成[④]。张岱也曾经谈到出自名家的紫砂器“器方脱手，而一罐一注价五六金”[⑤]。根据一些资料，我们可以看出当时对艺术品的交易用一种含糊其辞的语言遮蔽了文化商品进行交易的事实。并且，虽然这些零散的语录并不足以构建一种商品交换情景，来证明当时紫砂作为商品消费和交换的社会场景，但是，从中我们可以理解为什么同一时期国内流通的紫砂器多款识，并且这些款识和款识背后所代表的工匠名气成为衡量紫砂器在市场上价值高低的重要参考。

由此，可以说，是明清之际艺术品流通的社会、士绅文化场域，以及文人

---

① 黄健亮．17、18世纪外销欧洲紫砂壶的风格与特征．载于《紫玉暗香—2008南京博物院紫砂珍品联展》，龚良，南京：江苏文艺出版社，2008.

②〔明〕周高起，清吴骞著．阳羡茗壶[M]．赵青编，北京：金城出版社，2012: 96.

③ 高居翰．江岸送别：明代初期与中期的绘画（1368—1580）[M]．北京：生活·读书·新知三联书店，2009: 243.

④ 柯律格．长物：早期现代中国的物质文化与社会现状[M]．北京：生活·读书·新知三联书店，2015: 118.

⑤〔明〕张岱，张宗子等．陶庵梦忆[M]．贝叶山房，1936: 23.

偏见和精英意识，使诸如周高起、董其昌等鉴赏家、著述立传者不愿把陶肆匠人和贩卖洋货之事载书立册。另外，从上文所提到的明代晚期工艺美术品作坊式发展的事实，加之目前所见多数外销紫砂壶一式多器来看，当时外销紫砂壶的制作极有可能存在分工合作。一件茶器制作往往要经数人之手，故而无法对合作完成的作品加以署名。以上构成了至今在世界各大博物馆馆藏的明清之际流入欧洲的紫砂外销器没有款识的深层的社会原因。

有一个例外：荷兰东印度公司的奥斯特兰德号（Oosterland），于1697年在开普敦附近沉没，打捞出六件宜兴紫砂壶的残片，上面全部有工匠的款识。同样，根据瑞典东方博物馆馆长简·维尔金（Jan Wirgin）的考察：在瑞典馆藏的宜兴紫砂，在大多数壶底，至少会有两方钤印，比较常见的是“邵永兴制”字样。邵永兴是清早期制壶名家，从国内流传下来的同时期的作品来看，擅制直筒壶，常在壶底印有“荆溪邵永兴制”字样[①]。从紫砂器的流通方式分析可见其原因。由于当时紫砂器输欧的主要渠道分为荷兰东印度公司正式采购、通过船长及船员私人携带经营、中国与皇室之间互相馈赠。带有“荆溪邵永兴制”款识的紫砂器，极有可能是早已在当时中国市场流通的内销壶，后来通过东印度公司，或者船员在中国市场上进行选买和采购之后带入欧洲。

二、紫砂茶器输入欧洲的历史成因

1. 中国与欧洲海上贸易发展概述

东方的产品，尤其是丝绸、香料和瓷器，是中世纪欧洲的奢侈品。它们经波斯和土耳其陆上过境，历时数月，极大地增加了它们的价值，为商人带来了巨大的利益。西方对远东所知甚少，只模糊知道是一个非常富裕的遥远国度。货物和香料的诱惑导致欧洲探险家寻求一条通往东方的海路，从而削减了艰苦的陆上旅程，这促使1497年葡萄牙探险家瓦斯科·达伽马（Vasco da Gama）绕过好望角（Cape of Good Hope）开辟了到中国的路线。这是欧洲与当时的震旦（Cathay，中世纪时西方人对中国的称呼）第一次发生较为亲密的接触。从那时起，葡萄牙人、西班牙人，后来的荷兰人和英国人试图垄断与远东的贸易。[②]

① 中国古代贸易瓷国际学术研讨会论文集[C]. 台北：历史博物馆. 1994: 49-50.

② Howard Coutts. The art of ceramics: European ceramic design, 1500—1830[M], New Haven, Yale University Press, 2001: 63.

早在明代中期，少数商人已经在中国东南沿海的部分岛屿从事海外贸易，但还是一种隐秘的行为。虽然政府明令禁止，但是一些沿海居民冒死进行走私贸易，“承平久，奸民阑出入，勾倭人及佛郎机诸国入互市。闽人李光头、歙人许栋踞宁波之双屿为之主，司其质契。势家护持之，漳、泉为多，或与通婚姻。假济渡为名，造双桅大船，运载违禁物，将吏不敢诘也。或负其直，栋等即诱之攻剽”①。在整个14世纪，一系列限制贸易的政策相继出台，如洪武四年（1371）“禁濒海民不得私出海”②。洪武二十七年（1394）春正月，“禁民间用番香、番货，……其两广所产香木听土人自用；不许越岭货卖”。洪武三十年（1397），“申禁人民不得擅出海与外国互市”③。

进入16世纪，国内对外贸易的需求，使得政府压力增加，加之对走私行为的打击成效甚微，最终在1567年，解除了部分外贸禁令。1603年，荷兰派遣船队来华要求互市，但遭到拒绝。清朝初年，为了打击南明和明朝遗臣的反清斗争，政府严厉的海禁一如明朝。荷兰人于1656年派遣使团到北京朝见顺治皇帝，试图建立通商关系，无功而返④。1660年，清政府下“迁界令”，沿海居民向内陆迁移（北起山东，南至广东）三四十里，使得沿海地区成为无人区。

康熙二十二年（1683），台湾被清政府收复之后，对外贸易得到允许，开放广州、漳州、定海、云台山（镇江）四处对外贸易港口。康熙帝在主张开海贸易时就曾指出：“边疆大臣当以国计民生为念，向虽严海禁，其私自贸易者，何当断绝?”⑤此后海禁政策时紧时松，直至雍正五年（1727）才正式废除不准与南洋贸易的禁令，政府在闽、浙、粤等地设关，征收外贸关税。至乾隆二十二年（1757）又封闭漳州、定海、云台山三港，广州为唯一对外贸易港口。

中国在对外贸易上一直持慎之又慎的态度。欧洲在对外贸易方面的态度与中国政府大相径庭。欧洲人似乎有天生的、面向海外的倾向。早在16世纪早期，欧洲人就热切地寻找能够直抵东方的途径。关于葡西之间海上权力的竞争，标志性文件是《托尔德西拉斯条约》。1494年6月7日，西班牙与葡萄牙在教皇亚历山大六世的倡议下达成了一项协议，并正式签署了《托尔德西拉斯条

① 张廷玉．明史[M]．北京：中华书局．1974 年，卷 205.

②《明实录8・明太祖实录》．台北：历史语言研究所．1983：卷70.

③《明实录8・明太祖实录》．台北：历史语言研究所．1983：卷252: 3640.

④ 许明龙．欧洲十八世纪中国热[M]．北京：外语教学与研究出版社，2007: 4.

⑤《清圣祖实录》卷 116，康熙二十三年七月乙亥条，北京：中华书局影印本，1985.

约》[1]。葡萄牙人于1515年在中国登陆之后，掌握了中国对外贸易的大部分。葡萄牙和西班牙分别以中国澳门和菲律宾马尼拉为中心，通过海上航线将中国货物运至欧洲。在16—18世纪的大部分时间内，以广州—澳门—果阿—欧洲航线最为重要[2]，中国绝大部分的商品都由此航线运往里斯本、阿姆斯特丹、伦敦等欧洲沿海港口，再由这些港口转销欧洲各国。

1601年，荷兰人在圣赫勒拿海岸（Saint Helena）捕获了葡萄牙船（San Jago）；同样在1604年，荷兰东印度公司船长雅克布·范·海姆斯凯尔克（Jacob van Heemskerck）在马六甲附近劫获了葡萄牙船只“圣·凯瑟琳娜”（Santa Catharina）号。这些胜利标志着荷兰人接手了中国瓷器贸易，因为这两艘船运载了大量瓷器以高价出售。尔后，荷兰人自行进入贸易，在1604年从Bantam到达第一批真正荷兰运载的瓷器[3]。除此之外，1619年荷兰东印度公司在雅加达建立基地，并将此作为其东方贸易的中心。1621年该地被命名为“巴达维亚”。1622年，荷兰人经过努力，在台湾南部设立了类似于澳门的货物中转基地，并建立了著名的“热兰遮城”（Zeelandia）。通过这两大贸易中转基地，他们把丝绸、瓷器等大量中国物品销往日本、印度、波斯等地，换取白银或者当地特色物产，然后购买更多的瓷器，继续西行运往欧洲。

因而，纵观整个17世纪，荷兰已经成为在东南亚沿海地区进行贸易往来的欧洲国家中的主导势力。1602年3月，荷兰人将国内各类私营贸易公司、团体合并为一家由政府统一运营的公司——荷兰东印度公司（Vereenigde Oost-Indische Compagnie）简称“VOC”。当时国会赋予公司开战与讲和、建立殖民地、夺取外国船只、修筑城堡，以及铸币等权力，从法律上使公司成为一种独立的力量。荷兰的造船业居欧洲首位，商舶吨位数占欧洲总数的四分之三。荷兰在远东开辟的贸易基地包括：南洋群岛的马六甲，中国的广州、澳门、台湾等[4]。

---

① 这个条约将世界分割成分属葡萄牙和西班牙的两部分，其边界穿越北大西洋中部，并把南美洲对半均分。这条线以东的领地，包括葡萄牙的殖民地巴西，归葡萄牙政府管辖；这条线以西的世界为西班牙所有。在太平洋上，这条分界线正好紧邻菲律宾西部，这使得葡萄牙控制了东到亚洲和非洲的贸易航道，而西班牙则掌握从西到美国直到太平洋和菲律宾的商业路线。〔美〕孟德卫．1500—1800中西方的伟大相遇[M]．江文君、姚霏译．北京：新星出版社，2007: 9.

② 彭明瀚．荷兰东印度公司与明清时期景德镇瓷——贸易全球化视野下的景德镇瓷器文化研究之一．南方文物，2013（1）: 104.

③ Howard Coutts. The art of ceramics: European ceramic design, 1500—1830[M], New Haven: Yale University Press, 2001: 65.

④ 詹嘉．中外陶瓷文化交流[M]．北京：中国社会出版社，2004: 56.

1670年之后，欧洲市场发生了重要变化，除了印度的咖啡、纺织贸易额在不断扩大，中国的茶、漆器、陶瓷等商品也正在打开销路。同时，茶叶贸易的扩大与中国对所有外商开放是最引人注目的新事物。但是，荷兰东印度公司还是沿用之前最便捷的贸易方式，在巴达维亚坐等中国商人扬帆前来以货易货。相反，英国东印度公司在1698年迅速开展用白银付款的直接贸易形式，当时主要换取的是中国茶叶，后来又不断通过白银和孟加拉的棉花换取中国茶叶的方式巩固了同中国之间的贸易关系。早在16世纪时，葡萄牙人就开始大量进口中国瓷器，直到17世纪荷兰人成为经营华瓷贸易的主要力量。荷兰东印度公司在中国瓷器贸易中的垄断地位从17世纪保持到18世纪，即便后来被英法公司取代，瓷器仍然是其重要的进口商品。

总之，正是因为中欧海外贸易的深入和扩展，中国茶叶得以大量输出欧洲，促进了欧洲茶文化的传播和发展。在这样的背景下，紫砂茶器也随之传入欧洲，成为“中国风”潮流下的一个组成部分，受到欧洲上流社会的喜爱。

2. 中国茶在欧洲的传播

宜兴茶器是随着茶叶贸易进入欧洲的。茶叶的引入和消费是紫砂茶器进入欧洲的关键。梳理茶叶进入欧洲的历程，应当从信息和实物两方面来考量。

（1）茶入欧洲的文字信息

在16世纪之前的欧洲，有关茶叶的信息一直是空白，随着最初的探险和宗教传播，一些欧洲人开始远行到达印度、中国、日本等东方国家。因而，欧洲对中国茶叶的信息，传教士的游记和信札是主要来源。在现有资料中记载比较详尽，且获得普遍认可的观点是：欧洲最早公开提及茶这种饮料信息的是1559年于威尼斯出版的三卷名为《航海与旅行》（*Voyages and Travels*，1550—1559年）的书中。作者詹安姆巴迪斯塔·拉缪西欧（Giambattista Ramusio）是欧洲第一位知道中国茶叶的人。拉缪西欧是威尼斯的一名法官和地理学家，他叙述一位名叫哈吉·穆罕默德（Hajji Mahommed）的波斯商人告诉他有关“Chai Catai”（中国茶）的故事：在空腹时喝下一两杯这种煎液，能够消除伤寒、头痛、胃痛以及关节痛等症状。要在你所能承受的范围内烫烫地喝下①。另外，他还提到，这个波斯商人告诉他如果这种饮料被波斯和欧洲人所知道，他们的商人们会开始疯狂寻找这种珍贵的药材，使它成为欧亚人贸易的内容，并且会

① Saberi, Helen. Edible. Tea: A Global History[M]. London: Reaktion Books, 2010: 87.

开始寻找这种草本植物①。

据记载，16世纪进入中国的传教士加斯帕·达·克鲁兹（Gaspar da Cruz）曾经到过中国广州，并在中国沿海一带游历数月，他是第一位品尝中国茶的欧洲人。另外，利玛窦等人也曾通过书信的方式将中国的饮茶习俗介绍给欧洲，此后，在那个喜好探险和航海的时代，越来越多的欧洲人通过航海札记的形式介绍中国，并在其中涉及关于中国式的饮茶②。

在16世纪的后几十年中，其他几次对茶叶的简要提及出自从东方返回的欧洲人，其中多数是在东方从事贸易和传教的葡萄牙人。一位名叫扬·胡伊根·范林斯索顿（Jan Huygen van Linschoten）的荷兰人最早激发了人们将茶叶运送到欧洲的想法。他在1595年出版了《旅行杂谈》（*Discours of Voyages*）一书。书中提到在中国有一种称之为“chaona”的东西：他们饮用一种装在壶中用热水冲泡的饮料，不管在冬天还是夏天，他们都喝这种滚烫的饮料③。

（2）茶入欧洲的实物信息

大约从16世纪中期开始，中国和欧洲建立起贸易联系。标志是1557年葡萄牙商队经海路到达中国沿海地区。据葡萄牙船舶上的荷兰水手记录，在16世纪中叶，茶叶就被耶路撒冷的葡萄牙牧师消费④。在1610年左右，葡萄牙和荷兰人通过他们各自在澳门、广州和爪哇的班塔姆（Bantam）贸易基地运输茶叶到法国和波罗的海港口。同年，第一箱中国茶叶由荷兰人带到阿姆斯特丹⑤。从此茶叶开始作为商品出口到欧洲。

当时，荷兰人不只与中国进行茶叶贸易，也从日本购入茶叶。1651年，荷兰东印度公司的11艘船共载运30磅的日本茶到荷兰⑥，虽然这些是一个很少的数量，但荷兰人的饮茶习惯由此逐渐养成。从17世纪60年代起荷兰贩运中国茶叶日益增多。在随后的几十年中，荷兰在与东方的贸易中处于统治地位，尤其

---

① Mair, Victor H& Erling Hoh. The true history of tea[M]. London: Thames & Hudson Ltd, 2009: 165.

② Boxer, C. R.: South China in the Sixteenth Century[M]. California Orchid Press LLC, 2004: 137-142.

③〔英〕罗伊·莫克塞姆．茶：嗜好、开拓与帝国[M]．毕小青，译．北京：生活·读书·新知三联书店，2015: 16.

④ ANNE E. C. McCANTS. Poor consumers as global consumers the diffusion of tea and coffee drinking in the eighteenth century. The Economic History Review, 1 August, 2008, 61(S1): 175.

⑤〔法〕费尔南·布罗代尔．15至18世纪的物质文明、经济和资本主义[M]．第一卷，顾良，施康强，译．北京：三联书店，1996: 294.

⑥ 黄时鉴．东西交流史论稿[M]．上海：上海古籍出版社，1998: 215.

是在欧洲茶叶进口中占据了领先地位，因而荷兰也成为欧洲最早喝茶的国家。据学者研究统计，在1700年左右，茶叶和咖啡销量占到了25%，到了1738—1740年，根据购买价格计算，不同类别的货物占回运货物的百分比和占销售量的百分比：茶叶和咖啡分别占32.2%和24.9%[①]。由此可见，在17世纪后半叶，茶叶已经通过荷兰东印度公司大量进入欧洲。并且直到18世纪下半叶，荷兰东印度公司保持着欧洲海上贩运中国茶的首席地位。

茶叶为欧洲人所认识和接受，最初是作为医疗之用。在17世纪后期，市面上出现了大量吹嘘这种中国植物益处的宣传册和文章。当时，阿姆斯特丹著名医生尼古拉斯·特普（Nicholas Tulp）宣扬茶是治愈所有病的灵丹妙药。他对这种饮料的赞美甚至超过了他的同事科内利斯·达克（Cornelis Decker）医生，“达克曾经让他的病人每天喝50到200杯茶”[②]。丹麦国王的御医菲利普·西尔威斯特·迪福（Philippes Sylvestre Dufour）和佩奇林（Pechlin J. N.），还有巴黎医生皮埃尔·佩蒂（Pierre Petit）是这种观点的主要捍卫者。人们认为茶是能够治疗痛风、偏头痛和肾结石的灵药，当时有很多的文章、论文和诗颂扬这种饮料的好处。1657年一篇名为《中国茶对关节炎患者的作用》的论文得到了当时的大臣塞吉埃（Seguier）的公开支持[③]。

法国的茶叶是由荷兰商人带入的。大约1636年，荷兰人开始把中国茶叶转运至巴黎，法国人从此开始接触到茶。大约在17世纪中期，人们在巴黎第一次提到茶：1648年3月10日，一封吉·帕坦（Gui Patin）写给里昂斯邦（Spon）博士的信中提道：“下周四，我们这里有一篇论文要答辩，很多人都抱怨做的不好。文章的结论是：中国茶可以让人感觉舒适。最后的推论谈到了茶，但是在论文的其他部分一点都没有涉及。……我想这个人写这篇论文并不是真的研究茶这种植物，而只是为了向我们的总理大人献媚而已，对这种‘药’的夸赞就是来自这个官员。而对于他们吹嘘的好处，没有人敢发誓保证，事实上，人们也不能确定它有任何有益的效果”[④]。

1700年8月3日，一艘名为阿穆芙莱特（Amphitrite）的法国船只，从中国

---

① 费莫、西蒙、伽士特拉. 荷兰东印度公司[M]. 倪文君，译. 北京：东方出版中心，2011: 153-155.

② C. R. Boxer, The Dutch Seaborne Empire 1600—1800[M]. New York: Penguin Books. 1977: 177.

③〔法〕亨利·柯蒂埃. 18世纪法国视野里的中国[M]. 唐玉清，译. 上海：上海书店出版社，2010: 23-24.

④〔法〕亨利·柯蒂埃，18世纪法国视野里的中国[M]. 唐玉清，译. 上海：上海书店出版社，2006: 22.

运回丝绸、瓷器和茶叶等，拉开了中法茶叶直接贸易的序幕[①]。1680年著名书简作家赛维恩夫人，论述了赛伯利埃尔夫人用牛奶与茶混合饮用的故事[②]。这个故事的价值不但表明这是欧洲用牛奶冲茶的最早记录，同时也证明在中国茶叶、茶具连同饮茶习惯一同进入欧洲之时，面对一种新鲜的外来文化，荷兰、英国等国家纷纷进行仿照的时候，法国已经开始了饮茶的“本地化”探索。

然而，直到1650年路易十四的大臣马扎林主教养成喝茶的习惯后，茶叶才在法国流行开来。整体上，饮茶在法国远不如英国那样流行。因为茶和咖啡相比较在17世纪中期的法国重新发明的烹饪法相比，它们都显得黯然失色[③]。“饮料一般在用点心时才上，包括橙汁、酒类、巧克力、茶和咖啡等。其中茶和咖啡在当时是高档的奢侈品。一斤中国茶价值70金法郎，日本茶比这还要贵两倍。它们向国王呈现时有专门的器具，即专用的茶桌和茶具。由于路易十四不喜喝茶，所以廷臣们也从不饮茶。他们于是便对咖啡大加青睐。”[④]茶虽然在法国也风靡一时，然而，很快被咖啡和葡萄酒所代替。法国著名历史学家费尔南·布罗代尔（Fernand Braudel）曾经说过，茶叶只有在那些不生产葡萄酒的国家才能够真正受到人们的喜爱[⑤]。

17世纪，英国市场上的茶多半来自于阿姆斯特丹。据现有资料，大约在1637年，英国康沃尔郡的一位旅行家Peter Mundy记录了第一次到中国福建福州的旅行见闻：“人们用茶（chaa）来招待我们，这是一种由水和草药植物混合煮沸而制成的饮品”[⑥]。这是已知最早记录英国人品尝中国茶的文献。在此后的20年，茶叶在英国似乎在第一次接触后又沉寂了下来。

最早记录的“茶馆”或者“中国馆”大约是1640年在牛津郡的贝克特（Beckett）出现。它是一个有一层高的简单的四方形建筑，有一个中心主门和两个窗户[⑦]。塞缪尔·佩皮斯（Sanuel Pepys）于1660年9月25日在他的海军职

---

① 刘朴兵. 略论法国茶文化的演变[J]. 农业考古，2010: 231.

② 〔美〕威廉·乌克斯编著. 茶叶全书（上卷）[M]. 侬佳，刘涛，等，译. 北京：东方出版社，2011: 34.

③ 〔英〕罗伊·斯特朗. 欧洲宴会史[M]. 陈法春，李晓霞，译. 天津：百花文艺出版社，2006: 179.

④ 〔法〕雅克·勒夫隆. 凡尔赛宫的生活17—18世纪[M]. 王殿忠，译. 济南：山东画报出版社，2005: 119

⑤ 〔英〕罗伊·莫克塞姆. 茶：嗜好、开拓与帝国[M]. 毕小青，译. 北京：生活·读书·新知三联书店，2015: 23.

⑥ Jane Pettigrew. A Social History of Tea[M]. New York: Benjamin press. 2014: 12.

⑦ Jane Pettigrew. A Social History of Tea[M]. New York: Benjamin press. 2014: 12.

员纪事录中写道："我让人买回来了一杯我从前从未饮用过的茶（一种中国饮料）"[①]。由此可见，虽然无法从这一记录中确定在当时是不是有遍布伦敦的茶馆，然而可以确定的是咖啡馆和酒馆有代卖茶的服务。

根据史料，英国第一次获得茶叶是1664年，东印度公司董事部用4镑5先令购了2磅2盎司茶叶送呈国王，1666年又以56镑17先令购了22磅12盎司，这些茶叶大概是从荷兰购得的，也可能是从他们自己船上的职员购得的。荷兰东印度公司第一次进口茶叶是在1669年，重量为143磅：1670年运进79磅；两宗都是从万丹购来的。此后，每年都有茶叶进口，全是从万丹、苏拉特、根贾姆（Ganjam）和马德拉斯购买的[②]。在之后的几十年，进口茶叶的总量一直维持在三位数，在1699年时也仅仅为13082磅。这也同时表明，在17世纪最后一年，饮茶在英国仍然是一个新鲜事物。

在1657年以前，茶叶被用做王宫贵族间一种高贵华丽的招待和馈赠礼品。直到1660年，英国出现第一位茶商托马斯·卡罗威（Thomas Garraway）先生[③]。最早的茶叶宣传广告出现在伦敦《政治公报》（*Mercurius Politicus*）1658年9月23日的版面中[④]，是由咖啡店主托马斯·盖勒维发布的，他推介："优质的中国饮料，得到了物理学家的好评，中国称之为茶，在伦敦皇家交易所的苏丹咖啡馆有售"[⑤]。到1760年左右，在伦敦几乎每一条街上普遍可以买到茶叶。这种情况被托马斯·拉格（Thomas Rugg）记录在他的著作《白昼》（*Diurnal*）中[⑥]。在17世纪的英国，一些咖啡屋不但售卖茶饮，并且也卖干的散装叶茶，男人们会从茶叶馆带回一些茶叶供其家人享用。因为当时的咖啡馆是男人们的专享，女人是不允许进入咖啡屋消费的[⑦]。目前还没有可靠的记录表明在17、18世纪早期有值得尊敬的女士去过公共场合的咖啡馆。18世纪的咖啡馆兼具休闲和社会交往功能，咖啡馆里讨论的主要话题——科学、商业、政治，这些只

---

① Jane Pettigrew. A Social History of Tea[M]. New York: Benjamin press. 2014: 12.

②〔美〕马士，东印度公司对华贸易编年史（1635—1834年）第一、二卷，广州：中山大学出版社，1991: 10.

③ Jane Pettigrew. A Social History of Tea. New York: Benjamin Press, 2014: 23.

④〔英〕罗伊·莫克塞姆.《茶：嗜好、开拓与帝国》. 毕小青，译. 北京：生活·读书·新知三联书店，2015: 17.

⑤〔英〕马克曼·艾利斯.《咖啡馆的文化史》. 孟丽，译. 桂林：广西师范大学出版社，2007: 139.

⑥ 马晓俐. 多维视角下的英国茶文化研究[M]. 杭州：浙江大学出版社，2010: 18.

⑦ Jane Pettigrew. A Social History of Tea[M]. New York: Benjamin Press. 2014: 23.

适合男人。实际上，当时的咖啡馆几乎成了男人主宰的地方[①]。

然而，由于凯瑟琳·布拉甘扎带入英国的茶道已经在上层社会中有了基础。这位葡萄牙国王胡安四世的女儿在1662年5月嫁给英王查理二世的时候，她的嫁妆中有一箱红茶。她更将自己从葡萄牙带来的珍贵稀少的砂糖与红茶调拌，开创了嗜饮红茶及砂糖的宫廷文化，很快得到宫廷贵妇的效仿，为英国王室带来新风尚[②]。当时由于茶被广泛接受，出现了特质的茶桌，但是，饮茶成为上层社会的仪式还要等到18世纪[③]。

茶最终被欧洲接受还有一个重要的原因是中国茶叶供应的充足。18世纪，随着中国茶叶种植技术改良，供应充足，使得茶叶价格在欧洲大为降低。尤其是广州黑茶价钱的降低刺激了欧洲人的需求，据英国东印度公司（EIC）购买价格研究，在18世纪早期（1713—1730年）当所有品种的绿茶价格相对稳定的时候，黑茶的价格下降了30%～50%[④]。一则史料表明，1684年，由鹿特丹商人带来的一箱茶叶，每磅花费80荷兰盾。然而到18世纪20年代初，最贵的茶叶品种从来没有超过每磅2.3荷兰盾[⑤]。同样的情况还发生在欧洲其他国家。丹麦作家路德维格·霍尔伯格（Ludvig Holberg，1684—1754年）记载，在18世纪20年代，喝茶在哥本哈根社会盛行。霍尔伯格的剧作Barselsstuen中，仆人特罗尔斯告诉我们，“当你拜访中产阶级的人时，要对茶、咖啡进行赞美”[⑥]。因此，似乎有理由认为，一些富有的中产阶级哥本哈根人也参加了时髦的茶和咖啡的饮用。上层阶级快速增长的中国茶叶和咖啡消费影响到了中产阶级的偏好。这也反映了茶叶的消费从上层社会到中产阶级的流动比想象的还要快。

18世纪，茶与咖啡成为英国两大主要消费饮料。然而，进入18世纪中期之后，情况发生了巨大的改变。1721年茶叶进口1241629磅，1750年猛增至

---

① 〔英〕马克曼·艾利斯. 咖啡馆的文化史[M]. 孟丽，译. 桂林：广西师范大学出版社，2007: 75.

② 竹田**いさみ**. 盗匪、商人、探险家、英雄？——大航海时代的英国海盗[M]. 萧云菁，译. 台北：台湾东贩股份有限公司，2012: 156.

③ 〔英〕罗伊·斯特朗. 欧洲宴会史[M]. 陈法春，李晓霞，译. 天津：百花文艺出版社，2006: 179.

④ Chris Nierstrasz. The Popularization of Tea: East India Companies, Private Traders, Smugglers and the Consumption of Tea in Western Europe, 1700—1760[D], Goods from the east, 1600-1800: Trading Eurasia, London: Palgrave Macmillan, 2015: 266.

⑤ Anne E. C. McCants. Poor consumers as global consumers the diffusion of tea and coffee drinking in the eighteenth century[J], The Economic History Review, 2008, 61(51): 176.

⑥ Kristensen, Rikke Sndergaard. Made in China: import, distribution and consumption of Chinese porcelain in Copenhagen c. 1600—1760[J], Post-Medieval Archaeology, 2014, 48(1): 159.

4727992磅。茶叶比咖啡更为普及的另一个因素是糖价格的昂贵。比起需要加糖和奶的咖啡，即使清饮，茶也是不错的饮品①。多种数据表明，茶叶在英国的消费一直是呈井喷趋势。英国1784年施行《抵代税法》(*Commutation Act*)②，在此之前的十年中，东印度公司共从中国进口茶叶54506144磅，年均500余万磅，而在同一时期，荷兰、丹麦、瑞典、法国等国从中国进口茶叶总量为134698900磅，另外，在1790年到1800年这10年中，东印度公司共进口中国茶叶228826616磅③。18世纪初时，在英国茶叶还属于上层阶层享受的奢侈品，到1756年，消费之风骤变，饮茶已经成为农民的生活习惯，"劳工和商人总在模仿贵族，这是这个国家的灾难……你可以看到，筑路工竟然也在喝茶"④。到了18世纪末，茶叶已经成为包括穷人在内的人们生活的一个重要组成部分⑤。相关的调查研究见于弗里德里克·莫顿·伊登（Frederic Morton Eden）的那本名为《穷人的状况》(*The State of the Poor* ）一书。

中国茶叶在欧洲的传播，从信息到实物表现，再到文化认同，以致成为英国式的礼仪文化，经过大约两个世纪。茶文化在欧洲的流布，最直接的影响结果是对茶具的需求。据资料显示，"在1752年之前的一些年，大多数到达欧洲的荷兰东印度公司商船都至少会带来10万件茶具"⑥。由此可见茶叶进入欧洲之后所形成的文化风气之盛。有的学者对茶叶进入以英国为代表的欧洲社会生活的历程总结为，在消费价值上，茶叶经历了三个阶段的转变：药品、奢侈品、大众佐餐饮料；而在消费阶层上也经历了上流社会、中产阶级、下层百姓三个阶段的转变⑦。在这种文化的碰撞中，不但折射出以茶叶为代表的中国文化传入欧洲的进程和表现，也可窥见其对16—18世纪欧洲物质生活的影响和物质文明的推进。

---

① Garth Clark. The Artful Teapot[M]. London: Thames & Hudson, 2001: 20.

② 在1784年《抵代税法》把茶叶税从119%降低到12.2%，这一法律几乎一下子使之前英国严重的茶叶走私现象销声匿迹.

③ 罗伊·莫克塞姆．茶：嗜好、开拓与帝国[M]．毕小青，译．北京：生活·读书·新知三联书店，2010: 20-27.

④ 舒小昀．分化与整合．1688—1783年英国社会结构分析[M]．南京：南京大学出版社，2003: 197.

⑤ 罗伊·莫克塞姆．茶：嗜好、开拓与帝国[M]．毕小青，译．北京：生活·读书·新知三联书店，2010: 46.

⑥ Antony Thorncroft. The Nanking Cargo. London, Hamish Hamilton, 1987: 102.

⑦ 周宁．风起东西洋[M]．北京：团结出版社，2005: 205.

三、紫砂文化在欧洲的传播

1. 输入欧洲的形式与途径

18世纪的欧洲，来自中国的茶叶、陶瓷、丝绸、漆器等商品得到人们的追捧，欧洲社会弥漫着一股浓郁的“中国热”。在这样的背景下，宜兴紫砂进入欧洲人的视野后，迅速得到热捧和喜爱。作为一种异域文化，紫砂茶器何以迅速得到欧洲人的喜爱呢？分析起来，除了受当时流行风尚的影响之外，彼时的欧洲人对宜兴紫砂壶情有独钟，有其背后深层次的文化因素。第一，紫砂茶器是伴随茶贸易的产物。随着中国茶叶进入欧洲，中国的饮茶方式也在欧洲传播。早在16世纪时，紫砂就已经进入欧洲皇室收藏。自清初以来，中国闽南一带、广东潮汕地区流行的功夫茶的茶具主要有四件：制壶名家惠孟臣的紫砂壶、江西景德镇名匠所制的若琛杯、潮汕红泥小火炉、广东潮安枫溪制作烧水壶玉书煨。这些用不成套的功夫茶饮茶方式一时被欧洲人模仿，并影响了他们之后的饮茶器具。从物质文化传播的角度看，外来新鲜文化的介入从一开始多是模仿和照搬。在18世纪初，欧洲人虽然喝中国茶，但并没有形成属于自己的饮茶文化，对饮茶用具的需求必然有对进口国茶器的需求。何况在当时欧洲人的眼中，经过传教士和启蒙运动先哲们渲染下的中国文化充满魅力。因而，紫砂茶器是作为神秘的东方文化和千金难求的中国茶叶的一部分进入欧洲的，从进入之初就天然带有某种文化属性而受到欧洲人的喜爱。第二，紫砂壶的色泽和以贴花为器表装饰的工艺与高卢（罗马帝国时代生产的一种以浅浮雕为装饰的赤色红陶）在艺术风格上十分相似，这种红色深深触动了处于启蒙时代欧洲人对古希腊罗马艺术的情愫，因而德国人最初沿用古罗马赤陶的名称“Terra sigillata”作为对宜兴壶的称谓。第三，当时进入欧洲的许多紫砂壶在器表的装饰内容常带有云龙、牡丹、梅花等中国传统吉祥纹饰，或是释道纹章（主要为道教和佛教主题）。对于欧洲人来说，这是些难以解读的图谜、字谜，传递着来自遥远的东方国度的神秘的信息，这种神秘感让欧洲人着迷。第四，对于宜兴紫砂本身来说，除了沏茶功能外，还有其自身美学价值。例如，曾担任比利时布鲁塞尔皇家艺术历史博物馆中国艺术馆馆长的汉学家让-玛丽·西蒙认为：宜兴紫砂壶泡茶不失其精华，色香味皆蕴，“其表面摸上去温润、光洁，肌理效果与人的皮肤并无二致。相比之下，施釉的白色瓷器似乎给人一种冰冷的感觉”[①]。因而，伴随着17世纪中期欧洲饮茶之风的渐兴，紫砂壶很快成为欧洲人沏茶的首选。

宜兴紫砂茶器在明代中期发展成熟，在明万历年间随着海外贸易的发展和中欧文化的交流，如同时期的丝绸、漆器、茶叶等一样，开始通过各种渠道传入欧洲。从目前可见传世器的形制、工艺、装饰以及风格，宜兴紫砂主要馆藏博物馆的著录以及中欧往来贸易记录、文化艺术交流等文献、出版物来分析判断，紫砂陶传入欧洲主要有以下三种途径、方式。

（1）经由东印度公司采购

欧洲各国的东印度公司是唯一的官方批准与中国进行贸易的欧洲公司。英国、荷兰、丹麦、法国、瑞典分别在1600年、1602年、1616年、1644年、1731年成立了东印度公司。目前，我们所看到的当时运往欧洲紫砂器的确切数量、形制，皆来自当时东印度公司的贸易往来记录。例如，根据荷兰东印度公司的一份档案显示，1679年有七箱朱泥运往巴达维亚，第二年有320件朱泥茶壶运往欧洲，1680年有1635件宜兴茶器运往阿姆斯特丹[②]。

起初，在荷兰人的茶叶贸易中，瓷器只是作为压舱物。随着饮茶风气在欧洲——尤其是英国的渐兴渐起，中国瓷器——主要是茶具成为英国东印度公司官方和私商进口的大宗商品。据资料显示，英国东印度公司于1699年把82件朱泥茶壶运抵伦敦，1703年又运送了1078件朱泥杯子[③]。另外，商船“Nassau号”于1699年把82件朱泥茶壶运抵伦敦，1703年诺森伯兰（Northumberland）号又运送了1078件朱泥巧克力杯（Red Chocolate Cups）[④]。位于斯德哥尔摩的瑞典东方博物馆（Museum of Far Eastern Antiquities）有为数不少的宜兴紫砂收藏，其馆长简·维尔金（Jan Wirgin）曾撰文《瑞典市场的中国贸易瓷》（*Chinese Trade Ceramics for the Swedish Market*），提及关于宜兴外销紫砂茶壶的资料，在1750年瑞典东印度公司的载货单中，除了瓷器之外，另外包含900个棕色陶壶（brown stone teapots），稍后，1768年时又有1275个茶壶被进口。这里的棕色陶壶和茶

---

① 〔法〕万福莱．销往欧洲的宜兴紫砂茶壶[M]．杭州：西泠印社出版社，2015: 17.

② Gordon Elliott. John and David Elers and Their Contemporaries[M]. London: Jonathan Horne. 1998: 16.

③ Diana Edwards, Rodney Hampson. English Dry-bodied Stoneware: Wedgwood and Contemporary Manufacturers, 1774—1830, [M]. Now York: Accpublishing Group. 1998: 49.

④ 唐纳德·乐宾那．Yixing and the West 载于《宜兴陶艺：茶具文物馆罗桂祥珍藏》．香港市政局，1990: 92-117.

壶，应该是指宜兴紫砂。此后，再也没有宜兴紫砂在进口清单中[①]。简·维尔金在文中还提到在一些进口清单中，宜兴紫砂壶也被称为“terra sigillata”。当时波兰王奥古斯都二世将自己的中国瓷器收藏都进行分类，为了区别不同门类的瓷器，他使用了许多符号，紫砂壶就以“terra sigillata”作为符号。

（2）私人贸易

在16—18世纪，虽然主要是官方的东印度公司从事中国与欧洲主要的海上贸易，但是他们允许船长和货物管理员，以及随行的高级职员以私人的名义与中国人进行贸易。“欧洲各国东印度公司均把小批量特殊瓷器生意留给公司派驻中国职员和随船高级官员私下个人操纵，以补偿远洋航行的危险和劳累。随船高级职员于是能私下从国外带回一些紧俏货物，如紫砂茶壶”等[②]。私人贸易是连接欧洲和亚洲贸易的重要形式，通过船员与本国人员之间复杂信息流动，确保在经常不稳定的市场中进行有效的贸易。支持了18世纪的欧亚贸易与商品流通[③]。

在18世纪，当时东印度公司派遣的全部货船的运货率，是以该船的载重吨为基础的，而在正确判断容量和净重吨位方面却是混同的，所以，船的装载通常是超出它的正式吨位的。因此，船的负责人——大班经常将船的全部容量装满，而超过的部分，只收运费的一半，这种情况，常被视为船只所有主代表的船长所允许。每一艘船在各次的航运中，都由同一船长指挥。这些船如495吨的，通常载有6名船副、一名医生及医生助理、木匠、炮手、水手头目、水手100—120名，炮通常是30门。法国和瑞典的700吨船的船员为150名。英国名义上的495吨船，在装货以前，船上已有压舱铁78吨和压舱石子30吨[④]。由此可以看出，往往船的装载量要超过实际的吨位，船长作为船上的总指挥，在装载上有很大的权限，这些多余载重空间往往成为船长、副手或者船员作为私人贸易载货。

① （瑞典）简·维珍．瑞典市场的中国贸易瓷[J]．中国古代贸易瓷国际学术研讨会论文集．台北：历史博物馆，1994: 49.

② 赵冰．浅析法国18世纪刺培鲁斯船队水陆遗址发现的中国瓷器[J]．故宫博物院院刊，2014（1）: 49.

③ Timothy Davies. British Private Trade Networks and Metropolitan Connections in the Eighteenth Century[C]. Goods from the East, 1600—1800: Trading Eurasia, London: Palgrave Macmillan UK, 2015: 165.

④〔美〕马士．东印度公司对华贸易编年史（1635—1834年）[M]（第一、二卷）．广州：中山大学出版社，1991: 259-260.

有一则史料记载证明了这个事实。在1734年贸易季度，东印度公司从伦敦派了两艘船，“格拉夫顿号”（Grafton）往厦门，而“哈里森号”往广州。“格拉夫顿号”船长哈德森，是该船的主任大班，虽然没有给他以特权贸易，但他享有船长津贴的舱位13吨的载货权。两船的大班和职员带运的茶叶数都受到严格的限制，每人只准带走半担至一担；而私人贸易的瓷器不超过2500磅。在另一艘船“哈里森号”上派有一位“评定茶叶及瓷器”的斯克里夫纳（John Scrivener）。他不像后一世纪的蔡斯齐斯（Chaszes）那样享有权威地位：他在投资中没有份额，而准许的私人贸易特权不超过50镑[①]。当时东印度公司对船长、船员进行私人贸易属于支持和默许的态度，并以此作为员工获得福利的渠道。史料提到，虽然公司已经明文规定了按职位可分配携带私货的载货权，但“船的装载通常是超出它的正式吨位的”，从而可推测，当时必然有灰色地带的超量走私。

17世纪70年代，明文规定从船长到木匠、炮手，船长和大副，都享有30吨不等的私人贸易特权。公司提供的这些特权，特别是对船长更有利，意味着船长们经常扮演企业家的角色，并且确保了英国和亚洲之间有力的私人贸易[②]。从事私人贸易的纳撒尼尔·托利亚诺（Nathaniel Torriano），他在1718年至1723年期间在印度和中国贸易之间担任货物押运员，他的私人贸易和英国东印度公司的贸易一起进行，所有这一切都是通过他的香港贸易商，他们称之为红顶商人（Pinkey Chougua）来进行的。当时一天的订单就有：570件五彩描金盘，160件青花盘，81件潘趣酒大碗，1760套杯碟，200个巧克力杯。另一天订单是4张漆茶桌，16张手桌，2张甜食桌，6张小茶几和1张椭圆形的牌桌。1760年左右的一些船，比如东印度商船“额尔金伯爵号”（Earl of Elgin）携带了成千上万箱瓷器用于私人贸易。贸易是通过中方的香港商人和英方的押运员进行的。指挥英国贸易的押运员必须具备银行家的外汇知识以及判断进口押运商品价值的能力。他负责押运大量银造币，以及返程的贵重物品。他从一部分交易中获得了丰厚的回报，有权以个人的名义进行金银交易及“私人交易”[③]。

---

① 〔美〕马士．东印度公司对华贸易编年史（1635—1834年）（第一、二卷）．广州：中山大学出版社，1991: 220-221.

② Timothy Davies. British Private Trade Networks and Metropolitan Connections in the Eighteenth Century[C]. Goods from the East, 1600—1800: Trading Eurasia, London: Palgrave Macmillan UK. 2015: 158.

③ Maxine Berg. Luxury and pleasure in eighteenth-century Britain[M]，Oxford: Oxford University Press, 2007: 74.

当然，还有的私人货物并没有记录在当时的交易货单之中，而往往海关也不会把这批货作为清查。例如，路易十六的刺培鲁斯航海计划，刺培鲁斯船长在日记中特别说明船队从澳门港口带走了属于船员的私人货物，离港时，澳门海关并没有验查这批货物①。1984年在南海打捞了荷兰东印度公司的格尔德玛尔森（Geldermalsen）号商船。据后来海牙（Hague）博物馆珍藏的东印度公司的档案记载，格尔德玛尔森商船在1751年12月15日由船长签收的货物单包括茶叶686997磅，瓷器包括17大类的151200件，包括成套的餐具、咖啡杯，以及带托盘的茶杯，还有根据欧洲人的生活习惯特制的痰盂、啤酒杯等。另外，还发现了8件紫砂壶②。虽然在失事船只上发现，但是他们却没有列入正式的装船清单中，此中有来自景德镇的487件茶壶。因而有些学者从运货比例来推断夹带紫砂壶是“船长或者船员在享受或一个小而有利可图的业务”③。这批船上所载器物由1986年在阿姆斯特丹进行拍卖。还有另一艘沉船是奥斯特兰德号（Oosterland）沉没于1697年，1991年至1994年被打捞出来。沉船中发现6件宜兴茶壶和两件盖器④和格尔德玛尔森（Geldermalsen）号商船情况相同，这些紫砂器是当时高级船员所携带的私人物品（图2.25）。而且当时紫砂壶往往被夹带在米箱中⑤。这些资料也一再表明，欧洲宜兴的交易更可能属于船长或者船员们之间的私人贸易，而不是作为当时大宗外销瓷的一部分⑥。

图2.25　格尔德玛尔森号沉船出水紫砂器

通常情况下，通过船员私自采购的紫砂壶在装饰上并不见得像专门出口品那样繁缛华丽。贴化装饰

① 赵冰. 浅析法国18世纪刺培鲁斯船队水—陆遗址发现的中国瓷器[J]. 故宫博物院院刊，2014（1）: 50.

② 宋伯胤. 宋伯胤说紫砂[M]. 杭州：西泠印社出版社. 2008: 181-183.

③ Claudia Brown, Ah Leon. Yixing, and the West: Beyond Yixing: The ceramic art of Ah Leon[D]. Taipei: Purple Sands Publishers (1998): 99.

④ 埃娃·施特勒伯. 欧洲的宜兴紫砂器[C]. 载于《紫玉暗香——2008南京博物院紫砂珍品联展》. 龚良主编. 南京：江苏文艺出版社，2008: 153.

⑤ Diana Edwards, Rodney Hampson. English Dry-bodied Stoneware: Wedgwood and Contemporary Manufacturers, 1774—1830[M]. New York: ACC Publishing Group. 1998: 49.

⑥ Rose Kerr. Yingxing ware and teapot[C]. 载于《2007年国际紫砂研讨会论文集》. 北京：紫禁城出版社. 2009: 145-146.

和镂空装饰几乎少见，在器型上与行销国内的紫砂壶基本无异。例如在格尔德玛尔森出水的8件紫砂壶中有一款六方狮纽壶，状似宫灯，气韵饱满。壶盖也为六方形，作嵌压式，盖面略微高于壶口，底足每边中央作拱形，增加灵动之感。盖顶趴伏一只动物，有人称其为狮子，也有人称其为瑞兽，大多数人认同“狮纽”称呼。这款壶流行于雍正至乾隆时期，乾隆时期紫砂名家邵茂如、邵云华都是制作六方狮纽壶的行家。如今在博物馆中，可见器身添加金属镶饰的同一时期的同款壶，可猜测是由当时东印度公司私人采购的高档货。

还有一件，现藏于英国维多利亚博物馆的宜兴紫砂壶（图2.26），壶身刻梅花纹饰，纹饰细腻精致，壶底刻款“天启丁卯年友善堂孟臣制”。底印“筠石居”款。筠石居，瓷器上也有此款，据考证是曹寅之弟曹宜的居室名。由此也可推断，很有可能是私人贸易的高档货。

图2.26　紫砂茶壶及底
宜兴制，1700—1730年，英国V&A博物馆藏

欧洲的亚洲商品市场由东印度公司的官员，以及在贸易中增长丰厚的私人贸易商和中间商和零售商提供。私营贸易商和零售商之间的联系为中国瓷器和其他奢侈品市场开拓了欧洲市场。私人贸易货物也在拍卖会上出售，以便为关税设定正确的市场价值。一些被指定为礼物的可以免税。私人贸易是当时东印度公司对中国经销商下各种特殊设计和装饰品，例如特殊餐具和茶具等特殊订单的主要手段①。彼时，大量来自四面八方的商贩带着货品汇聚在广州口岸，以供船员们选买采购。在18、19世纪的广彩画中常出现描绘18世纪中期到19世纪初期广州口岸陶瓷交易行的情景。在琳琅满目的瓷器货架中，常看到宜兴茶壶的身影（图2.27）。另外，观察现存的外销到欧洲的宜兴紫砂，虽然也不乏几例在造型、规制上如出一辙，但相比较同时期景德镇、广彩外销的瓷器来说，毕竟缺少批量化和贸易瓷迎合欧洲市场的典型特征。值得一提的是，也有紫砂在装饰上不同于当时内销壶而具有显著的“洋风

① Maxine Berg. Luxury and pleasure in eighteenth-century Britain[M]. Oxford: Oxford University Press, 2007: 77.

扑面”之风格，但毕竟没占有庞大的市场，相反，这些输欧紫砂壶零星的数量和没有规律、章法可循的风格，更印证了在历史机遇下，它们被在沿海港口寻找贸易商机的船员，或者买办商人随机采购，带入欧洲。

图2.27 广州“广发号”中国瓷器店
水彩，1840年，美国皮博迪·埃塞克斯博物馆藏

（3）中国赠予欧洲皇室的礼品或来华使节所采购的高档纪念品

在中国与欧洲文化、贸易交流之初，就已经有皇室之间互赠礼品的行为。中国官方的赠予，往往带有一种炫耀的大国外交姿态。明清之后，随着中国制瓷业的发展和瓷器在世界范围内的风靡，瓷器成为中欧外交中的一个重要媒介。例如，在中国外交史上马戛尔尼使团一行中，清廷为了不失国威，对“远慕声教，倾心向化”的外来使者，要以天朝长者的身份对英国进行抚慰与教化。乾隆皇帝曾下谕旨，对英国使团要照顾周到，多次赏赉礼品。《上谕档》曾详细记载了接见英国使团的方案，其中包括“朝见、赏赐、宴请、看戏、游览”等活动。在赏赐给英王的礼单中可见：“红雕漆桃式盒九……瓷器二百有二十……漆器三十七，葫芦器十四……漆雕炕桌二……”等礼品，品种包括绸缎、玉器、瓷器、漆器、茶叶、文具和食品等。这些礼品大多取自内务府储藏的精品，有的甚至是专供皇帝、皇后使用的珍品①。不仅在朝廷，官员之间的赠予也时常出现。例如，1633年，广东总督曾友好地接待福尔摩莎总督尼古拉斯·维堡（Nicolas Verburgh）派来的商人，并赠与他们400个瓷盘和40个上等瓷碗作为礼物②。如前文中所提到，由于当时宜兴紫砂器生产不似景德镇那样由于分工合作形成规模化生产，当时紫砂茶器并没有成批量进入欧洲，而是由多种渠道零星进入，虽然有很多史料表明，当时宜兴紫砂受到欧洲皇室的欢迎，被皇室大量珍藏，但是遗憾的是，我们至今很少找到具体史料有记载中国朝廷赠予欧洲宫廷宜兴紫砂的文字，很多情况下，这些朝廷之间的往来通常缺少细节记录，赠送的礼品也缺少笔墨描述。

在留世的贴花紫砂壶中，不乏数量稀少而工艺甚为精美者。它们有的器身

① 秦国经、高换婷. 乾隆皇帝与马戛尔尼[M]. 北京：紫禁城出版社，1998.

② 陈玉芳. 16至18世纪中西贸易中的外销瓷[D]，长春：东北师范大学，2010: 10.

涂饰金漆彩釉，有的镶饰华美的金银装饰，无比精致繁复。这些都是输入欧洲后由皇室、贵族拥有者聘请专门工匠加饰的。这些工匠有的专门为宫廷服务。例如德累斯顿博物院藏有一批宜兴紫砂，后加金彩，是由当时的德累斯顿宫廷漆师马丁·施奈尔（约1675—1740年）所做①。还有一个例子，在1709年，约翰·弗里德里奇·波特哥（1682—1719年）受命重新编写奥古斯都大帝的“白金”②收藏清单，其中一份叫“allergn mandliche order”的文档提到“从Emien的宫殿中转移8件中国白瓷，目的是将皇宫收藏的白瓷与青花瓷器区分开来。”这8件瓷器中有一把宜兴的紫砂壶，至今仍展示在茨温格尔宫博物馆。③

在奥古斯都二世所收藏的100余件宜兴紫砂中，有一套五件组的花瓶组合器（Garniture），资料证明系1723年一位大臣送给国王的礼物④。这些史料证明，在明清之际，的确存在着官方把陶瓷作为赠予礼物的政府交往行为。并且，宜兴紫砂也的确是通过高档礼品的形式进入皇室。这些作为高档礼物的精品，无论在装饰上，还是在工艺上，都比普通的外销紫砂精致，加之皇室、贵族请专业的工匠为紫砂器添加装饰，更体现了收藏者对这批藏品的珍视和他们的时代审美需求。

总之，在17世纪末至18世纪中期，宜兴紫砂大致是通过以上3种途径进入欧洲的，并且被皇室、贵族大量珍藏。所以，存世的外销紫砂器的馆藏较为分散，给我们的整体感受是在这种文化输入中呈现的信息较为碎片化。然而，外销宜兴紫砂的整体特征却很明晰：就器物的形制来说，既有实用器，也有专为陈设之用；就器物呈现的艺术风格来说，一类是专门销往欧洲市场的茶器，器身的装饰较为繁复华美，既要彰显中国文化和情趣，也要迎合欧洲的审美尚好。荷兰学者乔格博士（Dr. C. J. A. Jörg）认为：“宜兴炻器的西传并不是偶然的，它在中国外销货品中有着独特的地位，而且是特别烧制来迎合欧人或荷兰人的品位”⑤。主要就是指这类紫砂器。另一类是中国内销壶，为中国市场所

① 埃娃·施特勒伯．欧洲的宜兴紫砂器[C]．载于《紫玉暗香——2008南京博物院紫砂珍品联展》，龚良编．南京：江苏文艺出版社，2008: 152.

② 当时的“白金”泛指中国瓷器——笔者注。

③ 黄忠杰．波兰王奥古斯都二世收藏的中国外销瓷艺术研究[D]．福州：福建师范大学博士论文，2012年.

④ 埃娃·施特勒伯．欧洲的宜兴紫砂器[C]．《紫玉暗香——2008南京博物院紫砂珍品联展》，龚良，编．南京：江苏文艺出版社，2008: 153.

⑤ 乐宾纳．宜兴陶艺西渐[C]．载于《宜兴陶艺——茶具文物馆罗桂祥珍藏》．香港：香港市政局，1990: 92-117.

作，完全中国式的审美趣味。当时紫砂茶器并没有成批量进入欧洲，而是由多种渠道零星进入欧洲。在欧洲为数不多的数量，论及后来对欧洲窑业发展的推动作用，更从侧面说明了它当时的珍贵程度和特殊的历史价值。

2. 输入欧洲的时间与数量

关于宜兴紫砂的对外传播，有研究者曾经提出，早在南宋绍兴二十四年（1154年），阿拉伯地理学家爱垂西氏就撰文介绍质地极佳的宜兴陶器[①]。此说是否为事实却尚无所考。而宜兴紫砂壶进入欧洲是有明确史实可考的。

荷兰普林赛霍夫博物馆（Museum Princesshof，Netherlands）研究员埃娃·施特勒伯（Eva Stroeber）曾经指出，维也纳艺术史博物馆藏有一件失盖海棠式贴花壶（图2.28）和一件贴饰梅花纹装饰的茶杯（图2.29）。为哈布斯堡君王（Habsburg emperor Rudolf Ⅱ，1552—1612年）所收藏。在1607—1611年的“珍宝馆”馆藏清单中记录在案。[②]

图2.28　宜兴茶壶
传入欧洲最早的宜兴茶壶，1620年，维也纳艺术史博物馆

图2.29　贴花朱泥杯
1620年，　高7.3cm，
维也纳艺术史博物馆

笔者在维也纳艺术史博物馆（Kunsthistorisches Museum）的官方网站上看到此壶的模糊断定年代在1620年。另外，还有两件可以追溯到明代的紫砂壶，一为荷兰格罗宁根博物馆（Groeninge Museum）收藏的一把茶壶，上面有“天启”印记，并有缴税的记号，另一把是藏于英国V&A博物馆的惠孟臣所制壶（图2.30），壶底有“天启丁卯年友善堂孟臣制”，根据款识该壶制于1627年。

除此之外，考古人员也曾在丹麦根本哈根腓特烈斯塔（Frederiksstaden）

① 韩其楼. 紫砂壶全书[M]. 福州：福建美术出版社，2002: 89.

② 埃娃·施特勒伯. 欧洲的宜兴紫砂器[C].《紫玉暗香——2008南京博物院紫砂珍品联展》. 龚良，编. 南京：江苏文艺出版社，2008: 152.

图2.30　孟臣贴花壶及底
天启年，英国V&A博物馆藏

地区发掘出1132件17世纪早期中国瓷器，其中也有不少宜兴紫砂茶器残片①。另外一件比较早的馆藏记录是一把宜兴紫砂双流壶，现藏于丹麦哥本哈根皇家“珍宝馆”中，为弗里德里希三世国王（1609—1670年）所有，记录在1656年的馆藏清单中。

经过以上史料和实物讯息可推测，宜兴紫砂进入欧洲不晚于17世纪，即中国的明清之际。其根本原因是与全球化的经济贸易环境相关，当时除了欧洲的西班牙、葡萄牙、荷兰之外，朝鲜、南洋甚至日本等国家也来到中国进行贸易。虽然贸易的形式、途径不同，但根本目的相同：都是把中国物产带回其国。同时，由史料获知，大约在江户时代（1600—1867），宜兴紫砂进入日本②，可证明这段世界贸易和各民族文化交流史。

随着东印度公司的建立和中欧贸易的发展，大量茶叶到达欧洲的同时，陶瓷饮茶器也随之进入欧洲各国。宜兴紫砂系由葡萄牙人最先带到欧洲，被称为“钵开烧”（Boccaro，葡萄牙语）。欧洲人根据公元1—2世纪古罗马深红色陶器的称谓③，还把宜兴紫砂形容为“赤陶”（terra sigillata）④。奥古斯都在整理收藏目录时，还把紫砂以符号“Terra sigillata”标注⑤。在18世纪初期，德国伯特格

① Kristensen, Rikke Sndergaard. Made in China: import, distribution and consumption of Chinese porcelain in Copenhagen c. 1600—1760[J]. Post-Medieval Archaeology, 2014, 48(1): 155.

② 黄健亮．日本煎茶道与中国紫砂壶[C].《东瀛遗朱——培集轩珍藏输日宜兴壶》．台北：盈记唐人工艺出版社，2007: 6.

③ 波西尔．中国美术[M]．戴岳，译．上海：商务印书馆，1934.

④ 埃娃·施特勒伯．欧洲的宜兴紫砂器[C]．载于《紫玉暗香——2008南京博物院紫砂珍品联展》．龚良，编．南京：江苏文艺出版社，2008: 151.

⑤ 黄忠杰．波兰王奥古斯都二世收藏的中国外销瓷艺术研究[D]．福州：福建师范大学博士论文．45-46.

尔仿制紫砂生产出红陶之后，误以为是瓷器，以“red porcelain”（红色瓷器）称之，受到欧洲人的欢迎。另外，还有的学者把紫砂器称为“Ihing”[①]。在1977年底由美国旧金山亚洲艺术博物馆谢瑞华（Terse Tse Bartholomew）女士策展的展览，把宜兴陶器称为“I-HSING WARE”。

如前所述，葡萄牙和荷兰人最早把中国茶叶运至欧洲。同时，荷兰也成为最早饮茶的国家。在茶叶最初流行的时期，饮茶只是一种“赶时髦”的行为，荷兰人对饮茶的认识和饮用方式还处于模仿中国阶段，在饮茶过程中茶器的使用还仅限于一壶、一杯。当时虽然很多价格低廉的茶壶是由代尔夫特生产，但是贵族还是会选择来自中国的宜兴紫砂。

例如，当时的玛丽皇后二世（Queen Mary Ⅱ）曾收藏过许多的宜兴紫砂器，她在荷兰府邸（House Honselaar's Dike）内“用中国漆板装饰的壁橱，在壁炉架上还摆放着精致的紫砂器”[②]。

根据法国紫砂研究者帕特里斯·万福莱（Patrice Valfre）的研究，大约在17世纪60年代，宜兴紫砂壶成为欧洲人喝茶时首选的沏茶工具。据史料记载，1680年，320件饰有花纹的朱泥壶从澳门运至欧洲，后在荷兰迅速被模仿[③]。在17世纪晚期德·贝尔尼（de Blegny）《饮茶妙处》（*Le Bon usage de thé, 1687*）书中亦绘有宜兴茶壶的插图[④]。

据此可初步判断，1675年或者是1680年，直至1775年，大约一百年间是宜兴紫砂传入欧洲比较集中的时间[⑤]。我们同时也可以在茶历史学家简·佩蒂格罗（Jane pettigrew）的书中找到关于这段历史的描述：“大约在1660年，江苏宜兴紫砂开始出现在英国的茶桌上，这些小小的不上釉的紫砂陶器，样式独特。这些朱泥小壶随茶叶运输船只一同抵达伦敦，在茶商或者陶瓷商那里进行售卖。当这些茶壶一进伦敦，很快就会被权贵哄抢。”[⑥]当时人们了解到这是中

---

① R. L. Hobson. An Enamelled Böttger Ware Teapot[J]. The British Museum Quarterly, 1928, 3(3): 73.

② William R. Sargent, Treasures of Chinese export ceramics from the Peabody Essex Museum[C]. New Haven: Yale University Press, 2012: 223.

③ Howard Coutts. The art of ceramics: European ceramic design, 1500—1830[M]. New Haven: Yale University Press, 2001: 71.

④ 希拉里·扬．欧洲对中国瓷器的回应：工艺、设计和贸易[C]．载于《瓷之韵——大英博物馆、英国国立维多利亚与艾伯特博物馆藏瓷器精品展》．吕申章，主编．北京：中华书局，2012: 27.

⑤ 帕特里斯·万福莱．销往欧洲的宜兴茶壶[M]．杭州：西泠印社出版社，2015: 42.

⑥ Jane pettigrew. A Social History of Tea[M]. New York: Benjamin Press. 2014: 32.

国人喜爱用的茶器，紫砂壶能够很好地泡出茶的味道。紫砂壶一般都造型小巧，不是因为茶叶昂贵，而是符合当时中国人的饮茶习惯：可以一人自斟自饮。明代冯可宾在《茶录》中写道："茶壶以小为贵，每客小壶一把，任其自斟自饮方为得趣。何也？壶小则香不涣散，味不耽搁。"

1685年，彼得·缪盖特（Peter Muguet）看到一则中国茶壶的广告后，在日记中写道："中国茶壶是由红色的泥土或者黏土制成的，他们（中国人）认为这种材质泡茶非常好，具体如何我不知道，然而看广告描述它们非常漂亮"[①]。人们觉得紫砂的特性十分神奇，器身无釉但并不渗水，经得住高温烧烤而不会开裂。宜兴紫砂轻薄而富有光泽的器壁，及其东方审美风格的造型和装饰纹样很快就成为流行商品，到18世纪初期，贵族阶层都会把喝茶，以及茶器作为重要的家庭开支。有一份来自上层社会的家庭开支账簿：1693年8月，某庄园的女主人玛格丽特·班克斯（Margaret Bankes）花10英镑买了一把紫砂壶[②]。这表明随着茶叶消费的逐步增加和茶饮文化的逐步普及，购买茶器的风气在上层社会的家庭悄然兴起。

这个事实我们可以在一些沉船打捞中找到依据。著名的海底沉船寻宝人曾经于1984年在南海打捞了荷兰东印度公司的格尔德玛尔森（Geldermalsen）号商船。据后来海牙（Hague）博物馆珍藏的东印度公司的档案记载，格尔德玛尔森商船在1751年12月15日由船长签收的货物单包括茶叶686997磅，瓷器包括17大类151200件，包括成套的餐具、咖啡杯，以及带托盘的茶杯，还发现了八件紫砂壶[③]。

那么，紫砂壶大量流入欧洲的17世纪末至18世纪初之间，到底有多少紫砂壶进入欧洲市场呢？根据万福莱的考证，丹麦哥本哈根博物馆1656—1674年的王室藏品中有紫砂壶；德国德累斯顿博物馆中保留着从1694年开始珍藏的117把紫砂壶；英国大英博物馆有从18世纪末叶开始珍藏的116把紫砂壶；英国人艾尔斯福德伯爵家族自18世纪末叶珍藏宜兴紫砂壶；法国的吉美博物馆藏有埃内斯特·博朗迪德尔在1887—1910年珍藏的紫砂壶。[④]

① Jane Pettigrew. Design for tea—Tea Wares from the Dragon Court to Afternoon Tea[M]. London: Sutton Publishing. 2005: 5-6.

② Jane pettigrew. A Social History of Tea[M]. New York: Benjamin press, 2001: 28.

③ 宋伯胤. 宋伯胤说紫砂[M]. 杭州：西泠印社出版社，2008: 181-183.

④〔法〕万福莱. 销往欧洲的宜兴紫砂茶壶[M]. 杭州：西泠印社出版社，2015: 117-121.

另外，在近四十年来，中外考古学家在环中国海、邻近水域，以致世界各地，发现的17—19世纪沉船所载陶瓷中，有不少紫砂的身影。这些沉船多有绝对纪年，出水的紫砂壶可以作为断代鉴定坐标增添数据和参考。目前所知比较具有代表性的是8艘沉船。如荷兰东印度公司1697年沉没的“奥斯特兰德德”号（The Oosterland）、1713年淹没的“本那勃”号（Bennebroek）、1752年淹没的“格尔德玛尔森”号（Geldermalsen）、印度尼西亚“泰兴”号（Tek Sing）沉船等。

事实上，根据一些史料片段和信息可知，流入欧洲的宜兴紫砂不止于此。荷兰东印度公司的一份档案显示，1679年有7箱朱泥壶从潮州（chang chou）购入运往巴达维亚，1680年有320件朱泥茶壶运往欧洲，同年，“特尔纳特”（Ternate）号商船载1635件宜兴茶器运往阿姆斯特丹①。

以欧洲各大博物馆馆藏讯息和文字资料为依据，据笔者观察，在17世纪中期至18世纪，包括茶壶、茶杯，以及茶叶罐等为主要种类的紫砂茶器达几千件。

虽然相比同时代销往欧洲的其他种类瓷器，这个数量很少，然而我们从宜兴紫砂对欧洲窑业创烧的影响来看，它是少数能在欧洲产生深远影响的陶瓷类别。

那么，是什么原因致使宜兴紫砂在18世纪中期之后不复流行了呢？主要原因有3个：第一，茶叶品种的改变。以欧洲当时茶叶消费最多的英国为例，据资料显示，在17世纪初，从中国引进的是绿茶。后来，伦敦水质原因和中国境内红茶栽培技术的提升，出口英国的福建武夷茶和红茶增多。红茶冲泡后茶汤呈深红色或者红褐色。加之同时期德化白瓷也由荷兰、英国的船舶传入欧洲，象牙白釉瓷器成为最适合的饮具。第二，在当时的欧洲，与茶同时风靡的还有他们从东方引进的咖啡、从墨西哥引进巧克力，这三种热饮的饮具有共用的情况，并且冲泡后汤色较深，这就增加了对白瓷的需求。第三，从18世纪初德国发现制瓷机密开始，英国、荷兰、法国相继拥有了制瓷能力，本地的瓷器生产增强，因而外购瓷器减少。

3. 欧洲茶器使用流变

作为商品的茶叶的引入和作为文化的饮茶方式的传播是17、18世纪中国与

---

① Gordon Elliott, John and David Elers and Their Contemporaries. London: Jonathan Horne, 1998:16. 引自: D. F. Lunsingh Scheurleer, Chinese Export Porcelain. New York: Pitman Publishing Corporation. 1974: 167.

欧洲文化交流重要的事件。饮茶器的流变，可见饮茶方式的流变。当中国化的饮茶方式被欧洲人本地化后，所用茶器也经历了一个从接纳到调适的过程。

荷兰东印度公司因为在17世纪早期海上贸易的优势，最早把茶叶和中国茶具运往欧洲。当时的泡茶工具中，壶是最重要的。从中国饮茶史的演变来看，壶泡法萌芽于唐代中期，形成于明朝中期，盛行于晚明、清及民国时期[①]。在壶中冲泡，然后分别斟入茶盏（杯）中饮用。从泡茶紫砂壶出现之后，饮茶法崇尚景瓷宜陶，紫砂壶和盖碗杯是典型茶具配置。作为茶叶文化传播最快，并且最广泛的英国来说，在17世纪初就有可查的关于茶壶的信息。东印度公司驻日本平户岛代表维克汉姆（R. Wickham）在致公司驻澳门经理人伊顿（Eaton）的一封信中提到了茶壶，该信于1615年6月27日寄出，信的最后四行提及："伊顿先生，请您帮我在澳门买一把茶壶，可以冲泡最好品种的茶叶……不管花多少钱，我都愿意支付"[②]。从紫砂茶器的起源时间来推测，信中提到的茶壶应该是指宜兴壶。

17世纪60年代，宜兴陶就进入到英国茶桌上。当时英国人用这种壶泡茶并不是因为茶叶价格的昂贵，需要配上这种价格同样昂贵的壶，而是他们了解到这是中国人使用的泡茶工具[③]。

茶杯首次出现在荷兰东印度公司的贸易清单上是1626年。1626年仅仅购买了250只，1633年购买了1325只[④]，一开始购买的数量并不大，原因大概是茶叶在荷兰的销售还未大面积波及，"中国风物热"还未形成，与饮茶行为相适的茶器文化还未达到社会普遍认可。这一情况在1637年有了转折。那一年，荷兰东印度公司从中国订购了25000只茶杯[⑤]。这说明喝茶的风尚已经流行起来。茶杯从此成为荷兰东印度公司的固定贸易商品。

17世纪以来，欧洲人从中国引进红茶，从阿拉伯引进咖啡，从墨西哥引进巧克力，这三种热饮料风靡欧洲。这三类热饮料冲泡后颜色呈深红色或褐色，洁白的中国瓷器成为最适合的饮具，从而进一步推动了中国瓷质饮具的扩大生产、器型改进、装饰出新，以满足欧洲人的需求和审美意识。茶器的多样化增

---

① 丁以寿．中国饮茶法流变考[J]．农业考古．2003（6）: 77.

② Denys Forrest. Tea for the British: Social and Economic History of a Famous Trade[M]. London: Chatto and Windus, 1973.

③ Jane Pettigrew. A Social History of Tea[M]. London: The National Trus. 2001: 29.

④ 林琳．17—18世纪荷兰东印度公司瓷器贸易研究[D]．杭州：浙江师范大学硕士论文．2007: 32-33.

⑤ Howard Coutts. The art of ceramics: European ceramic design, 1500—1830[M]. New Haven: Yale University Press, 2001: 70.

加了饮茶者的选择，从而促使饮茶方式和风俗渐渐以稳定的模式发展。随着饮茶方式在荷兰人生活中不断深入之后，从最初的模仿中国人饮茶的行为渐渐演变为符合自己的一种生活方式。茶器文化就相应形成了。

17世纪中期，荷兰当时饮茶必需的茶器包括：茶烧壶（烧水用）、茶壶、茶杯和茶托、废水盂、茶盘等。并且在荷兰很快成为一个饮茶的标配。而且，喝茶的小桌子也被认为是必要的（图2.31）。这个小桌子在荷兰的某种类型成为标准：三脚架桌腿、椭圆形的桌面和一个圆柱状的立柱，由荷兰木工行业协会（Dutch woodworkers guild）特别规定①。

图2.31　茶会
1715年，荷兰，油画，英国V&A博物馆藏②

在17世纪60年代，英国东印度公司订购的茶具中又增添了糖碟与糖碗。在茶中加入砂糖的习惯是由当时的英国查理二世王后凯瑟琳公主开始的。一时之间，贵族效而仿之。当然，当时砂糖也是稀有商品，价格十分昂贵，只有王室贵族才能消费得起。另外，我们从留存在一些描绘欧洲家庭生活的绘画资料中也可以发现，在17—18世纪，大部分贵族阶层的茶桌包括：烧水壶、茶壶、茶叶罐、瓷碟和茶杯托、糖碗或糖碟、盛放残渣的盆、搅拌糖用的小勺，有时也会有放闲置勺子的碟子③。

到了18世纪上半叶，在一些富裕家庭专门的茶室开始出现，欧洲已经普遍建立起比较规范成熟的饮茶礼仪，尤其是与咖啡文化的并轨发展，茶具也走向了礼仪化和精致化。当时一套完整的茶具包括：1把带底座的茶壶、1个带底座的奶罐、1个盛放残渣的茶碗、1个带盖糖碗及座、12只茶碗及碟、6只有柄巧克力杯、6只无柄巧克力碗。有柄杯用来饮巧克力，价钱是无柄碗的两倍；无柄碗

① Howard Coutts. The art of ceramics: European ceramic design, 1500-1830[M]. New Haven, CT: Yale University Press, 2001: 70-71.

② 此画归于荷兰艺术家Nicolaes Verkolje（1673—1746年），也有学者推测这幅画可能是英国的，因为从这三个人物的服装来看起源于英国，日期约为1715年。这种私密的室内场景在18世纪早期在英格兰特别流行，并代表了17世纪荷兰风格绘画早期例子。

③ Jane Pettigrew，A Social History of Tea[M]. New York: Benjamin press, 2014: 33.

则有咖啡、巧克力碗与茶碗之分[①]。当然，在瓷器稀缺的17世纪晚期至18世纪早期，尤其是咖啡馆的普及，家用的整套茶具并没有咖啡碗，整套咖啡饮具是后来才发展起来的，所以很长时间内有咖啡杯和饮茶杯共用的现象，有的地方也会用茶碟饮茶[②]。这些茶器，从中国进口的最受青睐。据统计，仅英国在18世纪初，就把2500万～3000万件中国瓷器运至欧洲，其中茶器和食器占有比重最大。

贸易清单为我们研究成套茶器的出现提供了有价值的信息。我们在1710年英国东印度公司的一份订单中看到人们对产品需求的类型：5000把直嘴茶壶，5000个与茶壶配套的深腹托盘，2000个小茶叶罐，3000个盛糖的碟子，3000个3品脱量的碗，12000个形似小船的用于放茶匙的碟盘，50000套茶杯含托[③]。1719年3艘商船"Montagu"号、"Carnarvon"号、"Sarum"号分别为东印度公司订购了12000奶罐、6000个茶壶、45000套茶杯及碟[④]。1728年，荷兰东印度公司决定从阿姆斯特丹派船直接到广州进行贸易，第一艘名为"考可斯霍恩"（Coxhorn）号的商船于12月5日起航，于1729年8月2日抵达澳门。此次虽然带有订购中国瓷器的图样，但是按照式样定做的瓷器却没及时供应，返航时只好购买一些现成的瓷器，共计137箱。其中包括：124595套带茶托的茶杯、490个茶盘、810把茶壶、251件带盖的小糖盒、600个放茶壶的小浅碟、60个放牛奶壶的船形小盘[⑤]。另外，还有深碟、盘、碗上千件。

从这三则东印度公司的进货清单描述中可以看出，到了18世纪，欧洲对茶器的输入已经渐成气候，形成了比较规范的茶器文化。然而依然没有出现成套和成系列的茶具。这些与饮茶配套的茶器造型具有欧洲审美风格，显然是专供欧洲茶饮之用。随着当时茶成为社会流行风尚之后，当时迫切需要适合的茶具，在始创饮茶的国家去寻求范型，是自然的事情。例如，当时中国、日本的茶杯是没有柄的，所以定制或者本土制造有柄的茶杯专供欧洲人使用。当时的茶碗大小分为五种型号。在17世纪晚期至18世纪初的时间里，中国工匠根据欧洲客商提供的模具制作的茶碗大都是小碗。然而，当新的热饮进入欧洲以后，

---

① 黄时鉴．东西交流史论稿[M]．上海：上海古籍出版社，1998: 238-239.

② 黄时鉴．东西交流史论稿[M]．上海：上海古籍出版社，1998: 238.

③ Jane Pettigrew. A Social History of Tea[M]. London: The National Trus. 2001: 75.

④ Robin Emmerson. British Teapots and Tea Drinking[M]. London: HMSO, 1992: 20.

⑤ T. Volker. The Japanese Porcelain Trade of the Dutch East India company after 1683[M], Leiden: E. J. Brill., 1959: 38

这种小瓷碗就为茶、咖啡和巧克力杯所取代。饮器开始进行分类。

还有一则例子是：在18世纪上半叶，瑞典东印度公司派出第一艘商队“费里德克·雷克斯·苏斯亚”号第一次广东之行后（1731年2月9日至1733年8月27日），从中国载回的货物曾在哥德堡市拍卖，共43万件瓷器被拍卖，主要是成套的茶具和咖啡具①。瑞典公司进口的中国瓷器比任何其他公司都多，尽管尺寸较小，但对富裕家庭的生活习惯产生了影响。

从这些贸易清单所呈现的信息可了解到，与最基本的饮茶所用的茶壶、茶杯所配套的，例如放置茶壶、牛奶壶的盘等附属茶器已经出现。在丰富多样化的茶器背后，可以看到当时欧洲饮茶规范的仪式感和上流社会的社交礼仪。这些从中国进口的陶瓷茶具被广泛用于家庭生活，即使当时的欧洲几家工厂开始了研制瓷器的探索，然而从中国进口茶具还是属于更好的选择。

到1758年，在荷兰东印度公司的货物清单中已经明确划分出咖啡具与茶具。当时还不存在整套的巧克力具，巧克力杯（或者碗）通常作为茶具或咖啡具的组成部分。在“格尔德玛尔森”号沉船中也并没有发现整套的茶具，这个事实恰好与乔格（C. J. A. Jörg）的研究结论相符合：他曾判断，在1745—1750年荷兰没有整套茶具输入。在欧洲，17世纪中期以后发展起来成套的餐具为贵族阶层用于晚餐。进入18世纪，随着较为私人化的晚宴和聚会开始兴起，富人阶层对成套餐具的需求相应增加②。

在1774年的英国，价格较为便宜的整套瓷器茶具通常是用于早餐茶，包括一个茶壶，带盖和盘的糖盒子，一个废水盂，一个奶罐，十二只带碟的杯子。相应地，比较贵的整套茶具包括：两个茶壶（中号、大号各一个），一个带碟的废水盂，一个带盖糖盒，一个牛奶罐（带底座），一个茶叶罐，十二只带碟的杯子，十二只带把手的咖啡杯③。从这一份记录中可看出规范的茶文化礼仪在18世纪中后期的英国已经形成了。

17世纪以来，最早进口到英国的茶叶品种以绿茶为主，进入18世纪，红茶后来者居上，逐渐成为英国茶叶消费的主导。一方面，这与出口国当时的红茶产量增加有关，另一方面，英国水质属于弱碱性，比较硬，人们发现冲泡绿茶

---

① 故宫博物院编．瑞典藏中国陶瓷[C]．北京：紫禁城出版社，2005: 59.

② 黄时鉴．东西交流史论稿[M]．上海：上海古籍出版社，1998: 238-239.

③ Robin Emmerson. British Teapots and Tea Drinking[M]. London: HMSO, 1992: 21.

的口感欠佳，发涩发酸。然而泡红茶之后，口感不错，红茶的香气也会变得更浓郁，也由于英国气候潮湿，红茶温和的特性很适合英国人饮用。而红茶的茶汤在白色瓷器中颜色更好看，因而洁白的中国瓷器成为最适合的饮具，白色瓷器取代了紫砂。再加上国内紫砂的生产因为国内经济状况而减少了出口。相应地，景德镇、德化等中国陶瓷产区从技术上进一步推动了中国瓷质饮具的生产、器型改进、装饰出新，以满足欧洲人的需求和审美意识。

东方的日本、中国争夺欧洲陶瓷市场，随着荷兰、英国、德国、法国等欧洲国家的皇家和私人陶瓷作坊大量兴起，掌握了制瓷技术，这两点因素使得18世纪中叶以后中国瓷器的价格大幅度下降。史料记载，到18世纪后期，广州对外销售的瓷器中，67件1套的青花金彩茶具仅售6.5元，平均1件茶具9分钱，172件1套的馨京青花餐具仅售22元，平均1件餐具只有12分钱[①]。

1780年，咖啡已经获得了相当的人气，虽然只有少数的家庭有专门的咖啡杯和碟子，但是茶杯的拥有和使用却十分广泛。随着喝茶的标志性特征，以及喝茶的习惯及与之相关的精致的材料和视觉愉悦，在安特卫普（Antwerp）和阿尔斯特（Aalst，比利时中西部城市），茶器普遍在家庭中使用。很快，喝茶就成了一件“日常生活”大事。喝茶的习惯催生了精制的物质文化和茶具用品（如前述茶盘、茶桌、茶匙、茶罐等）。

综上所述，在客观上，欧洲茶器文化的形成是伴随着茶叶贸易快速发展、茶器消费扩大和饮茶文化普遍流行的结果。法国历史学家费尔南·布罗代尔（1902—1985年）认为，茶传入欧洲必须具备4个要素：茶叶、茶壶、瓷质茶杯和饮茶的嗜好[②]。这几个要素是依次递进关系。正因如此，欧洲茶器文化的演变也是伴随着饮茶这种生活方式在欧洲本地化之路而演变的。它的演变与当时社会生活、制瓷技术、经济贸易息息相关。总之，中国的茶叶衍生了英国下午茶，宜兴的茶壶启蒙了欧洲茶具。商贸产物的流动，其实也是文化风尚的流动。从17世纪中期仿照中国的饮茶方式，一壶一杯，宜兴紫砂和景德镇茶碗的组合，开启了欧洲人对茶文化和东方陶瓷文化的认知。

---

① 张晓宁．天子南库[M]．南昌：江西高校出版社，1999: 110.

②〔法〕费尔南·布罗代尔．15至18世纪的物质文明、经济和资本主义[M]第一卷．顾良，施康强，译．北京：生活·读书·新知三联书店，2002: 293-294.

第三章　18世纪紫砂茶器对欧洲的影响

一、对欧洲陶瓷业发展的影响

1. 18世纪前欧洲陶业发展概况

欧洲的制陶技术传统深厚。

自从公元前3世纪，意大利被罗马统一之后，先是在中部城市阿雷佐生产贴饰浮雕的罗马赤陶①。中世纪时期，拜占庭陶器作为意大利文艺复兴时期发展起来的锡釉花饰产生的源泉。15、16世纪是意大利锡釉陶的鼎盛时期，佛罗伦萨（Florence）、锡耶纳（Siena）、博洛尼亚（Bologna）和卡拉拉（Carrara）等地都是著名的制陶业兴盛之地②。文艺复兴时期意大利尤以马略卡（Majolica）陶器③最为精彩。

马略卡式陶器制作工艺首先是成型素烧，然后施白色陶衣，干后绘饰，再二次烧成，常见器型有把禾壶、大盘、敞口瓶和药瓶，另外还有铺地的陶砖等。受“西班牙-摩尔陶器”④和“伊斯尼克（Isnik）”陶器风格的影响，马略卡陶器在锡白釉素地上配以各种色彩的铅釉。器表有精细、富有深度的绘画，丰富、活泼而简练的装饰性线描是其主要特色。

马略卡式陶器在16世纪成为意大利工艺的辉煌之一，它在意大利的各个中心都有生产，远远低于银器的价格，为餐饮的文明提供了基础。与工艺美术其他门类一样，意大利处于制陶业的领先地位，逐步影响到德国、荷兰、法国、英国等欧洲诸国。

16世纪，意大利马略卡式陶器影响了尼德兰地区，位于该地区的今荷兰代

---

① 公元前1世纪到公元4世纪初，作为日常生活普遍使用的饮食器，流行于整个罗马帝国统治地域。器表因为有含铁量高的陶衣，经氧化烧后呈朱红色，大部分陶器都有浮雕装饰，而且大致都是嵌花贴饰或者模具翻印而成。

② 张夫也. 外国工艺美术史[M]. 济南：山东教育出版社，2002: 224.

③ “马略卡陶”是对意大利锡釉陶的泛称，其语来自西班牙马略卡岛。文艺复兴时，西班牙瓦伦西亚（Valencia）烧造的伊斯兰风格的锡釉陶经由此岛输入意大利。17世纪之后，“马略卡”陶器仍盛产于意大利各地并因为与法、奥地利、德国等制陶业的交流更令人瞩目。

④ 15、16世纪西班牙瓦伦西亚附近的马尼西斯所烧制出的陶器。风格光彩华丽，在大盘、长嘴壶等器皿上用精致的花卉纹样满绘，纹饰富有变化。

尔夫特聚集了诸多制陶工匠，其中部分来自毗邻的城市安特卫普。最迟从1550年开始[①]，安特卫普就有仿制西班牙、葡萄牙和意大利马略卡式陶器的传统，即所谓的荷兰马略卡。荷兰所产陶器与意大利所产马略卡器极其相似，除描绘人物的容貌外，甚至器皿底部的标识都难分彼此，在当时十分流行。

从16世纪开始，欧洲在一些王室的资助下，一直有人研究中国陶瓷的秘密。约于1540年，威尼斯人就已经开始制造所谓的蓝色阿拉伯式的瓷饰品。佛罗伦萨在玛利亚（Francesco Maria，1574—1584年）统治时代，曾经试图仿造中国硬胎瓷器。1575年，在佛罗伦萨美第奇家族的资助下，成功制作了一种美蒂奇（Medici）瓷器——软玻璃釉瓷器[②]。这种软质瓷是用混合技术制造的，它介于中国白色瓷器［由于意大利人使用了长石和白色的含高岭土的维琴察（Vicenza）黏土］和伊兹尼克技术（包括玻璃料）之间[③]。还在其中加入了磨碎的晶体岩、锡和铅溶剂，形成的胎体类似于炻器[④]。美蒂奇（Medici）瓷器因为施含氧化锡的白釉，烧成后呈现不同的颜色，呈浅黄、灰白等色[⑤]。还有一种在素胎（或淡青色）地上涂以深蓝色花纹，这与同时期中国流行的瓷器风格十分相似。这种瓷器不够纯正，蓝黑色的釉彩比较阴暗。主要的器型有调味瓶及盘、花瓶、纫颈瓶、水罐等，一投放市场就受到人们的欢迎[⑥]。

这种有色陶器的制法，在1634年由威尼斯传入荷兰的代尔夫特，于是荷兰人通过意大利人学习到中国制瓷法，也烧制出软质瓷器。“其时那里所制的本地乳蓝陶器，使它越来越接近华瓷。因此在德佛特（代尔夫特——笔者注），主要受中国的范本的推动，才使本地的有色陶器的制作付出了最高的努力，而德佛特的前例，又促进了约17世纪中叶开始的欧洲其他各处陶业的发展”[⑦]。

---

① 帕特里斯·万福莱．宜兴紫砂陶对欧洲的影响[M]．施云乔，译．北京：中国文化出版社，2017: 20.

② 16世纪欧洲陶工在仿造中国瓷器时发明的一种有玻璃质感的石胎瓷器，是一种软质瓷。实际上，在欧洲人直到1709年德国伯特格尔才真正揭开瓷器生产的奥秘。欧洲仿制中国瓷器经历了软质瓷到硬质瓷的飞跃。

③ Ph. Colomban, V. Milande, H. Lucas. On-Site Raman Analysis of Medici Porcelain, [J] Raman Spectrosc., 2004, 35(1): 68-72.

④ 欧洲国家瓷器是高岭–石英–长石质瓷，中国的瓷胎，是以富含绢云母的瓷石，或以瓷石和高岭配合而成。参阅：周仁．《我国陶瓷工艺技术发展过程的初步总结》，载中国古陶瓷研究论文集．北京：中国轻工业出版社，1982.

⑤ 简·迪维斯．欧洲瓷器史[M]．熊廖，译．杭州：浙江美术学院出版社，1991: 23.

⑥ 詹嘉．中外陶瓷文化交流[M]．北京：中国社会出版社，2004: 152.

⑦〔德〕利奇温．十八世纪中国与欧洲文化的接触[M]．朱杰勤，译．北京：商务印书馆，1991: 22-23.

17世纪中期之前，代尔夫特所生产的陶器依旧没有脱离意大利马略卡式陶器的影响。证见2003年8月台湾成功大学考古队在热兰遮城[①]遗址1号、2号坑考古发掘17世纪荷兰生产的陶瓷制品，有马略卡式系陶器标本，为辘轳拉坯成型[②]。至1650年之后，受中国青花瓷器的影响，生产出白地青花陶器。1670年之后，开始烧造中国式的五彩陶器。代尔夫特五彩陶采用锡釉，呈橙黄、紫、黑、绿、红颜色，但红色容易烧掉，故而发明了低温釉技术[③]。

当时代尔夫特所产陶特点是用软质陶器模仿中国瓷器，在装饰风格上模仿康熙五彩瓷器和日本柿右卫门、伊万里彩绘瓷器。中国式的亭台楼阁、花鸟龙凤、山水园林和人物形象，皆出现在陶器上。因为文化的差异，陶工对所仿形象并不能理解，于是常出现日本、中国，以及欧洲形象杂糅、含混的局面，另外，器型按照欧洲生活方式和习惯所设计，所以又具有本土特色。

1512年，马略卡式陶器的制作工艺由意大利开始传入法国，法国16世纪中期的鲁昂窑、16世纪后期的努维尔窑都曾聘请意大利陶工[④]，其初期制品有显著马略卡式陶器风格。而且各地陶业都有相当大的发展规模。16世纪后期，陶工伯尔拉尔·巴利希（1335—1590年）经过多年探索，创造了名为巴利西亚的一种“田园风格”陶器。这是一种在锡白釉上雕刻出小动物或人物像等图饰后，再附上色釉的制品，以浮雕的形式代替了马略卡式陶器的绘画性。常见的装饰题材是鱼、贝、昆虫、虾、蛇以及蜥蜴等，表现手法写实，趣味奇特[⑤]。法国近世陶器是以承袭传统的中古陶器和吸收意大利、西班牙的锡白釉多彩彩绘陶器技术为起点，继而又受到荷兰德尔夫特窑的影响而愈加繁荣兴盛起来的，到18世纪时取得重要发展。虽然在1769年法国已掌握硬瓷的烧制方法，但在整个18世纪仍然以烧制软瓷为主。

从14世纪，德国开始烧制类似罗马所产的细陶制品。在莱茵河地区，生产所用的是烧结致无孔状的白色黏土。德国南部的大城镇与意大利之间有着强大

---

① 热兰遮城是1624年荷兰人在今台北台南安平建设的城堡，初称奥伦治城（Orange），1627年奉荷兰东印度公司命令改为热兰遮城（Fort Zeelandia）。

② 谢明良．记热兰遮城遗址出土的十七世纪欧洲和日本陶瓷[C]．台北：台湾大学美术史研究集刊，2005（18）: 211.

③ 詹嘉．中外陶瓷文化交流[M]．北京：中国社会出版社，2004: 154.

④ 要彬．西方工艺美术史[M]．天津：天津人民出版社，2004: 236.

⑤ 张夫也．外国工艺美术史[M]．北京：中央编译出版社，2003: 267.

的贸易联系。纽伦堡和奥格斯堡的少量彩绘锡釉陶器是意大利陶瓷的发展影响了德国的例证。已知有少量德国彩绘陶器，可能是意大利影响的结果，例如陶瓷工Hans Nickel和Sowald Reinhardt在1531年前从纽伦堡前往威尼斯的情况，可能带回来马略卡绘画的秘密①。16世纪之后，德国的陶器以中世纪铅釉陶器与高温素烧器为基础，②依照马略卡锡白釉多彩彩绘陶器的制作工艺而发展。不过，马略卡式陶器在德国和奥地利的影响并不大，这可能是因为马略卡式陶器的日用陶器在这里不受重视，而制陶工艺发达的主要原因是大量的砌壁炉和火炉用的陶砖。

同时，德国也制造锡釉陶器，包括炉、灶砖，以及1540年至1561年期间以猫头鹰形式绘制的少量蓝色水壶。部分锡釉制品是在克罗伊森（Creussen）的石器制造城镇制造的，其中的历史可追溯到1618年③。文艺复兴时期，德国陶器取得两项重要成就：带有盐釉高温烧制的炻器和通常被称为"哈佛拉式陶器"的色泽丰富的铅釉陶器。哈佛拉式陶器的装饰多以深蓝色器壁为主，其上饰以浮雕式的多彩人物形象④。在16至18世纪，纽伦堡是最有名的德国精陶生产基地。

曾在热兰遮城发现德国莱茵地区17世纪烧制的盐釉带把酒壶，壶把、器身以及器身有模印贴花装残片⑤。酒壶以辘轳拉坯成型。大体的制作工序是：在拉坯成型的器身模印贴花，尔后整体施一层褐色化妆土。入窑烧制1200℃高温时，投盐入窑，以氧化焰烧成，盐与自然灰就结晶形成盐釉。这说明，当时的陶器生产在装饰技术上已经达到相当高的水平。到18世纪中期之后，德国除了王室官窑发展十分活跃之外，柏林、纽伦堡等地区成为著名的制瓷中心，尤其是萨克森地区的迈森窑更是成就辉煌、影响深远。

16. 17世纪，比利时、荷兰和英国先后开始生产陶器。英国陶瓷的发展较欧洲大陆稍迟一点。英国从16世纪末开始制作陶器、炻器，17世纪时能够烧制精陶。斯塔福德郡是英国陶瓷生产的主要集中地。白色精陶是18世纪英国所能

① Howard Coutts. The art of ceramics: European ceramic design, 1500—1830[M]. New Haven: Yale University Press, 2001: 49.

② 要彬．西方工艺美术史[M]．天津：天津人民出版社，2004: 269.

③ Howard Coutts. The art of ceramics: European ceramic design, 1500—1830[M]. New Haven: Yale University Press, 2001: 49.

④ 张少侠．世界工艺美术史[M]．上海：上海书画出版社，2009: 39.

⑤ 谢明良．记热兰遮城遗址出土的十七世纪欧洲和日本陶瓷[C]．台北：台湾大学美术史研究集刊，2005（18）: 214.

生产的最优质材料。1745年前后，由于受迈森窑、塞夫尔窑和东方瓷器的影响，波乌窑、奇尔斯窑（Chelsea）和德比窑（Derby）相继建成，并开始生产具有英国特色的软质瓷器皿。1751年，威斯达窑的开设使得英国陶瓷器的产量大增，为了打入大陆市场，器皿和瓷塑的设计仿自迈森或者塞夫尔窑。

总之，自中世纪以来，荷兰、英国、德国，以及法国等几个国家和地区长期承袭罗马制陶技术，制作铅釉系的绿、褐釉陶器，白色、赤色、黑色的研磨陶器，后来又在莱茵河地区制出盐釉陶器。自16世纪起陆续发展起本国陶业，直到在18世纪欧洲真正探索出硬质瓷，欧洲的彩陶和精陶生产在几个世纪中是并行发展的。即使在18世纪瓷器工艺的黄金时代，德国、英国、法国等国家都出现了硬瓷，与此同时釉陶的生产也一直没有停止过。

2. 欧洲各国对宜兴紫砂的仿制

宜兴茶器大约在17世纪60年代就传入欧洲，频繁出现在欧洲茶桌上。饮茶的兴盛对茶器的需求增加。当中国茶器刚刚进入欧洲的17世纪中期，当地还没有形成自己的饮茶习惯和文化，于是照搬和借鉴中国饮茶的方式和茶器使用。当时销入欧洲的宜兴紫砂茶器十分受欢迎，不但市场供应量少，价格非常昂贵，而当时对茶器的需求量又非常大。早先掌握了制陶技术的工匠就掌握了先机，希望通过模仿宜兴紫砂来获得利润。在欧洲陶工对宜兴紫砂的模仿中，宜兴紫砂客观上对欧洲窑业的发展产生了影响。德国德勒斯登博物馆的研究者埃娃·施特勒伯（Eva Ströber）曾撰文指出："几乎所有欧洲的重要博物馆陶瓷收藏中都有宜兴紫砂，有时并不因为是其器物本身的精美典雅，而是因为其在启迪欧洲瓷器发明中所扮演的重要角色。"①当时的实际情况是，在宜兴紫砂器传入的很长时间里，宜兴紫砂器的材料和制作方法引起欧洲人的极大的兴趣，然而明清宜兴茶器在欧洲的传播，向来以产品售卖为主，并未涉及制作技术的外传。彼得·奥斯贝克（Pehr Osbeck，1723—1805）曾经在《中国和东印度群岛旅行记》（*A Voyage to China and the East Indies*）中写道："我们是否知道褐色或者红色的陶器是如何制作的？能否花点钱找条小路进入这个国家内部去看一眼它们的制作过程？"②

① 〔荷〕埃娃·施特勒伯. 欧洲的宜兴紫砂器[C].《紫玉暗香——南京博物院紫砂珍品联展》. 南京：江苏文艺出版社，2008: 151.

② 〔瑞〕彼得·奥斯贝克. 中国和东印度群岛旅行记[M]. 倪文君，译. 桂林：广西师范大学出版社，2006: 208.

对宜兴紫砂的模仿最初是在17世纪中后期的荷兰代尔夫特，后来相类似的产品又出现在了英国的伦敦，而后在斯塔福德郡，随后到18世纪初期在迈森的萨克森又出现了这样的模仿。有学者认为在欧洲没有发现高岭土，不能够制造出硬质瓷器的18世纪，用红色的黏土模仿宜兴紫砂也是模仿烧造中国瓷器的试验阶段[①]。然而，从17世纪60年代宜兴茶壶进入欧洲家庭，直到18世纪初期能够生产出自己的红陶茶壶，18世纪中期生产出白瓷，其中经过了模仿、借鉴、独创的过程。在这过程中，宜兴紫砂的工艺和中国审美特质，始终伴随着其制陶业的发展。可以说，以茶叶为中心的贸易商品和以宜兴紫砂为代表的中国外销陶瓷，不但参与和影响了18世纪欧洲的物质文化、社会文明的发展，而且后者还推动了欧洲陶瓷的发展。

（1）荷兰的仿制

早在16世纪，由安特卫普传入的意大利马略卡陶器就已经在阿姆斯特丹和哈勒姆（Haarlem）等地流行起来[②]。大约1600年前后，荷兰鹿特丹附近的小镇代尔夫就能够制作出锡釉陶器。17世纪时，已经具备了制作大规模发展制陶业的条件，代尔夫特已经成为欧洲陶工业的繁盛地，主宰锡釉陶器的制造。在荷兰（因此这种类型的陶器通用名称“Delftware”），当时有两个工厂，Porceleyne Lampetkan和Porceleyne Schotel[③]做得特别好，商品琳琅满目。同时，随着1602年东印度公司成立，荷兰船只从远东开始载回中国青花瓷和少量紫砂器，代尔夫特陶工以此为契机，改变长期仿制意大利陶器的状况，开始用当地的陶土来仿制中国青花瓷。仿制品其实是一种陶器，釉下的胎体是红色的，覆盖一层白色的釉（锡釉），再用蓝色颜料装饰，远看很像景德镇的青花瓷。当时，这种品质精美的白釉蓝花、彩绘陶器取代了从亚洲进口的昂贵瓷器，满足了中产阶层的需要。

到17世纪70年代，代尔夫特能够制作出泥色、装饰与宜兴紫砂相符的仿制品。为什么在欧洲由荷兰陶工最早模仿宜兴紫砂呢？概括起来，有两方面原因：一方面，如上文所述，荷兰具有雄厚的制陶基础和悠久的制陶传统，陶工人才辈出。从17世纪后半期开始，代尔夫特的制陶工艺就处于全欧的领先地

---

① 朱培初．明清陶瓷和世界文化的交流[M]．北京：轻工业出版社，1984: 183.

② 张夫也．外国工艺美术史[M]．济南：山东教育出版社，2002: 239.

③ Howard Coutts. The art of ceramics: European ceramic design, 1500—1830[M]. New Haven: Yale University Press, 2001: 67.

位。仅代尔夫特一地，陶坊就超过三十家[①]。另一方面，与代尔夫特最早开始茶叶销售和陶瓷贸易有关。荷兰东印度公司最早把茶叶贩运到欧洲。虽然在此之前，意大利人最早知道了茶叶，葡萄牙人最早品尝到茶水，然而，在欧洲对茶叶真正进行售卖，对茶文化最早进行传播，还是要归功于荷兰人。尤其是进而发展出来的荷兰贵族式饮茶风俗，不但形成了特殊的女性文化，更影响了17世纪欧洲社会文化的发展（图3.1）。

图3.1 《喝茶的荷兰家庭》
鲁洛夫·库茨二世，油画，约1680年，荷兰国家博物馆藏

随着17世纪中期饮茶风俗在荷兰流行，中国茶具也成为贵族阶层梦寐以求的奢侈品。尤其是当时进口不多的精美的宜兴紫砂，连同把茶叶放入茶壶用泡茶的饮茶方式，共同构筑了当时荷兰贵族的东方梦想。鲁洛夫·库茨二世（Roelof Koets Ⅱ）油画《喝茶的荷兰家庭》（*Dutch family taking tea*）（图3.1）表现了阿姆斯特丹商人和富贾家庭对来自中国宝物的迷恋，所画时间也印证了在17世纪末期紫砂茶壶和饮茶已经在上流社会家庭悄然流行。

17世纪末到18世纪在代尔夫特有很多陶工因模仿宜兴紫砂而大有名气，他们模仿的宜兴紫砂不论在外观还是技术上都达到了很高的水平，尤其流行的梅花缠枝纹装饰，也一同出现在这些仿制品中，十分贴近东方的审美意境。当时模仿宜兴紫砂的代尔夫特陶工，较有成就的有：兰伯特斯·克莱夫斯（Lambertus Cleffius）、雅各布斯·德·卡卢威（Jacobus de Caluwe）、纪尧姆·尼伍莱特（Guillaume Nieullet）、阿里·德·米尔德（Ary de Milde）、兰伯特斯·范·伊恩霍恩（Lambertus van Eenhoorn）等。

其一，兰伯特斯·克莱夫斯（Lambertus Cleffius，1650—1691年）：

克莱夫斯出身于代尔夫特一个陶艺家庭。他在1639年创立了自己的“金属壶陶坊”（De Metaalen Pot）。现今所流传的克莱夫斯的作品较为少见。1672

① 帕特里斯·万福莱. 宜兴紫砂陶对欧洲的影响[M]. 施云乔，译. 北京：中国文化出版社，2017: 21.

年，他的作坊开始制作模仿宜兴贴花的红陶壶。据文献资料显示，克莱夫斯1678年在荷兰城市哈勒姆名为“哈勒姆新闻”（Haarlem newspaper）上为宣传他的壶而做广告：“代尔夫特制陶厂的陶艺师兰伯特斯·克莱夫斯在1672年成功仿制出中国陶瓷[①]。从那之后，他一直致力于仿制这种红色的茶壶。如今，不论是从色泽、工艺、硬度还是功能上，都可以与东印度茶壶相媲美”[②]，“东印度茶壶”即宜兴茶壶。

当时克莱夫斯因作锡釉陶在代尔夫特小有名气[③]，因而可以推测他能够严格控制陶泥质量和烧成温度，结合广告来看，他所仿制的宜兴茶壶在硬度上应该达到非常高的水平。克莱夫斯的制陶厂在1691年之后相继被萨梅尔·范·伊恩霍恩（Samuel van Eenhoorn）和兰伯特斯·范·伊恩霍恩接手。

其二，兰伯特斯·范·伊恩霍恩（Lambertus van Eenhoorn，1651—1721年）：

1691年起，伊恩霍恩成为代尔夫特青花和五彩装饰锡釉陶的生产商[④]。至今，在英国维多利亚和阿尔伯特博物馆中有许多相关馆藏（图3.2）。

图3.2　锡釉陶壶
Metalen Pot伊恩霍恩制，1700—1724年，英国V&A博物馆藏

目前所知，范·伊恩霍恩所仿制的宜兴茶壶数量并不多，有一件在德累斯顿的约翰纽姆。还有两件保存在荷兰格罗宁根博物馆[⑤]。范·伊恩霍恩工厂所产的红陶壶无论泥色、手工、坚硬度及实用价值都达到了很高的水平。在当时所有的荷兰工坊都直截了当地按宜兴壶的标准进行复制的时候，只有他们的工坊使用模型制作除去茶壶之外的宜兴其他陶器种类。

① 当时荷兰东印度公司进口的紫砂壶进入欧洲后，欧洲人一般称之为“朱泥器”或者“红瓷”，事实上，当时的红瓷是炻器。因为在欧洲，真正的“瓷”的概念还要等18世纪初期德国萨克森工匠研制出制瓷的工艺之后——笔者注。

② Jan Daniel van Dam. European Redwares: Dutch, English and German Connections, 1680-1780, British Ceramic Design, 1600—2002[M]. London: English Ceramic Circle, 2003: 33.

③ 帕特里斯·万福莱. 宜兴紫砂陶对欧洲的影响[M]. 施云乔，译. 北京：中国文化出版社，2017: 22.

④ 帕特里斯·万福莱. 宜兴紫砂陶对欧洲的影响[M]. 施云乔，译. 北京：中国文化出版社，2017: 23.

⑤ 帕特里斯·万福莱. 宜兴紫砂陶对欧洲的影响[M]. 施云乔，译. 北京：中国文化出版社，2017: 23.

其三，纪尧姆·尼伍莱特（Guillaume Nieullet）：

他是一位受过训练的木雕师，擅长制作茶壶和小雕塑。据史料记载，他曾任伊恩霍恩的模具工，为其制作红泥茶壶模具，在1691年时二人合作制作过一些红陶茶壶。后来尼伍莱特也为德·米尔德及其继承人制作过模具①。原格罗宁根博物馆馆长麦克A·德·威瑟（Minke A. de Visser）在她的一篇专门研究代尔夫特紫砂壶的文章中曾经提到，代尔夫特制作的一件紫砂茶壶在1949年被格罗宁根博物馆收藏。这件茶壶的特征：具有柔和的光泽，器表用模印的手段装饰着缠枝花叶。在沿顶部刻有“D. W. F.（or E）d（e）Rotte”的一排小字。虽然在代尔夫特市档案馆并没有查找到关于“de Rotte”的资料，然而作者德·威瑟从另一件运用了同样装饰图案的标有“Pieter de Lorreyn”字样的红泥茶壶上推断出这个图案出自同样的模具，这套模具可能属于de Rotte或者de Lorreyn（卒于1731年）其中一人②。由此可见，模印贴花工艺被荷兰陶工普遍使用在当时紫砂茶壶装饰中。1724年，纪尧姆·尼伍莱特去世之后，德·米尔德的继承者和范·伊恩霍恩的遗孀卖掉了他们的制陶厂。

其四，阿里·德·米尔德（AryJansz de Milde，1634/1635—1708年）：

在17世纪末18世纪初的代尔夫特，仿制宜兴茶壶最多产，且最出色的陶工当属阿里·扬兹·德·米尔德。他1634年左右出身于陶艺工匠世家。在1658年时加入圣–卢克同业公会（St Luke's guild），成为一名注册陶艺从业人员③。他与来自荷兰西弗里斯地区的萨米尔·范·伊恩霍恩（Samuel van Eenhoorn）家族合作多年，他们的“阿尔法陶坊”（Greek A）制陶直到1665年④。阿尔法是希腊字母表中第一个字母A，同时在基督教中字母A有万事之始的象征之意⑤。为了更进一步确认在仿制宜兴茶壶和红陶制作方面的地位，在1678年（一说1680年），他们对外宣称成功仿制了“东印度茶壶”（即宜兴紫砂），向荷兰省地方局“Staten van Holland”为其仿制作品申请专利许可和特许经营权：只有二

① Howard Coutts. The art of ceramics: European ceramic design, 1500—1830[M]. New Haven: Yale University Press, 2001: 71.

② Minke A. de Visser. Roode Delftsche theepotten(red delft teapot) van Lambert van Eenhoorn en van De Rotte in het Groninger Museu[J]. Oud Holland. 1957, 72(1): 104-110.

③ 帕特里斯·万福莱. 宜兴紫砂陶对欧洲的影响[M]. 施云乔，译. 北京：中国文化出版社，2017: 33.

④ 米尔德于1708年过世，此后他的接人继续接管陶工坊的生产，直到1724年米尔德创立的陶瓷作坊才彻底闭门歇业。

⑤ 帕特里斯·万福莱. 宜兴紫砂陶对欧洲的影响[M]. 施云乔，译. 北京：中国文化出版社，2017: 24.

人有权利售卖和仿制中国朱泥茶壶，期限为15年[1]。在提交的这个请愿书中，他们还要声明所有模仿宜兴茶壶的陶工要注册他们的商标[2]。其结果是，他们1679年的特许权申请被拒绝，只是他们的标识保护获得受理，拒绝的理由是，当时在代尔夫特有好几个陶工坊已经在生产这种茶壶了[3]。

当时，代尔夫特对宜兴紫砂进行模仿的陶工中，不论在形制上，还是在装饰风格上，米尔德是最具有东方情致的一位。他追摹的宜兴壶惟妙惟肖，尤其受早期宜兴传入荷兰的宜兴朱泥小壶的影响很大。这种早期传入荷兰的朱泥壶，体积非常小，大部分容积在300～400毫升。荷兰语称为“vinke potje”（potje为小壶之意），这种器型几乎代表了荷兰大部分紫砂器的收藏。历史学家通常通过形态学和（或）壶底的款识判别为原产地是宜兴。后来有化学团队通过用“非破坏性的能量色散X射线”（ED-XFA）的技术通过分析化学元素构成来辨别产地。证明了这批紫砂的宜兴产地[4]。因而朱泥小壶属于潮汕壶之说不攻自破。

图3.3　米尔德壶及壶底标志　1671—1708年，高10.2cm，美国大都会艺术博物馆藏

米尔德仿制壶形制精巧、手不盈握，壶高多10cm左右，在造型上壶多短直嘴（图3.3）。他擅用贴花工艺，独枝梅枝是常用装饰。装饰元素是用单独的模具制作然后粘在器表。不论在器型还是装饰上，比起同时代其他陶工，他所制作茶壶与同期宜兴所产紫砂茶壶难分彼此，并且价格便宜，货源供应量足，因此他的茶壶特别受到人们的欢迎。

英国维多利亚阿伯特博物馆藏有惠孟臣一把贴花壶，学者刘明倩把它看作是宜兴壶中

① Jan Daniel van Dam. European Redwares: Dutch, English and German Connections, 1680—1780，British Ceramic Design, 1600—2002[M]. London: English Ceramic Circle, 2003: 33.

② Howard Coutts. The art of ceramics: European ceramic design, 1500—1830[M]. New Haven: Yale University Press, 2001: 72.

③ 帕特里斯・万福莱．宜兴紫砂陶对欧洲的影响[M]．施云乔，译．北京：中国文化出版社，2017: 25.

④ G. J. P. A. ANDERS, C. J. A. JÖRG, W. B. STERN, N. ANDERS-BUCHER. On Some Physical Characteristics of Chinese and European Red Ware[J]. Archaeometry 1992, 34(1): 50.

“最珍贵的纪年器”①。她虽然本意是根据底款“天启丁卯年友善堂孟臣制”来推测惠孟臣的主要活跃年代在1627—1652年，然而这把壶还承载“标本”的意义：从其造型和纹饰可以看到是17世纪末18世纪初某些欧洲陶工仿制宜兴茶器的原型。荷兰国立阿姆斯特丹博物馆藏有米尔德制作的紫砂壶，与惠孟臣壶一样，采用贴花梅枝工艺。从两把壶的梅枝贴花来看，尽管米尔德在梅枝造型、轮廓上尽量模仿惠孟臣壶，但是可能不理解梅枝与花瓣结构，米尔德壶在梅枝和花的细节处理上十分含糊，精细程度和生动韵味远不如孟臣壶生动。从时间上来看，两把壶的制作相差半个多世纪，也可见内销壶转外销后又被模仿的历程。

米尔德壶的贴花梅枝装饰是仿制宜兴紫砂的结果，在他的诸多仿制紫砂壶中，都以这种“几”字形折枝梅示人。前文已述及，贴花工艺是明末清初宜兴紫砂主要装饰工艺之一，梅枝贴花受到欧洲的欢迎。值得一提的是，米尔德也制作了贴饰龙纹的红陶壶（图3.4），龙奔腾的造型、含混的线条和细节可见宜兴茶壶或者瓷器上的纹饰对他的影响。

图3.4　茶壶
米尔德制，17世纪末，J. W. L. Glaisher捐赠，剑桥菲茨威廉姆博物馆藏

在工艺上，17世纪中后期，米尔德和同时期的代尔夫特陶工一样，擅用辘轳车拉坯成型，少量用模制。因而，这一时期荷兰陶工所制红陶茶壶圆形较多，或许同款造型有多件，但是尺寸不一。这是拉坯成型的特点。在17世纪末期到18世纪初期，注浆工艺增多，因而这时期的器型多为立面体结构，例如他制作的六方托盘，用来作为茶壶托底（图3.5）。目前并未见康熙时期这种紫砂托盘生产的实例，造型来源可能是模仿的荷兰市场所见的瓷器造型。典型器还有他制作的六面体壶（图3.6）。在17世纪荷兰画家耶特·格里茨·罗斯特拉坦（Pieter Gerritsz van Roestraten，1630—1700年）

图3.5　茶壶托
米尔德制，1681—1708年，直径约15cm，大英博物馆藏

① 刘明倩. 英国维多利亚阿伯特博物院藏明清紫砂器[C]//高晓然.《2007年国际紫砂研讨会论文集》. 北京：紫禁城出版社，2009: 103-108.

的静物画作中，屡屡出现带有紫砂壶的题材。其中一把六方贴梅花纹红陶壶与米尔德所制壶十分相似（图3.7）。从中可以看出他们的朱泥陶器在精细度和坚硬程度上是优于同时期的其他陶艺家作品的。

图3.6　茶壶

米尔德制，1680—1700年，高10.5cm，宽13cm，皮博迪博物馆藏

由于米尔德所仿紫砂壶胎质细腻有光泽，纹饰优美，受到市场欢迎。并且他们的商标——一只狐狸的剪影也在被大量复制。在1685年合伙人去世之后，米尔德改变了茶壶的商标，并且只署自己的名字。1687年米尔德在代尔夫特买了自己的住房，并把它称之为“紫砂壶大师贝克”（Master Teapot Baker）[①]。

图3.7　静物与中国茶碗

罗斯特拉坦绘，荷兰，约1690年

这些事实也记录在A. H. H. 范・德・巴勒哈姆斯（A. H. H. van der Burgh）在1901年撰写的关于代尔夫特茶壶的文章中，他指出，米尔德是真正意义上从模仿宜兴紫砂到独立制作出红陶器皿，并积极开拓欧洲市场的第一人[②]。藏于阿姆斯特丹的荷兰国家博物馆和汉堡博物馆的署有米尔德名字的紫砂陶器可见其紫砂风格。另外，现藏于法国塞夫勒国立陶瓷博物馆的一件紫砂壶，是米尔德大约1680年制作，采用梅花图案对器壁进行贴饰，珠纽、圆腹、直颈、口出唇边、圈把，这些造型特征可以看出米尔德受流行于清代早期紫砂莲子壶的影响很大。

值得一提的是，当时很多陶艺家借鉴16世纪到17世纪初德国工匠们传统制作玻璃的方法，在烧窑过程中往窑中投放岩石，这种盐釉的形式一直传到现在。米尔德也制作过类似工艺的产品[③]。

---

① Edwin A. Barber. So-Called "Red Porcelain," or Boccaro Ware of the Chinese, and Its Imitations[J]. Bulletin of the Pennsylvania Museum, 1911, 9(34): 17-23.

② A. H. H. van der Burgh. Delfsche Roode Theepotten. Oud Holland. 1901, 19(2): 99.

③ Carl Christian Dauterman. The Ceramic International. The Metropolitan Museum of Art Bulletin[J], New Series, 1959, 17(6): 157.

其五，雅各布斯·德·卡卢威（Jacobus de Caluwe，1668—1730年）：

在17世纪末到18世纪初的荷兰，稍晚于米尔德的陶艺家雅各布斯·德·卡卢威也在模仿中国紫砂器。他对宜兴紫砂的仿制大约集中于1701—1711年，或者到1713年[①]。

卡卢威的作品虽然在外形上十分接近宜兴紫砂，但因为窑温较低，胎质并不坚致，常覆以透明铅釉，不过贴花纹饰更为繁复精致。虽然在数量上和艺术上都无法与米尔德相比。不过他十分善于经营，当时同时代的荷兰陶工都申请了制作红陶茶壶的专利，而卡卢威就申请许可生产小茶壶（可能用作玩具）和陶器玩偶。他给自己的工厂取名为“制壶厂”（Manufactory of teapots）。然而，由于他的制作涉及越来越大的面向具有实用功能的茶壶，引起竞争对手的不满，并于1707年将他告上法庭。当时卡卢威已经尝试制作其他类型的陶器，这场官司的结果是官方警告他所做的茶壶的尺寸已经超出允许范围内[②]。

当时荷兰陶工在制作茶壶时是用轱辘车拉坯成型，而宜兴陶艺家是用围泥片或镶泥片成型，所以前者无法做四方、六方，以及八方形制的茶壶。为了增强装饰性，陶工们常常在壶身划线，产生视觉效果，以这种新颖的装饰来区别传统的球形壶。卡卢威所制作的一些壶就利用这种刻线的装饰（图3.8）。

图3.8　茶壶

卡卢威制，1702—1732年，高9.7cm，英国V&A博物馆藏

到了1709年，德·卡卢威申请拥有生产“茶、咖啡、巧克力饮具和其他陶瓷盘子”的权利[③]。卡卢威作品也有自己的标识，有的是字母组合署名作为标志，有的是一个向右奔跑的兔子（也有人认为是狐狸）形象。卡卢威去世后，荷兰德尔夫特所仿红陶壶的市场便趋于没落[④]。

① 帕特里斯·万福莱. 宜兴紫砂陶对欧洲的影响[M]. 施云乔，译. 北京：中国文化出版社，2017: 24.

② Jan Daniel van Dam. European Redwares: Dutch, English and German Connections, 1680—1780[C], British Ceramic Design, 1600—2002, Tom Walford and Hilary Young, London: English Ceramic Circle, 2003. pp. 39-40.

③ 帕特里斯·万福莱. 宜兴紫砂陶对欧洲的影响[M]. 施云乔，译. 北京：中国文化出版社，2017: 24.

④ C. J. A. Jörg. 东方瓷艺与荷兰德尔夫特陶瓷. 香港：香港艺术馆出版社，1984: 196-198.

小结

荷兰陶瓷史上，1680年是一个分界点。因为在这一年，陶工米尔德、克莱夫斯、兰伯特斯·范·伊恩霍恩三人同时申请仿制宜兴茶壶的专利。当时海牙官员给出一个折衷的方案，没有授予某一个专利，而是让每一位申请人在以后所制品上做记号以区分。[①]这不但表明围绕着1680年荷兰陶坊已经成功仿制宜兴茶器，而且有意思的是陶工之间开始各自走向创新阶段。从此之后，米尔德有了署名作品，雅各布斯·德·卡卢威用一个向右奔跑的兔子（也有人认为是狐狸）做商标，兰伯特斯·范·伊恩霍恩有三至四件带有个人标识的作品。这不但为后世的考古学家和艺术史家的研究提供了很好的线索，并且，在1700年之后，荷兰陶工在设计器表梅枝装饰时开始有了小变化，不再完全依照旧有的“几”字形态，工匠作品之间呈现的梅枝装饰在形态上各有不同。另外，当时的茶叶罐、茶盒渐渐被人了解，不过，它们的造型更多来自金属、瓷器，或者本土陶器。

1708年，74岁的米尔德去世，在同一年，德国的伯特格尔（Böttger）也已经成功实现了紫砂陶的仿制。米尔德对宜兴茶壶的仿制是如此成功，以致在1709至1712年左右，伯特格尔仿制的作品直接以米尔德壶作为范本，为了提高作品知名度，他还在一些茶壶上打上了米尔德的标识[②]。不过，米尔德与伯特格尔的红陶器在硬度上有明显的差异，前者没有持续的光泽度，并且在硬度上远不如后者，器表容易切割有划痕，实际上是一种硬质陶而不是真正的炻器，而伯特格尔红陶却是一种炻器。

大约在1720年之后，宜兴茶壶和代尔夫特仿制品在荷兰流行的程度不复从前，随着阿姆斯特丹陶业的发展，以及中国、英国瓷器（当时英国瓷业例如韦奇伍德，想重新夺回荷兰市场，并且在1810—1820年左右）大规模进入，荷兰陶瓷产业有了新的独立发展之路。

（2）英国的仿制

16世纪末，伦敦已经成为棕色陶器的重要生产中心，主要聚集在富勒姆、南华克区、伦敦朗伯斯区、沃克斯霍尔和莫特莱克等地的陶厂。17世纪时英国制陶工匠深受不同国家制陶技术的影响，主要有两个，一是来自德国的盐釉炻

① Jan Daniel van Dam. European Redwares: Dutch, English and German Connections, 1680—1780[C], British Ceramic Design, 1600—2002, Tom Walford and Hilary Young, London: English Ceramic Circle, 2003. pp.33.

②〔法〕帕特里斯·万福莱. 销往欧洲的宜兴茶壶[M]. 施云乔，译. 杭州：西泠印社出版社，2015: 63.

器啤酒瓶，二是来自中国的宜兴紫砂。

早在1620年，富勒姆的工匠开始生产盐釉炻器，仿制德国生产的啤酒瓶。德国啤酒瓶工艺非常好，当时大量出口到英国。从德国进口的盐釉炻器统称“科隆炻器”。盐釉炻器技术的掌握，使得英国在仿制宜兴壶时驾轻就熟。

17世纪下半叶，英格兰西南布里斯托（Bristal）地区也大量制作陶器。因为受到荷兰代尔夫特陶瓷技艺的影响很大，所生产的陶器被称为“英国代尔夫特”（English Delftware）①。所谓的代尔夫特陶器（Delftware）很快在有着悠久制陶传统的斯塔福德郡生产。这种陶器是一种具有光泽的白陶器，装饰有明亮的颜色。一改17世纪早期只在器表简单装饰蓝、绿、红、黄和紫色釉料的粗糙的面貌。

17世纪，随着中国陶瓷的外销，欧洲兴起对中国陶瓷的仿制。斯塔福德郡对中国陶瓷的模仿也是从宜兴紫砂开始的。在这种背景下，随着茶叶传入欧洲，中国饮茶使用的宜兴紫砂也同时传入，受到贵族追捧。当时的紫砂器进口数量不多，价格昂贵。有资料表明，1693年8月，英国德文郡的金斯顿庄园女主人玛格丽特·班克斯（Margaret Bankes）花10英镑买了一把紫砂壶②。而当时一个侍者一年的工资仅为6英镑（一英镑合20先令）。并且，当时的茶叶价格也非常昂贵，高达16到50先令一磅（约合454克）③。茶叶、茶壶的高昂价格使得饮茶行为只围绕贵族阶层展开。因而在“中国风”弥漫和本土茶器消费需求的双重因素下，大约在17世纪末18世纪初，斯塔福德郡当地的陶工高温烧制出了宜兴紫砂的仿制品。旅行者西利亚·菲尼斯（Celia Fiennes）在1698年的旅行日记中记录了她在斯塔福德郡的纽卡斯尔所见所闻：看到当地陶工制作精致的红陶茶杯、杯托，以及茶叶罐，这些茶器都是仿自中国品④。

比起荷兰，英国流行无釉炻器茶壶（今天在英国，专家称之为dry-body teapots），甚至今天还在持续生产⑤。英国开始生产之后，本土所制茶壶确比远

① Anthony Ray. English Delftware[M]. London: Ashmolean Museum, 2000: 25.

② Jane Pettigrew. Design for tea—Tea Wares from the Dragon Court to Afternoon Tea[M]. London: Sutton Publishing, 2005: 6.

③ Jane Pettigrew. Design for tea—Tea Wares from the Dragon Court to Afternoon Tea[M]. London: Sutton Publishing, 2005: 6.

④ Jane Pettigrew. Design for tea—Tea Wares from the Dragon Court to Afternoon Tea[M]. London: Sutton Publishing, 2005: 18.

⑤ 帕特里斯·万福莱.《宜兴紫砂陶对欧洲的影响》. 施云乔，译. 北京：中国文化出版社，2017: 46.

来的宜兴紫砂便宜许多，“金斯顿庄园的班克斯先生在1693年8月，花2英镑6先令买了一把棕色陶茶壶”[①]。

到17世纪末18世纪初，斯塔福德郡地区所制作的炻器茶壶已经达到很高的水平，某些仿品在造型上已经与宜兴紫砂不分伯仲。当时比较著名的陶工有约翰·怀特、埃勒尔兄弟、约翰·阿斯特伯雷等人。

其一，约翰·怀特（John Dwight，1633/1634—1703年）

约翰·怀特有多重身份，他既是一个艺术家，也是一个科学家。他曾在1650年左右，在牛津的罗伯特·博伊尔（Robert Boyle，1627—1691年）门下学习法律、物理、化学。他在1660年成为切斯特的主教大厅（Bishop Hall of Chester）的办事员，1665年又在威根（Wigan）作登记员。当时在密尔盖特（Millgate）的家里，他建立了一个实验室，热情地研究黏土。当主教在1668年去世时，德怀特被指控使用教会的资金。1671年，他迁到富勒姆（在伦敦西面），反倒在那里他获得了更多的成功，在科学家罗伯特·胡克（Robert Hooke）的研究中受到鼓舞，在那里建立了工厂[②]。

经过多次试验，1672年，怀特声称发现了“神秘的陶器”（mystery of stoneware），于此，他也获得了唯一的专利[③]。这是一项为期14年的专利，是关于“透明的陶器奥秘，这就是被大家普遍所知的瓷器……，还有炻器，统称为科隆炻器”的专利[④]。“科隆炻器”是对当时进口的来自德国的盐釉炻器的统称。当时的英格兰和弗兰德斯都在模仿科隆炻器。怀特的仿制十分成功（图3.9），同德国的盐釉炻器不分彼此。

约翰·怀特所制种类十分广泛，有红色及棕色的盐釉炻器，也有无釉炻器、大理石纹炻器。其产品类型包括茶壶、茶碗、水罐（酒罐）以及马克杯等。有的大理石纹炻器还使用贴花装饰，装饰韵味十足。

怀特也曾试图模仿当时广受欢迎的宜兴紫砂。虽然现存的模仿制品十分罕

① Jane Pettigrew. Design for tea—Tea Wares from the Dragon Court to Afternoon Tea[M]. London: Sutton Publishing, 2005: 6.

② Howard Coutts. The art of ceramics: European ceramic design, 1500—1830[M]. New Haven: Yale University Press, 2001: 59

③ Gordon Elliott. John and David Elers and Their Contemporaries[M], London: Jonathan Horne, 1998: 7.

④ William Burton. A history and description of English porcelain[M]. Wakefield: EP Publishing Ltd, 1972: 7.

图3.9 “科隆炻器”酒瓶
约翰·怀特制，1675年，英国V&A博物馆藏

见，然而他在富勒姆的陶器工厂的遗址已经被考古学家挖掘出来，并且发现了大量的炻器残片，这证明了他的实验和多功能性。研究人员发现了无釉、红色炻器茶杯、Bellarmine茶壶、杯子的残片。此外，考古还发现怀特当时使用的隔焰窑[①]。

1693年6月20日，约翰·怀特在一纸诉状中说，他和雇员们经过多年实践早已经在富勒姆地区发现了不透明的红色和深色瓷土（实际上是陶土——笔者注），并且模仿了中国茶壶的红褐色陶器[②]。但是他的生意和产品被一些低价的仿品给破坏了。他特别提到在1684年6月12日时他曾获得模仿宜兴紫砂的专利许可证，赋予他对发明的唯一使用和获益权。因而，他至少对包括：约翰·钱德勒（John Chandler），富勒姆的埃勒尔兄弟、伯斯勒姆的韦奇伍德家族（亚伦·韦奇伍德和托马斯·韦奇伍德）、马修·加纳（Matthew Garner）和诺丁汉的詹姆斯·莫利（James Morley）等11名陶工进行了诉讼。这起案件中他主要的论点是他曾经雇用的富勒姆的工人约翰·钱德勒受其他几个人的诱骗揭露了他的生产秘密，他们掌握了很多他制造陶瓷的知识和技术，并且使用了很多手段在仿制他的作品。在这次诉讼中，约翰·怀特出示了几件证物：褐色的陶土杯和仿中国紫砂的两件红色茶壶[③]。

① Diana Edwards, Rodney Hampson. English Dry-bodied Stoneware: Wedgwood and Contemporary Manufacturers, 1774—1830[M]. Woodbrige: Antique Collectors' Club Ltd, 1991: 50.

② Brian Dolan. Josiah Wedgwood: Entrepreneur to the Enlightenment[M]. New York: Harper Perennial, 2004: 24.

③ A. H. Church. Early English Stonewares (Dwight, Elers, Morley)[J]: The Burlington Magazine for Connoisseurs, 1908, 12(59): 293-294.

于是，几位被告人相继出来举证，证明各自的红陶生产属于自己的研究和实践。例如，大卫·埃勒尔虽然承认在1690年时他和弟弟约翰·埃勒尔研制并公开售卖大量红陶马克杯和茶壶，但是没有其他种类的陶器，他们所生产的杯子和茶壶的造型、材质与约翰·怀特的差别很大。还有，詹姆斯·莫利在1693年11月21日提交陈述，否认制造和售卖紫砂茶壶，但是承认销售褐色的马克杯①。最后，这场公案最终判决埃勒尔兄弟在生产茶壶的时候要经过特许，造型、装饰都要避免与怀特产品相仿。

对于这场诉讼，谁是谁非暂且不论，从中我们可以看出的是，在17世纪末时，英国的富勒姆、伯斯勒姆等几个陶瓷产区，普遍能够生产出炻器，并且随着考古学新发现和专家证实当时英国的诺丁汉也是制陶生产重要产地，并且，早在1693年，詹姆斯·莫利就制作出褐色陶杯，成功制作出红色炻器。他的主要目标本来是高温烧制“白色瓷器”，然而相较于此，烧成温度大约1000℃，而且表面无须施釉的红色陶器较为容易仿制。在1672年左右他建立了富勒姆陶器工厂，主要输出棕色炻器②。随着茶文化的流行，英国的陶工致力于精炼他们的技术来模仿中国紫砂。当时的模仿也出现在英国其他地区：斯塔福德郡的约翰·阿斯特伯雷（John Astbury）、约翰·特怀福德（John Twyford）等。从陶工的相互模仿中可以看出紫砂茶器在当时英国市场的受欢迎程度，以及紫砂茶器对17世纪末的英国制陶事业的触发。

其二，埃勒尔兄弟（David Elers，1656—1742年 & John Philip Elers，1664—1738年）

埃勒尔庞大的家族一直生活在下萨克森州北部地区。在17世纪中期，家族中出现了两位日后推动英国陶瓷发展的人物：埃勒尔兄弟大卫·埃勒尔和约翰·菲利普·埃勒尔。他们一直对化学有着强烈的爱好③。在1680年左右，他们以经理人的身份到达伦敦。他们的父亲和叔叔当时都参与了英国东印度公司的奢侈品贸易。他们的父亲主要贩卖一种白色装饰玻璃和“东印度珍品”④。兄

---

① Gordon Elliott. John and David Elers and Their Contemporaries[M], London: Jonathan Horne, 1998: 7.

② https://en.wikipedia.org/wiki/John_Dwight_(potter)

③ Gordon Elliott. John and David Elers and Their Contemporaries[M]. London: Jonathan Horne, 1998: 8.

④ Brian Dolan. Josiah Wedgwood: Entrepreneur to the Enlightenment[M], New York: Harper Perennial, 2004: 24.

弟二人日后能成为英国仿紫砂茶器的早期实践者，与家族很早就接触了中国的陶瓷茶器贸易有很大的关系。

1686年，哥哥大卫·埃勒尔（David Elers）在当时象征王权的伦敦附近开了一家经营银器的商铺。之后到1693年左右，他们在沃克斯豪尔（Vauxhall）建立了一个陶厂，利用当地的黏土生产盐釉炻器（stoneware）[①]。弟弟约翰·菲利普·埃勒尔曾在1690—1693年做过约翰·怀特的助手。他们对宜兴紫砂有浓厚的兴趣，后搬到斯塔福德郡，意外在布拉德韦尔（Bradwell Wood）附近发现了质地精细、含铁丰富、塑性强的黏土[②]。1698年左右，埃勒尔兄弟两人搬到了伯斯勒姆（Burslem）附近的蒂姆斯代尔（Dimsdale Hall），那里距离布拉德韦尔只有一英里远。在那里他们租下了一个制陶工作室研制红陶生产。后来经过多次试验和努力，成功烧制出光滑的、无釉的，具有马特红（matt-red）色的茶壶，这些茶壶与当时在伦敦流行的宜兴紫砂惊人的相似。尔后，他们在波尔特尼（Poultney）开了自己的商店专门售卖此时的仿作[③]。他们的仿制“与宜兴窑之体制形式如出一范，故弗兰克斯（Wollaston Franka）[④]尝谓英人所烧之窑，与东方者不易辨识”[⑤]。1700年他们事业遭受重创，只好卖掉陶厂偿还债务。约翰到了都柏林，在友人的帮助下做生意[⑥]。在1715年到1722年间，他所售卖的一些东方陶瓷由哥哥大卫（David Elers）从伦敦东印度公司供货[⑦]。

埃勒尔所制茶壶具备鲜明的艺术特点。

如前文所提到的约翰·怀特提起诉讼的公案，埃勒尔兄弟前期的一些创作，的确是受益于怀特的前雇员钱德勒（John Chandler）。后来，他们创作出具有自己风格的朱泥制品。他们的新创被刊登在当时名为*Royal Society*报纸上：“（黏土）非常好，起码远比东印度公司的要好得多。看着目前在伦敦齐普赛街（Cheapside）波特迪尼（Poultney）陶工们售卖的茶壶，不仅充满艺术感，

---

① Gordon Elliott. John and David Elers and Their Contemporaries[M], London: Jonathan Horne, 1998: 7.

② John Styles. Product Innovation in Early Modern London[J]. Past & Present, 2000, 168: 141.

③ Brian Dolan. Josiah Wedgwood: Entrepreneur to the Enlightenment[M]. New York: Harper Perennial, 2004: 29-30.

④ 奥古斯都·沃拉斯顿·弗兰克斯1826—1897，19世纪英国著名的中古史学家。

⑤〔英〕波西尔，中国美术[M]（下），戴岳，译. 上海：商务印书馆，1934: 13.

⑥ Gordon Elliott. John and David Elers and Their Contemporaries[M], London: Jonathan Horne, 1998: 10.

⑦ Gordon Elliott. John and David Elers and Their Contemporaries[M], London: Jonathan Horne, 1998: 7.

而且有着漂亮的着色，远远超过中国任何地方的瓷器。正如我手中拿着的，是由斯坦福郡的本地陶土制成，制作者是两个无与伦比的荷兰艺术家”[①]。

从流传的作品来看，埃勒尔所仿是土质精细的未施釉红色炻器，器表光洁度高，质地坚硬，体量较轻，不论在造型还是装饰上，都是中国的仿制品。这些仿制品造型简单，提梁壶是他们所擅长的（图3.10）。工艺上多用浅浮雕装饰技法，也有贴花工艺，图案以浅浮雕梅枝最为常见，颇有东方意味。壶嘴多用金属塞。他们还创制了贴金箔的茶壶（图3.11）。烧制温度700℃，而同时期陶工所制红陶烧成温度都在700℃以下[②]。制品与米尔德以及同时期荷兰陶工风格相似，但是在材质密度和硬度上却更胜一筹。

图3.10　贴花茶壶
埃勒尔兄弟制作，1690—1698年，英国V&A博物馆藏

图3.11　贴金箔茶壶
埃勒尔兄弟制作，1690—1698年，高8.9cm，英国V&A博物馆藏

陶瓷史学家霍布森（R. L. Hobson，1872—1941年）曾指出，埃勒尔早期成型工艺是先制作成泥条，然后在有轴承的转盘上拼贴成型；在装饰上，花卉纹样比较多：玫瑰花、连枝梅花、涡卷纹、带状纹等；人物纹常见戴花环的女人、猎人等。这些图案均采用贴花工艺，以同色泥为主。工艺流程是：用一块黏土敷在金属模具上，把边缘多余的黏土去掉，然后把薄泥图案粘贴到有湿度的泥坯上成型。这些图案通常是细节精美的花瓣枝叶造型。另外，壶的把手和

① Brian Dolan. Josiah Wedgwood: Entrepreneur to the Enlightenment[M]. New York: Harper Perennial, 2004: 30-31.

② Gordon Elliott. John and David Elers and Their Contemporaries[M], London: Jonathan Horne, 1998: 41.

嘴通常没有模具，靠手工完成①。因为使用金属模具陶泥会粘在模具上，所以此类模具只适用于细长或者简单的纹饰，因此上面必须刷一层脱模油。如果有复杂的枝叶纹饰，则需要其他的模具②。

后期，埃勒尔兄弟的产品采用了开模注浆，再予以修坯装饰。常见的形制是茶壶、茶杯等小件茶器。他们擅长用浅浮雕装饰，花纹系模印、贴花工艺，模具边缘的印痕清晰可见。这种装饰手法受同时期的荷兰陶工的影响很大。埃勒尔所制产品的装饰纹饰逐渐脱离宜兴紫砂的中国传统装饰，趋于细腻而写实的欧式风格，从而确立了英国红陶壶的发展风格。

真正的埃勒尔兄弟制作的炻器的颜色是一种非常淡的红色，虽未施釉，但是器表十分光滑③。他们所使用的黏土非常稀少，所以价格昂贵，并未施釉覆盖制作过程中在器表留下的瑕疵。因为这些产品面对的是伦敦的奢侈品市场，所以有时会在器表额外加上金箔装饰，提高壶的档次和价格。现藏于英国维多利亚与阿尔伯特博物馆的贴金箔茶壶就出自他们之手。此壶在造型上仿清早期宜兴紫砂外销壶中较受欢迎的六方壶造型，器表和盖纽儿用鎏金技艺装饰，壶身开光，金色为底，图案系浅浮雕中国风格的花鸟纹，枝条花鸟造型惟妙惟肖。由于早年在荷兰有多年银器制作技术的学习经历，他们把银器制作的模具浇铸成型和旋压拉伸工艺运用到制作中。他们的合伙人汤玛斯·班特莱（Thomas Bentley）于1777年在写给友人乔赛亚·韦奇伍德的一封信中就提到此制作工艺："埃勒尔先生的工艺实践对斯塔福德郡陶艺发展的革新是把当地常见的红色黏土进行过筛精选，制成泥浆，再注入石膏模具，并在机床上翻制成型，制作成中国'红瓷'（紫砂）茶壶的仿制品。壶身上用茶树枝（实际上是梅枝——笔者注）浅浮雕工艺进行装饰，这是模仿中国工匠装饰茶壶的方法。"④由于所制作品十分精美，他们获得了很大的利润。丰厚的利润使得埃勒尔兄弟尝到了模仿中国茶器的好处，在很长一段时间里，他们不但用红色陶泥模仿了来自中国的紫砂陶器器型，而且还模仿了同一时期进口到欧洲的咖啡

① R. L. Hobson. Early Staffordshire Wares Illustrated by Pieces in the British Museum. Article II. Elers and Astbury Wares[J]. The Burlington Magazine for Connoisseurs, 1903, 3(9): 299-300.

② 帕特里斯·万福莱．宜兴紫砂陶对欧洲的影响[M]．施云乔，译．北京：中国文化出版社，2017: 52.

③ Edwin A. Barber. So-Called "Red Porcelain," or Boccaro Ware of the Chinese, and Its Imitations[J]. Bulletin of the Pennsylvania Museum, 1911, 9(34): 20-21.

④ Gordon Elliott. John and David Elers and Their Contemporaries[M], London: Jonathan Horne, 1998: 17-18.

杯、小啤酒杯，以及小茶罐等本土使用的器物。

目前，在许多博物馆或者私人收藏中，可以看到大茶壶、火盆等其他形式的作品样式，虽然也是标记的“Elers”，但是这类作品可能来自稍晚些的埃勒尔工厂，专门负责模仿中国陶瓷。埃勒尔兄弟最好的炻器作品往往也会模仿同时期宜兴紫砂壶底使用印章[①]。这小部分有印章的红陶出现在1696—1698年，正值他们在布拉德韦尔租赁的埃勒尔工厂的晚期[②]。

埃勒尔兄弟所仿的茶壶主要的销售对象是那些熟悉中国陶瓷和宜兴紫砂风格的群体。工艺之精、仿作之良在当时饮茶风尚大行的伦敦大卖。上文提到，曾受到国王查尔斯二世支持的约翰·怀特的起诉，足见当时埃勒尔的成功。

埃勒尔兄弟的陶壶展现了很高的工艺水准，这归因于他们把在荷兰学习多年的金属工艺——注浆铸造和轱辘轮制应用到陶器制作中。然而，他们的失败之处也是因为此。注浆铸造技术耗费很大，对于一种走销售市场之路的产品来说，十分不经济。他们任何器型都是用注浆，甚至包括普通的圆形。“因为他们忽视了基本的拉坯工艺，过多的使用昂贵的注浆技术，由此导致了他们走上了破产之路。”[③]无独有偶，促使他们走上失败的另外两个重要因素是：其一，当时这种黏土材料价格非常昂贵，生产效率的低下和成本过高导致产品价格昂贵。其二，是产品在样式上过于保守，不求创新。据史料记载，当时茶壶卖12~25先令一个，依照当时的消费来看，显然是一个很高的价格。当时人们花30先令买1磅茶叶，不会再花费昂贵的价钱再去买1把壶。另外，加上埃勒尔的器皿很小，所以竞争力远不如从中国进口的宜兴紫砂[④]。

当时的陶工之间竞争激烈，为了获得更大的利润，他们对自己的工艺严格保密，以防竞争对手仿制。“那些完成的产品会在晚上被推入单独的销售间。客户只有在销售间才能见到成品。只有被认为智障和傻子才能被雇用为工人。白天，这些工人被锁在几间密室中，晚上离开之前，要经过严格的搜查。”[④]

① Edwin A. Barber. So-Called "Red Porcelain," or Boccaro Ware of the Chinese, and Its Imitations[J]. Bulletin of the Pennsylvania Museum, 1911, 9(34): 22.

② Gordon Elliott, John and David Elers and Their Contemporaries[M], London: Jonathan Horne, 1998, p43

③ Rose Kerr. Yingxing ware and teapot[C], 载于《2007年国际紫砂研讨会论文集》. 紫禁城出版社，2009: 149.

④ R. L. Hobson. Early Staffordshire Wares Illustrated by Pieces in the British Museum. Article II. Elers and Astbury Wares[J]. The Burlington Magazine for Connoisseurs, 1903, 3(9): 300.

然而，他们的制陶秘密还是被阿斯特伯雷所掌握。

其三，约翰·阿斯特伯雷（John Astbury，1688—1743年）

尽管埃勒尔兄弟对其红陶技术严格保密，然而，他们没有想到的是一名叫约翰·阿斯特伯雷的陶工偷学了他们的技艺。阿斯特伯雷假装成一个智障，得以进入埃勒尔兄弟的工厂干活。在那段时间里，他忍受住来自其他陶工的侮辱和嘲讽，充分利用一切机会，默默观察和学习。他学会了拉坯，认真检查每一个工具，晚上回到家里制作出各种工具模型，记录下他所见的一切流程。经过两年的时间，他已然掌握了埃勒尔工厂的“机密”。后来因为疾病，他找机会离开工厂[①]。

图3.12　茶壶
约翰·阿斯特伯雷（其或风格），铅釉陶，1740年，高11.4cm，美国大都会艺术博物馆藏

18世纪初，阿斯特伯雷在谢尔顿建立了自己的工厂，他的制陶生涯主要活跃在1750—1770年。他除了制作红色、黑色无釉炻器之外，也擅长制作浅黄色、褐色，以及橙色陶器（图3.12）。为了使茶壶器表更加光滑细致，“他制作的红色炻器茶壶上有时候会施透明釉”[②]。这些产品大都采用注浆成型工艺。他主要生产类型是各种式样的杯子、碗及茶壶。茶壶多用枝蔓做贴花装饰，例如葡萄藤纹。装饰技法也十分特别：在器皿成型后，用模具印花装饰。为了强调花卉纹理，用薄薄的黏土揉搓成花卉纹样，粘贴在器物表面，类似浅浮雕的效果。纹样多卷曲的枝叶和茎的形态，最后，再在纹饰表面施以白色化妆土（白色化妆土当时是从德文郡进货）以加强装饰效果。烧成后泥色对比强烈，十分漂亮（图3.13）。阿斯特伯雷的装饰技法直接影响了斯塔夫德郡早期铅釉系棕色和白色黏土陶器的制作风格[③]。

图3.13　茶壶
约翰·阿斯特伯雷（或其风格），铅釉陶，1740年，高11.1cm，美国大都会艺术博物馆藏

有一段时间，阿斯特伯雷设计茶壶的造型

① Samuel smiles. Josian Wedgwood, his personal history[M]. London: John Murray, 1905: 16.

② 帕特里斯·万福莱．销往欧洲的宜兴茶壶[M]．杭州：西泠印社出版社．2015: 133.

③ https://global.britannica.com/biography/John-Astbury, 2016/9/13

和装饰，由另一个陶艺家制作，印款上名字是米亚特（制陶生涯大约在1780—1796年）[①]。

约翰·阿斯特伯雷是一个聪明的陶艺家，他改进了许多陶器制作工艺，促进了斯塔福德郡炻器的发展：其一是引入比迪福德白色黏土（Bideford pipeclay），用来涂覆器表，使其光洁干净，以此为技术，烧制出了坯质较硬较白的长石陶器[②]；其二，他发明了把燃烧的燧石引入陶器生产的技术，其结果是更为精细和白洁的器皿被生产出来[③]。约翰·阿斯特伯雷在1743年去世，享年65岁。在他去世之后，他的制陶秘密被他的同行自由分享。

阿斯特伯雷的儿子塞缪尔·阿斯特伯雷（Samuel Astbury）于1725年在斯托克莱恩德尔菲（Lane Delph，Stoke）开始营业。在父亲釉料配方的基础上，尝试制作铅釉白色陶器，后来被称为奶油色陶器（Creamware）。并且成为英国第一家奶油陶器的制造商。他娶了乔赛亚·韦奇伍德的姑姑。阿斯特伯雷家族与韦奇伍德家族的合作，推动了18世纪英国陶瓷制造业的发展。

其四，托马斯·威尔顿（Thomas Whieldon，1719—1786年）

威尔顿大约在18世纪40年代在斯塔福德郡的芬顿维维安（Fentin Vivian）制陶[④]。从1754—1759年，威尔顿与韦奇伍德合作了5年。起初，擅长烧制一种低温褐斑色釉的茶壶，继而成功烧制了一种无釉高温黑色炻器[⑤]，即黑色玄武岩炻器。

1750—1760年，威尔顿又设计创作了一款六方茶壶。六方红色炻器茶壶是他主要的壶制种类，擅长用模压装饰。现藏于英国V&A博物馆就有一例（图3.14）。此壶系模压成型，有两个大立面六个小立面，双弯嘴，圈把，把手上有拇指凹槽。壶身大的立面用模印工艺装饰了莲花童子图案，此纹样重复装饰在流口和把手上。另外有两个装饰题材，每一个重复两次：一个中国古代仕女被包围在连续涡卷纹中，头戴盔甲的男子头靠在胳膊上站立在涡卷纹中。从纹饰的图像和结构来看，少了宜兴壶的生动灵活。盖纽系木制，可以旋转。莲

① 帕特里斯·万福莱．宜兴紫砂陶对欧洲的影响[M]．施云乔，译．北京：中国文化出版社, 2017: 54.

② 长石陶器，英文名为feldspathic earthenware，是陶器的一种，也称为“硬质陶器”（hard earthenware），含有50%的黏土和25%的长石材料以及45%的游离矽石。

③ Samuel smiles. Josian Wedgwood, his personal history[M]. London: John Murray 1905: 16-18.

④ 帕特里斯·万福莱．宜兴紫砂陶对欧洲的影响[M]．施云乔，译．北京：中国文化出版社，2017: 55.

⑤ Samuel smiles. Josian Wedgwood, his personal history[M]. London: John Murray 1905: 32-33.

花童子纹主题是中国传统吉祥纹样，这种布局在康熙时期常见（图3.15）。威尔顿的壶在纹样上仿制17世纪末18世纪初宜兴外销的童子莲花纹外销紫砂壶。另外一件藏于波士顿艺术博物馆的六方壶（图3.16），使用精彩、复杂的模印装饰。壶面上的人物形象可看出当时日本、中国文化对欧洲人来说已经形成一个东方文化的整体，夹杂着欧洲人分辨不出来的含混、模糊的信息。还有另一件红色炻器六方壶（图3.17），模压装饰，开光装饰主纹为仕女图，底纹为回纹，人物衣着、面部表情清晰精彩。

随着18世纪中期（约1755年—1765年）自然主义模塑装饰陶瓷在英国的流行，他也制作了为数不少的蔬菜、水果等形制的铅釉精陶茶器。其实是使用铜锰合成材料装饰在覆盖有奶油色釉的陶坯上，也称之为玳瑁装饰陶。英国V&A博物馆的藏品铅釉菠萝茶叶罐（图3.18）是通过将湿黏土压成中空的两件式石膏模而制成的。从罐的侧面可以清楚地看到模具的接缝。此作品由斯塔福德郡陶工威廉·格利特巴斯（William Greatbatch，1735—1813年）设计。

图3.14　红陶方壶
威尔顿制，芬顿，1750—1760年，高9.5cm，长15.9cm，英国V&A博物馆藏

图3.15　青花茶壶
康熙年间，高10.2cm，美国大都会博物馆藏

图3.16　茶壶
威尔顿制，1765—1780年，11cm × 8cm，波士顿艺术博物馆藏

图3.17　六方壶
威尔顿制，1750—1760年，高12.8cm，加拿大安大略博物馆藏

图3.18　菠萝茶叶罐及碗
斯塔福德郡威奥顿工厂制，1760年，英国V&A博物馆藏

其五，乔赛亚·韦奇伍德（Josiah Wedgwood，1730—1795年）

这位杰出的陶艺家的名字为全世界陶瓷领域的人所熟知，有他标识的陶瓷制品今天仍然在生产。

韦奇伍德14岁开始在哥哥的制陶作坊里学习[①]。由于右膝盖受伤，影响了他制陶，1759年，他和当时已经比较有名气的陶艺家托马斯·威尔顿在斯塔福德郡创办韦奇伍德陶瓷厂，并让威尔顿管理业务，他则把大量的精力投入到技术的研发与创新、开拓市场等方面。

宜兴紫砂对韦奇伍德陶艺创作的深刻影响在诸多方面是显而易见的，如原料制备、造型设计，包括红色、黑色（黑色玄武岩），或者黄色无釉炻器。

韦奇伍德早期主要制作茶桌和餐桌所用器皿，在造型上以宜兴紫砂作为范本追仿。结合当时普遍流行的饮茶文化，多见茶杯、茶碟、奶壶、糖罐的生产。例如，18世纪中期，韦奇伍德所制的束竹壶在形制上与宜兴1720年左右所产的束竹紫砂如出一辙。束竹壶型自清康熙后十分流行，壶体由挺拔的竹节围成。嵌盖，壶流、把手、盖纽皆以三段竹节塑成。但由于仿生塑器难度大，因此出品较少。从韦奇伍德所作来看，受其影响很大[②]。通过存世的作品可见韦奇伍德对宜兴束竹壶的复制（图3.19）。

图3.19　竹壶
韦奇伍德工厂，1770—1795年，私人收藏

图3.20　蔗色茶壶
特纳工厂制，1786—1790年，英国V&A博物馆藏

竹子壶因为生动的形态，是当时斯塔福德郡陶工常模仿的对象。莱恩（Lane End，今朗顿）的约翰·特纳（John Turner，1738—1786年）及其儿子威廉（William Turner，1762—1835年）家族的陶坊也曾模仿过。他们擅长蔗黄炻器（Caneware）（图3.20）的制作，他们生产的此类茶器质量上乘，受到市场的欢迎。因而曾一度成为韦奇伍德的竞争对手。韦奇伍德直到1780年[③]才能生产蔗色炻器。但是以后

① 帕特里斯·万福莱．宜兴紫砂陶对欧洲的影响[M]．施云乔，译．北京：中国文化出版社，2017：63.

② 故宫博物院藏—宜兴紫砂[M]．北京：紫禁城出版社，2007：102.

③ 帕特里斯·万福莱．宜兴紫砂陶对欧洲的影响[M]．施云乔，译．北京：中国文化出版社，2017：60.

来他的工厂成为韦奇伍德的合伙人。

嗣后，1774年，韦奇伍德成功烧制了“碧玉细炻器”（Jasperware）。在韦奇伍德早期，这种炻器主要风格为淡蓝色的坯体绘有白色浅浮雕装饰，纹饰在布局上主纹多为希腊神话、国王王后、宗教故事等，花卉连枝常作为底纹。这种在无釉的器物表面堆贴浮雕纹样的灵感，某种程度上受18世纪宜兴紫砂壶的对比色泥贴花装饰工艺启发。碧玉细炻器的整体风格是色彩清新淡雅，与宜兴对比色泥装饰有异曲同工之妙。将白色的浮雕纹样堆贴于天蓝色、碧绿色，或黑褐色胎体上，形成了鲜明的色彩反差。通常采用欧洲传统装饰——古希腊、古罗马时期的艺术题材来设计浮雕纹样，当时设计的浮雕装饰细节精美，满足了当时欧洲人古典主义风格的审美需求。后来循此路发展，成了韦奇伍德炻器的风格特色。

在18世纪末开始制作“卢索–安蒂科”（Rosso Antico）系列红色炻器，这是种以黑色玄武岩浅浮雕装饰在红色粗陶器表的风格（图3.21）。一般在器内施透明釉。这种装饰风格在某种程度上受18世纪初传入欧洲的双色泥贴花宜兴壶的启发。

图3.21　茶壶与盘
韦奇伍德制，1800—1825年，壶高10.16cm，英国V&A博物馆藏

在韦奇伍德的设计作品中，宜兴紫砂壶对其影响比比皆是，紫砂的意蕴和装饰元素被广泛运用于咖啡具、酒具中，这种影响甚至持续到19世纪瓷器的生产（图3.22）。

图3.22　茶壶
韦奇伍德制，伊特鲁里亚时期，1820年，英国V&A博物馆藏

在韦奇伍德整个制陶生涯中，他专注于制陶技术的改进，发掘新的工艺，把科学实验精神运用于陶瓷制作中。他对英国乃至欧洲陶瓷业发展具有最大影响力的一项发明是可放置在窑炉内的温度计，能够准确测试窑温，而不是像景德镇工人那样仅靠肉眼观察窑内的颜色，大致判断窑温。

当时，在英国中北部的诺丁汉，詹姆斯·莫利（James Morley）自1690年左右就制作褐色盐釉器（brown saltglaze），虽然出现在上文所提到的怀特1693年的诉讼案子中，但是他的作品却不如同为被告人约翰·钱德勒（John Candler）等人多。有趣的是，关于他作品的显著的证据是存档于牛津大学图书馆的一则广告，有网格装饰的条状物还有未穿孔的陶器，因而在早期他被称为“制砖工人”，实际上，莫利的陶罐（potworks）到19世纪早期仍然被许多家庭使用①。

英国除了上述几位陶艺家之外，仿制过宜兴茶壶或者作品受其影响的陶艺家远不止此，还有几位虽然作品不多，但是也具有鲜明特色：萨缪尔·霍林斯（Samuel Hollins）（图3.23）、里奇韦（Ridgways）、约翰·格拉斯（John Glass）、伊诺克·伍德（Enoch Wood）、达森（Dudson）、明顿（Minton）、特姆罗（Twemlow）、泰勒（Taylor）、斯蒂尔（Steel）、亚当斯（Adams）、迈森（Mason）等。另外，现今所见不少作品虽然未留下陶工姓名，然而所制红陶贴花装饰茶壶十分具有时代特色（图3.24）②。

图3.23　茶壶
斯塔福德郡霍林斯工厂制，1790—1800年，高13.3cm，英国V&A博物馆藏

图3.24　茶壶
斯塔福德郡制，1760—1770年，高14cm，英国V&A博物馆藏

（3）德国的仿制

早在文艺复兴时期，德国陶瓷工艺就取得两项重要成果：出现了带有盐釉高温烧制的炻器和通常被称为“哈拉夫式陶器”的色泽丰富的铅釉陶器。“哈拉夫式”陶器的主要产地是纽伦堡。这种陶器多以深蓝色的器壁为主，其上饰有浮雕式的多彩人物形象。在萨克森州，直到18世纪初人们才掌握炻器和瓷器的生产技术，这要归功于3个人：波兰王德国萨克森选帝侯弗里德里

① Gordon Elliott. John and David Elers and Their Contemporaries[M], London: Jonathan Horne, 1998: 12.

② 帕特里斯·万福莱. 宜兴紫砂陶对欧洲的影响[M]. 施云乔，译. 北京：中国文化出版社. 2017: 69.

奇·奥古斯都二世（Augustus Ⅱ，1670—1733年）、德国工匠约翰·弗里德里希·伯特格尔（Johann Friedrich Böttger，1682—1719年）和艾伦弗利德·瓦尔特·冯·切恩豪斯（Ehrenfried Walter Von Tschirnhaus，1651—1708年）。

冯·切恩豪斯早在青年时代就展露出对科学的天赋，他受酷爱中国瓷器的奥古斯都大帝的资助到荷兰莱顿大学学习化学（1668—1674年）。为了实现奥古斯都的心愿，毕业后就着手探索各种材料试烧中国瓷器。他利用透视镜凹面金属镜折射的原理，聚热熔融大量的耐火材料（图3.25）。后来，他又尝试用燃烧镜试探石棉的熔点。石棉是一种含钙和镁的硅酸盐类矿物，看起来颇似高岭土[①]。

图3.25　切恩豪斯的透视镜
1680年，德国茨温格宫数学科学馆藏

切恩豪斯在1693至1694年间，在国王特许之下打碎些许宜兴紫砂及德化白瓷，其目的在于通过碎片来研究中国瓷器的分子结构和烧成技术。切恩豪西通过阅读马可·波罗（Marco Polo）、加斯帕·达·克鲁兹（Gaspar da Cruz活跃在1569年）等人的记载，了解到他们所描述的“用于瓷器生产的某种细白陶土”。他在写给他的朋友德国哲学家和数学家莱布尼兹（Gottfried Wilhelm Leibniz，1646—1716）信时提到，通过熔化一块中国瓷器，揭示其成分为氧化铝、二氧化硅和钙，深入了解了亚洲瓷器的化学成分[②]。他对瓷坯成分的分析为后来伯特格尔揭开瓷器秘密奠定了基础。在了解了瓷坯的成分之后，摆在眼前的另一个问题是解决烧成技术和高温窑炉。为了寻找能够承受高温的建造窑炉的耐火砖材料，1701年，他又先后到荷兰代尔夫特的制陶产区和巴黎凡尔赛宫附近的圣科德皇家瓷器厂学习窑炉设计、烧造技术。他去代尔夫特，与其说是“考察”学习，不如说是去“侦查其地的红陶生产”。因为当时

① 孟悦．罗钢．物质文化读本[M]．北京：北京大学出版社，2008: 380.

② Sarah Richards. Eighteenth-Century Ceramics: Products for a Civilised Society[J]. Manchester: Manchester University Press, 1999: 22.

普遍认为代尔夫特红陶是一种红色瓷器[①]。

经过这些努力，他虽然在陶瓷成分研究上取得了一些成果，在化工方面的研究也向前推进了一步，但是由于他始终无法解决高温窑炉的技术问题，所以直到他去世都没有攻克当时瓷器烧造不够坚硬的缺陷。

切恩豪斯的事业和难题，被一个叫约翰·弗里德里希·伯特格尔（Johann Friedrich Böttger）的青年人所承继和攻克。伯特格尔1682年2月4日出生于德国施莱茨一个在市民中有威望的家庭，他是家中的次子。铸造工艺在他的家族中有很深的传统。他的曾祖父是马格德堡是当时最受尊重的金匠之一，他的叔叔也是一位杰出的金匠。由于受家庭氛围的耳濡目染，伯特格尔“从孩提时代就接触金属分离艺术和金银制作，这些试验的神奇印象点燃了这个男孩炽热的热情——接近真相”。此外，他的继父是一位工程师和建造师，启引了他在几何学、城堡建设和烟花制作上的才能[②]。可以说，所有这些对伯特格尔后来的成就产生了重要的推动作用。

大约在1701年，作为药剂师学徒的伯特格尔因为懂得炼金术，成功把几枚银币和青铜碎片炼成了金子，所以他在柏林和德国名声大噪。想要满库黄金的普鲁士国王腓特烈·威廉一世（Friedrich Ⅰ，1688—1740年）命人将伯特格尔抓获。1701年11月，伯特格尔只身逃离到萨克森州去避难，却又落入了奥古斯都二世手中。当时的奥古斯都也急需黄金，因为早在1700年，由于跟瑞典开战，导致财源匮乏。1703年，奥古斯都把他幽闭在德累斯顿一座城堡的实验室中，命令他将铅变为黄金。这个实验室终年不见天日，藏满炼金术、冶金学、钱币等文献书籍。伯特格尔的人身自由受到严重的限制，他的一举一动都在奥古斯都的掌控之下[③]。

一开始，伯特格尔的任务是为奥古斯都研究金币冶炼技术。除了黄金之外，奥古斯都的另一个目的是研究中国瓷器。德国学者雷德侯认为：事实上，西方人不希望中国瓷器汹涌而入，他们艰难地试制着，想加入这个有利可图的制瓷行业，占领一部分欧洲市场。奥古斯都二世命令工艺家伯特格尔去研究中国

① 〔荷〕埃娃·施特勒伯. 欧洲的宜兴紫砂器[C],《紫玉暗香——南京博物院紫砂珍品联展》. 南京：江苏文艺出版社，2008.

② New Böttger Stoneware: Johann Friedrich Böttger and Treasury Art, United States, Deutscher Kunstverlag. 2009: 11-12.

③ New Böttger Stoneware: Johann Friedrich Böttger and Treasury Art, Berlin Deutscher Kunstverlag. 2009: 14-18.

瓷器，在国王的亲自过问下，各地不断送来各种原料标本，在不断实验中，他发现了制造红棕色炻器来追仿中国宜兴陶瓷的秘密，并成功仿造出这种炻器①。

1706—1708年，在奥古斯都的支持下，伯特格尔和切恩豪斯成立了新的实验室，起先是为了解决窑炉烧成温度问题，后来，他们一道研究瓷器配方②。他们对瓷土烧成的各种反应进行反复研究对比，针对烧成实际出现的坯土迅速熔为玻璃体而产生多孔现象，一方面改变土质的成分，一方面增加易熔玻璃体的含量。他们发现茨维考（Zwickau）附近科尔迪兹（Colditz）的黄土含有较高易熔玻璃体，并将纽伦堡红土和诺德豪森蜡石混入原来的土质中③。

伯特格尔认为烧成温度对制瓷十分关键，代尔夫特陶和美第奇软质瓷的坯体多孔渗水很大原因是因为烧成温度很低（约1100℃），坯体没有完全烧结。1706年，奥古斯都二世召集了一批具有窑炉建设和烧成技术经验的专家协助伯特格尔建立窑炉。大约在1706年3月，切恩豪斯、伯特格尔等人通过试验制造出“红色大理石花纹的瓷砖和瓷板的试片”④。他把这些质地坚硬的、半玻璃透明的红褐色非陶非瓷非石的材质称之为“red porcelain”（红色瓷器）或者“伯特格尔红炻器”（Böttger Red Stoneware），后人也称之为“贾思帕瓷器”（Jasper porcelain）⑤。实质上，当时伯特格尔所谓的“红瓷”就是温度略高于陶器的红色炻器，原料是黏土和红色玄武土。

在1707年10月6日切恩豪斯给友人的一封信中提到，在他的建议下伯特格尔把研究方向转到了制瓷技术领域。经过不懈的试验和探索，在1708年1月，伯特格尔烧制出一片白瓷素坯，人们称之为“伯特格尔白瓷”。至此，他们掌握了“红瓷”和“白瓷”⑥的生产工艺。当年10月，他的合作伙伴切恩豪斯因病去世。尔后，伯特格尔又研制出透明釉，烧成了欧洲第一件白釉瓷器。

1709年3月28日，伯特格尔写了一份正式的书函向奥古斯都二世汇报了研

---

① Judith Miller. A Closer Look at Antiques, London: Marshall Editions, 2000: 114.

② 〔美〕罗伯特·芬雷．青花瓷的故事[M]．郑明萱，译．台北：猫头鹰出版社，2011: 339.

③ 张夫也．外国工艺美术史[M]．北京：中央编译出版社．2003: 298.

④ New Böttger Stoneware: Johann Friedrich Böttger and Treasury Art, Berlin Deutscher Kunstverlag, 2009, pp.35

⑤ 当时的伯特格尔把红色炻器和半透明瓷器理解为同一种材质，因而伯特格尔当时研制成功的“红瓷”应该是红色炻器。

⑥ 配方中含有雪花石膏而不是长石（当时他们以为是瓷泥）作为可熔材料与高岭土一起烧——孟悦，罗钢．物质文化读本[M]．北京：北京大学出版社，2008: 380-381.

究瓷器的成果，他烧制的白瓷，光泽的釉色和精美装饰程度已经与中国瓷器相当，生产的红色炻器（red stoneware）在所有方面已经与东印度红瓷（实际上指宜兴紫砂）匹敌①。并且在同年10月19日他又给宫廷写信一封，十分自信地坚称："红瓷种类丰富，比代尔夫特瓷器和东印度（中国）瓷器更精美"②。

1710年1月23日，波兰国王、萨克森选帝侯奥古斯都二世以德语、拉丁语、法语、荷兰语四国语言发表宫廷最高声明，宣称萨克森州的迈森地区成功烧制出了硬质瓷器，"……我们的工匠也能够提供足够的白瓷样本了，有的上釉，有的不上釉，这足以证明我们的土壤提取的材料能够用以制造瓷器，这种瓷器的透明度和其他品质，可以与东印度的瓷器相媲美；所有的一切使我们坚信，只要经过适当的处理，这种白色瓷器将能够超过东印度（实指中国，在荷兰和英国东印度公司当时常把中国误以为是"东印度"——笔者注）的瓷器，正如红瓷已经证实的那样，不仅在美观上，而且在形状的多样化和制造大型器物如雕像、石柱和套装餐具的能力上，均已超过东印度的红瓷和白瓷……"③，同时，宫廷颁布专利证明，为批量制作瓷器，1710年在德累斯顿附近的迈森建立瓷器工厂。

在整个欧洲为发现中国白瓷和"红瓷"制瓷奥秘而欢腾时，伯特格尔的身体状况却每况愈下。这是因为伯特格尔在实验中长期与汞、砷、亚硝酸、盐酸、一氧化碳等化学气体为伍，严重伤害了他的身体，甚至在1713年时他几近失明。在他生命的最后几年，长年累月受病痛的折磨带来的精神紊乱以及大量饮酒、抽烟，导致他的健康状况越来越差。1719年3月13日，年仅37岁的伯特格尔在德累斯顿去世④。属于欧洲第一批瓷器的试验，也随着伯特格尔的去世而结束。

为了防止这一重大成果机密外泄，1710年6月6日，作坊从德累斯顿迁到迈

① New Böttger Stoneware: Johann Friedrich Böttger and Treasury Art, Berlin: Deutscher Kunstverlag, 2009: 24.

② Dirk Syndram: Jasper porcelain, gold ruby glass and local gemstones-on the 'transmutation'of Baroque treasury art: New Böttger Stoneware: Johann Friedrich Böttger and Treasury Art, Berlin: Deutscher Kunstverlag, 2009: 63.

③ 黄忠杰．波兰王奥古斯都二世收藏的中国外销瓷艺术研究[D]．福州：福建师范大学博士论文．2012: 159.

④ Miriam Bothe. Johann Friedrich Böttger-"vir honestus excellentissime ingenii"[C], New Böttger Stoneware: Johann Friedrich Böttger and Treasury Art, Berlin: Deutscher Kunstverlag, 2009: 30-31.

森濒临易北河的阿尔布雷希特城堡（Albrechtsburg Castle）。工厂一直在这里生产了150年，直到1864年才迁到现址柴比茨谷河谷。此外，伯特格尔优质红色炻器的生产秘方被窑炉工赛缪尔·肯佩（Samuel Kempe）泄露，1713年他潜逃到德国东部的普劳恩，一家与迈森同样生产红色炻器难分彼此的工厂建立起来，产品投放在莱比锡市场。这种炻器的秘方迅速被英国和荷兰所掌握[①]。

即便如此，对于欧洲其他国家来讲，制瓷技术并未取得突破性进展，诸如荷兰、英国等国家当时依然停留在精陶生产阶段。例如法国万塞纳（Vincennes）瓷厂，直到1769年才在利摩日（Limoges）附近寻找生产硬瓷的原料。但很长时间只能生产素烧坯。并且斯堪的纳维亚的丹麦、挪威和瑞典等国，18世纪主要生产各种釉陶。1774年，在法国工匠的指导下，哥本哈根一家工厂才开始制造出真正意义上的瓷器[②]。

伯特格尔黏土配方及工艺特色

虽然在1709年伯特格尔已经烧制出硬质瓷，但技术尚未熟练，前期伯特格尔主要是制作红炻器。这些炻器，人们普遍认为是“红瓷”。因为当时欧洲人观念里认为瓷器和炻器同属于一个种类。其原料都含有高岭土。其中最白的高岭土，由于没有金属氧化物成分，烧成后成了瓷器，所以会有透明效果。但是如果原料中氧化铁量较高，烧成后就成了红色或者棕色炻器[③]。因而在17世纪出版物中经常有“红色茶壶”“红色瓷器”的称谓。

伯特格尔所制是一种质地坚硬的红色调炻器，从视觉上可见炻器呈现不同的红色调，从茶褐色、黄褐色到朱红，再到深红色，甚至是黑色，颜色不一。根本原因是黏土成分与烧成工艺不同。

伯特格尔制作红炻器较为集中的1708—1712年，并没有提到其炻器的土质配方。然而，迈森18世纪20年代[④]和30年代的文献提到使用许多不同的黏土。伯特格尔产品使用至少两种不同的黏土配方，利用相同的富铁材料和相似的钛铁比例，将这些富铁的红黏土与不同比例的贫铁高岭土混合[⑤]。生产的典型伯

---

① 〔英〕简·迪维斯．欧洲瓷器史[M]．熊廖，译．杭州：浙江美术学院出版社，1991: 42.

② The New Encyclopedia Britannica[J]. Encyclopedia Britannica, Inc, 1993(17): 112-123.

③ 帕特里斯·万福莱．宜兴紫砂陶对欧洲的影响[M]．施云乔，译．北京：中国文化出版社．2017: 109.

④ C. H. Nelson. "Böttger Stoneware: What Science can Tell us", in The International Fine Art and Antique Dealers Show Ceramic Catalogue[C]. TEFAF, Maastricht, 1998. pp.34–43.

⑤ W. Goder, W. Schulle, O. Wagenbreth, and H. Walter, La Découverte de la Porcelaine Européenne en Saxe: J. F. Böttger[M]. Paris, Pygmalion-Gérard Watelet Press, 1984.

特格尔炻器具有纹理细密、器壁致密度高的特性，十分坚硬，有的甚至不能用钢片划痕，也叫“iron porcelain”（铁瓷）。究其原因，是因为这些炻器中含有丰富的锆（Zirconium）元素，其含量往往高于同时期其他产地所产炻器①。从化学角度看，锆是一种稀有金属，具有强抗腐蚀性、较高的熔点、极高的硬度和强度等特性。

另外，根据陶工使用不同的土质配方来看，伯特格尔炻器壁厚有差异。这表明在白色硬质瓷器发明之前，为了使器壁更具有致密性，迈森就一直致力于在糊剂和红色黏土（或高岭土）等原料上的试验和研究。后来的科学家经过检测也证明，经典的伯特格尔炻器生产采用的红色高岭土、黏土以及砂质土等均来自迈森附近②，并且黏土中含铅量高③。

除了黏土的配方，烧成器色调的差异也受不同窑温的影响。当时的陶工对窑炉温度的掌握已经非常熟练，最高烧成窑温已经达到1100℃④。并且，由于生产和烧制红色炻器的复杂性，为适应不同造型器物的需求，工匠和药剂师很可能会在生产过程中调整黏土混合物以及窑炉在烧窑中的不同位置⑤。在烧制过程中，已经能够利用“手指长度的三条腿的锥形器进行支烧”⑥。这表明了伯特格尔时期烧成技术的科学性。

那么，伯特格尔红色炻器的生产工艺呢？一则珍贵的史料记录了它的生产流程：1720年，一名叫施托策尔（Stötzel）的人在报告中提到他在参观迈森窑

---

① G. J. P. A. Anders, C. J. A. Jörg, W. B. Stern, and N. Anders-Bucher ."On Some Physical Characteristics of Chinese and European Red Wares,"[J]Archaeometry, 1992, 34(1): 49.

② Gulsu Simsek, Francesca Casadio, Philippe Colomban, Ludovic Bellot-Gurlet, Katherine T. Faber, Ghenete Zelleke, V. Milande, Eric Moinet, On-Site Identification of Early BÖTTGER Red Stoneware Made at Meissen Using Portable XRF 1, Body Analysis[J], Journal of the American Ceramic Society, 2014, 9(97): 2745-2754.

③ Charles P Swann, Christina H Nelson. Böttger stoneware from North America and Europe; are they authentic, Nuclear Inst. and Methods in Physics Research, B, 2000, (161): 698.

④ 宜兴紫砂器的烧成温度一般介于1100～1200℃，采用氧化气氛。

⑤ Gulsu Simsek. Francesca Casadio, Philippe Colomban, Ludovic Bellot-Gurlet, Katherine T. Faber, Ghenete Zelleke, V. Milande, Eric Moinet, On-Site Identification of Early BÖTTGER Red Stoneware Made at Meissen Using Portable XRF 1, Body Analysis[J], Journal of the American Ceramic Society, 2014, 9(97): 2745-2754.

⑥ Ulrich Pietsch. "Of red or brown porcelain"-decoration and refinement of Böttger stoneware[C]. New Böttger Stoneware: Johann Friedrich Böttger and Treasury Art, Berlin: Deutscher Kunstverlag, 2009: 50.

厂时所见：不同来源的红色、白色黏土首先被倾倒，在经过洗涤、干燥、过筛、混合、水合等流程后，在稍低于卧式窑中白瓷的温度下（约1130℃）进行烧制。使用由普劳厄（Plaue）黏土制成的黏土锥进行温度控制。器皿从棕黄色到深红色不等，（颜色）可能不完全在其制造者的控制之下。随后使用抛光来对炻器表面进行装饰①。

基于长期以来的误解，欧洲认为中国的瓷器是玻璃质的，而不是以黏土为基本材料，欧洲早期的瓷器制造实验也与玻璃制造密切相关。在威尼斯（约1500年）、讷韦尔（Nevers，约1675年）、慕尼黑（约1680年）和德累斯顿（约1700年）的试验室中加入骨灰或白垩来制造白玻璃。而早期的欧洲陶艺家，如弗朗西斯科德梅第奇（Francesco I de' Medici，1541—1587）、鲁昂（Rouen）和圣云（Saint-Cloud）的陶工们分别在1575年、1673年和1683年（当他们第一次制作软瓷时）制作的炻器通常涂有搪瓷釉，以便更接近于亚洲瓷器②。

伯特格尔炻器研制过程中，为了找到制瓷的材料，大量试验黏土性能，也参与了玻璃的研制，尤其在1710年左右，生产了一批精细切割玻璃制品②。如图3.26所示，借鉴了玻璃的切割和抛光技术，器表有凹凸面，利用折射反光使器物如玻璃般质感，晶莹剔透。伯特格尔炻器表面装饰惯用模具制成的，此壶的切面应该也是塑形时用模具制作的。

图3.26 茶壶
伯特格尔炻器，1710—1715年，
英国V&A博物馆藏

这些黏土试验，一方面使迈森早期伯特格尔所烧制的炻器颜色多样化，另一方面，组成了日后迈森研究和生产瓷器的探索经验。

伯特格尔作品的艺术成就

奥古斯都一直想破解中国瓷器的秘密，1708年1月，派雅各布·巴塞洛缪去协助伯特格尔“学习如何制作红白瓷”。仿制宜兴紫砂和景德镇的精美瓷器是个挑战，于是伯特格尔决定先研制“红瓷”，再去挑战“白瓷”③。伯特格尔早期的

① W. Goder, W. Schulle, O. Wagenbreth, and H. Walter, La Découverte de la Porcelaine Européenne en Saxe: J. F. Böttger[M]. Paris, Pygmalion-Gérard Watelet Press, 1984.

② Florian Knothe. East Meets West: Cross-Cultural Influences in Glassmaking in the 18th and 19th Centuries[J]. Journal of Glass Studies 2010, (52): 201-202.

③ 帕特里斯·万福莱. 宜兴紫砂陶对欧洲的影响[M]. 施云乔，译. 北京：中国文化出版社. 2017: 110.

模仿以奥古斯都的瓷器收藏为范本。奥古斯都是一个中国瓷器的狂热爱好者，他收藏了大量的景德镇瓷、宜兴紫砂、德化白瓷、漳州克拉克瓷，以及日本伊万里瓷器等。他将自己的珍藏送至阿尔布雷希特城堡中供陶工学习和仿制。

伯特格尔红炻器有如下四种不同类型：无釉，无装饰或者用浅浮雕工艺装饰；无釉，烧成前对壶身局部作抛光处理，烧成后用机械作局部或者整体抛光处理；无釉，用珐琅彩、五彩或者低温彩釉对壶身进行点彩装饰；上釉，壶身施黑釉做装饰，阴刻，金属装饰。这种施于器表的黑镜釉有棕色至深蓝色光泽，是由钴和软锰矿（MnO_2）着色①。

成功研制出红色炻器的伯特格尔的制作热情也非常大，他尝试了各种器皿造型。“经过长时间的实践，伯特格尔赋予了茶、咖啡、巧克力等热饮的器皿独特的风格”②。

伯特格尔红炻器受宜兴紫砂的影响最大。他充分吸收、借鉴宜兴壶造型、装饰元素，做出了很多仿制品。在1708—1713年③，伯特格尔完全依照奥古斯都藏品里的宜兴器模仿，主要有茶叶罐、茶碗、茶杯、茶壶、咖啡壶等。开始他制作了不施釉的茶器，用模压和贴花技术进行装饰，图案也采用中国题材。

伯特格尔很具有代表性的仿制是六方双龙提梁壶（图3.27）。这件作品以奥古斯都二世收藏的康熙年间紫砂壶为原型仿制。主体都沿用宜兴紫砂造型，在提梁装饰和壶底部分做了改变。六面体壶身，马镫形提梁，提梁上双龙戏珠，主纹和底纹结合的模压开光装饰，卧狮纽，壶流为龙吐水形制。在德累斯顿、大英博物馆都藏有同款壶。此外，还有几把茶壶造型相同，炻器材质，施黑釉，鎏金装饰，现藏于德累斯顿瓷器博物馆。有意思的是，在阿姆斯特丹的国家博物馆所藏有日本制的相似形制的瓷壶（图3.28）。在1697年沉海的“奥斯特兰德”号商船上，打捞出一把与此款式相似的茶壶，可见这段文化交流史。

---

① Gulsu Simsek, Francesca Casadio, Philippe Colomban, Ludovic Bellot-Gurlet, Katherine T. Faber, Ghenete Zelleke, V. Milande, Eric Moinet. On-Site Identification of Early BÖTTGER Red Stoneware Made at Meissen Using Portable XRF 1, Body Analysis[J], Journal of the American Ceramic Society,, 2014, 9(97): 2745-2754.

② Ulrike Weinhold. “of unusual design”-Johann Jakob Irminger as the designer of Böttger stoneware[C], New Böttger Stoneware: Johann Friedrich Böttger and Treasury Art, Berlin: Deutscher Kunstverlag, 2009: 115.

③ 帕特里斯·万福莱. 宜兴紫砂陶对欧洲的影响[M]. 施云乔，译. 北京：中国文化出版社. 2017: 112.

图3.27　六方双龙提梁壶
台北成阳艺术基金会藏

图3.28　六方提梁壶
日本制，1720—1730年，荷兰国立博物馆藏

和同时期荷兰、英国陶工一样，伯特格尔炻器也擅长汲取宜兴壶的贴花工艺。从梅枝的构成组合等某些相似的装饰元素可推测伯特格尔红色炻器除了模仿来自宜兴的茶器之外，还有可能仿荷兰陶工的仿制品（其模型与荷兰陶工米尔德的关系将在下文中提及）。迈森制作的炻器茶壶使用模制，器表纹样先用模子提前刻出，再用薄泥片压在模具内，壶体与装饰一体成型①。这种方式减少了贴饰花纹的繁杂的手工操作，提高了生产效率，制作出多件同类器型（图3.29）。这样的工艺在效果上，贴花图案轮廓不够清晰，细节处理也不够生动细腻。然而，在稍晚一些的施釉炻器上，陶工会对模印花饰进行二次修整，就会比早期无釉炻器精致许多（图3.30）。

图3.29　伯特格尔红陶
迈森制，1710—1713年，英国V&A博物馆藏

一则刊登于1710年左右的广告表明其仿制的成果："……皇家工厂开始生产各种器皿。包括水壶、茶壶、土耳其咖啡壶，以及花瓶，器身是深红或者朱红色，用叶片或者藤蔓巧妙分割装饰，多数器皿硬度强，打磨光滑，所有器皿

① Jan Daniel van Dam. European Redwares: Dutch, English and German Connections, 1680-1780. Tom & Young et al[C]. British ceramic design 1600—2002. London: English Ceramic Circle, 2003: 35.

图3.30　伯特格尔炻器贴花工艺局部图

棱角分明，且具有极好的光泽和明亮的金属色调。……还有一种简单的器皿在外形上与东印度宜兴紫砂极其相似。”①嗣后，他还写出了专门的研究论文《朱砂瓷》（*Porcelain rouge*）②。这些信息都表明，伯特格尔的生产已经达到很高的水平，模仿与创新并行发展。

同时，伯特格尔十分注重技术与工艺。在烧造时候，由于未能熟练掌握和控制窑温，技术没能过关，因而有时器表呈现黄、黑灰色，并且在胎表有砂孔等瑕疵。伯特格尔的聪明之处在于能够找到补救之策。攻克瓷器制造的决心使他深入研究中国陶瓷的相关工艺。除了借鉴运用宜兴紫砂中浮雕、打磨等中国传统工艺，还采用了含锰和钴的黑灰釉涂饰陶器表面③，以掩盖修正其瑕疵（图3.31）。并且，他还尝试用金漆或者彩漆髹饰，在红陶器上绘制中国风景和中国风格的图案。这样，既掩盖了瑕疵，又迎合欧洲当时对金碧辉煌器具的审美需求（图3.32）。

图3.31　咖啡壶
黑色釉面装饰，伯特格尔制，1710—1713年，高22.9cm，直径13cm，英国V&A博物馆藏

图3.32　咖啡壶
金漆装饰，伯特格尔制，1730—1740年，高22.9cm，直径13cm，英国V&A博物馆藏

① Ulrich Pietsch. “Of red or brown porcelain”-decoration and refinement of Böttger stoneware[C], New Böttger Stoneware: Johann Friedrich Böttger and Treasury Art-, Berlin: Deutscher Kunstverlag, 2009: 36-37.

②〔英〕波西尔. 中国美术[M]（下卷）. 戴岳，译. 上海：商务印书馆，1934: 13.

③ 朱培初. 明清陶瓷和世界文化的交流[M]. 北京：中国轻工业出版社，1984: 184.

比较如下两图，可见伯特格尔在红陶装饰上运用了多种工艺。左边作品（图3.33）是由约翰·马丁·迈耶（Johann Martin Meyer）施珐琅装饰。早期迈森的珐琅釉彩有玫瑰红、绿松石、铁红等[1]。这件作品可见当时珐琅釉料的丰富。右边作品（图3.34）同样是伯特格尔红炻器，呈六面体，双弯流，采用压模、刻面、抛光和轮刻等装饰工艺。器表装饰有波西米亚玻璃雕刻风格的密集轮雕刻与散落的小枝花及叶子。器身用尖头旋纽镀银盖和链条进行金属装饰。

图3.33　迈森珐琅彩炻器
1710—1712年

图3.34　迈森炻器
抛光，1710—1713年，高9.8cm

同时，为了迎合欧洲人日常使用习惯、餐桌礼仪和审美文化，他的许多红色炻器作品使用精美的镶嵌工艺。除了镶嵌金属装饰外，玻璃、宝石也是他所擅用的，这与他早年对玻璃制作工艺的研究有关。萨克森宫廷银匠约翰·雅克布·艾尔铭格（Johann Jakob Irminger）在当时比较成功。他设计制作了大量伯特格尔陶器的镶嵌装饰（图3.35）。他把金银镶饰，镶嵌到传统器皿，例如瓶、高脚杯、马克杯等，移植到伯特格尔红色炻器上[2]。与彼时巴洛克室内装饰、审美风尚相得益彰。

图3.35　咖啡壶
伯特格尔炻器，德国德累斯顿州立艺术收藏馆藏

金属工艺也是伯特格尔仿制品的灵感来

① 詹嘉．中外陶瓷文化交流[M]．北京：中国社会出版社，2004: 161.

②〔英〕简·迪维斯．欧洲瓷器史[M]．熊廖，译．杭州：浙江美术学院出版社，1991: 37.

源。他不但借鉴金属工艺的装饰元素、工艺技术，甚至以其造型为蓝本进行仿制。如图3.36与图3.37，金属酒壶带有巴洛克艺术风格，优美富有张力的形态，转移到炻器之后，增添了沉稳静穆之美，人形把手富有曲线感，赋予炻器厚重感之中一丝灵动。

图3.36　头盔型酒壶
炻器，1711年，德国茨温格宫陶瓷馆藏

图3.37　头盔型酒壶
银制，1708—1710年，英国V&A博物馆藏

总之，伯特格尔一直努力利用一切工艺来改善红炻器的装饰，他熟练掌握石膏模注浆、切割、抛光、上釉等工艺，尔后，他还从玻璃制作中借鉴，开发出全新的技术，例如用砂轮雕刻，在坚硬的红色炻器表面雕刻巴洛克风格的装饰。奇异的形状、繁复的莨菪叶饰、神秘的符号，构成与同时期流行于宫廷中工艺美术巴洛克风格的内涵。

伯特格尔曾经认为所研制的炻器就是“红色瓷器”，以至于他设计的红色炻器种类涉及生活各方面的近百种器物[①]。从餐桌用具到书房用物，从室内摆件到园林用品，涉及日常生活各方面。他制作了大量追摹宜兴紫砂的作品，看起来与宜兴紫砂神似，但是在造型和装饰上又很明显地符合欧洲审美习惯，是一种东西风格的混搭。主要的茶具类型有斗柄方形茶壶、带龙首流的桶形茶壶、矩形茶壶、八角形茶叶罐、茶杯和茶碟等茶器。例如图3.38是以清代流

① Ulrike Weinhold, "of unusual design"- Johann Jakob Irminger as the designer of Böttger stoneware[C], New Böttger Stoneware: Johann Friedrich Böttger and Treasury Art, Berlin: Deutscher Kunstverlag, 2009. pp.103.

行的扁球形茶壶作为造型基础，有龙首流和藤蔓形把手，这种把手常用于巴洛克时期金银器上。壶身的装饰纹饰是中西方的杂糅，并且壶盖和壶身衔接和转折的直线处理又受金银器造型影响明显。

图3.38　壶
迈森制，艾尔铭格（模型）
1710—1715年，英国V&A博物馆藏

除此之外，伯特格尔利用熟练掌握的石膏注浆技法，用红色炻器复制了一批在宜兴陶器中都比较罕见的器型，例如军持、花觚、大啤酒杯（Tankard），以及一些陈设器。

同时，他还设计制作了烛台、花瓶、纪念奖章。值得一提的是，在早期伯特格尔还用红炻器仿制了中国的紫砂观音像，造像是翻制的当时康熙初期德化观音像的外销产品。在茨温格尔宫博物馆就收藏了伯特格尔在1708年仿制的紫砂胎质的观音像①。可见宜兴与德化对伯特格尔的影响。

如今在法国塞夫尔陶瓷城——国家陶瓷博物馆中藏有一批伯特格尔红色炻器，这批收藏被视为伯特格尔（Böttger）器生产的标准，大多数物品是在19世纪通过直接从迈森工厂进行交换而获得的。另外，大英博物馆藏有伯特格尔于德累斯顿迈森1707—1719年制作的精美的红色炻器。其中一件六角形的茶壶（图3.39）是伯特格尔红陶炻器的常见形制。采用模压成型。此壶的中央浮雕装饰面直接来自宜兴茶壶的边饰，采用当时较为流行的牡丹花童子，具有浓郁的中国特色。壶的侧面饰有欧洲古典人物和叶丛状边饰。手柄设计成一个鱼龙合体的神兽，壶嘴用藤蔓进行装饰。在壶的装饰中，最有特色的是它的珐琅装饰釉料——不透明的灰白色、蓝色和淡绿色。珐琅料描绘成圆点，犹如宝石，喷嘴和手柄绘有叶子纹样。

图3.39　伯特格尔茶壶
长5.95cm，大英博物馆藏

可见，伯特格尔红炻器更偏向于陈设，而不是实用性，从而越来越走向观

① Edwin A. Barber. So-Called "Red Porcelain," or Boccaro Ware of the Chinese, and Its Imitations[J]. Bulletin of the Pennsylvania Museum, 1911, 9(34): 21.

赏和摆设功能。其重要原因是，早期伯特格尔主要以试烧炻器材质、探索新工艺为目标。在这一点上，与稍早一些的荷兰、英国陶工的仿制以功能性为重点的思路有很大不同。还有一点也不能忽略，与17、18世纪茶文化在德国并没有进行广泛的普及有很大的关系。和欧洲其他国家一样，德国对茶叶的最初引入也是通过荷兰东印度公司，在大约17世纪中期[①]，与荷兰接壤的德国西北部东弗里斯兰地区率先受荷兰饮茶之风的影响，最早接触茶叶。后来传播到北豪森、普鲁士等地[②]。然而，啤酒等酒精饮料一直是德国传统饮料，在当时，德国饮茶文化并没有像在英国、荷兰那么流行，茶饮的传播也十分缓慢。

伯特格尔白瓷与德化瓷的关联分析：

虽然伯特格尔白瓷的发明早在1709年就实现，但是因为瓷器烧制工艺的掌握不完全成熟，真正实现白瓷的量产是在1713年之后。那时候产品数量十分可观，已经能满足邻近莱比锡定期举行的交易会订货的需要[③]。

德化白瓷被西方称为“Blanc de Chine”（中国白），以莹润的釉色、丰富的日用器造型，在17、18世纪中国外销瓷浪潮中独树一帜。迈森早期曾仿制过不少德化茶器（图3.40）。迈森1715年生产的白瓷胎质细腻洁白，十分接近德化白瓷。从当时酒杯和水罐的浮雕花卉装饰，可见前者受金银器的影响（图3.41）。因为前文所提及的德国工匠艾尔铭格在他的金银作品中也使用了类似的浮雕装饰。纹饰为莨菪叶纹，花纹系用模具制成后粘贴到器表，白瓷的宁静与绚丽的纹饰，可见中欧艺术交融影踪。另外，伯特格尔早期红色炻器器皿上也发现过同样类型的装饰。如图3.42的水罐，浮雕折枝梅花，可见受德化白瓷的影响之大。

如上所述，宜兴紫砂和德化瓷在欧洲陶瓷产业初创期都产生了不同程度的触发和影响，何况在庞大的外销瓷市场中，从数量来说，两者与景德镇销欧瓷器比较，比例悬殊。那么景德镇瓷器是否也影响了伯特格尔的创作呢？

在烧制成功白瓷之后，景德镇的釉彩装饰是迈森想破解的。奥古斯都二世曾用重金悬赏能制作出青花釉料的陶工。当时釉料工研制的青花料性不稳，流动性很大，勾勒的图案线条常变形、模糊，加之当时迈森瓷高温烧制，温

① 李怀莲．述论德国茶文化[J]．农业考古，2015（5）：254.

②〔美〕威廉·乌克斯编著．茶叶全书[J]．依佳，刘涛，姜海蒂，译．北京：东方出版社，2011：53.

③ 詹嘉．中外陶瓷文化交流[M]．北京：中国社会出版社，2004：159.

图3.40　茶器
迈森制作，1715年，英国V&A博物馆藏

图3.41　酒杯
伯特格尔瓷器，1715年，英国V&A博物馆藏

图3.42　水罐
迈森制作，1725—1730年，英国V&A博物馆藏

度能达到1450℃，如此高温下青花料很容易变色。这些青花都达不到批量生产的标准。不过，在釉彩料研制初期，推动其发展的是伯特格尔和金匠约翰·乔治·冯克（Johann George Funcke）[①]。冯克发明了蓝、黑、绿、紫等几种颜色，伯特格尔发明了绿彩和珍珠母色（图3.43），伯特格尔还使用金、银在素白瓷上进行装饰（图3.44）。但是这些彩釉却不能耐高温烧制，无法牢固地贴附在瓷胎上，一段时间后会有氧化、脱落的现象。

图3.43　绿彩茶碗及托
1716—1720年，英国V&A博物馆藏

图3.44　双耳杯与盘
迈森制作，1715—1720年，英国V&A博物馆藏

值得一提的是，图3.44的人物形象图案原型来自欧洲众多关于中国游记的插画和铜版画中，同时常见于漆器、丝绸、家具上，反映了欧洲人对东方国度的好奇与想象。在同时期也出现在景德镇外销瓷上，可看出东西艺术的交流。

① Ulrich Pietsch. Early Meissen Procelain: the Wark Collection from The Cummer Museum of Art & Gardens[C]. The Cummer Museum of Art & Gardens. London: D. Giles, 2011, pp.17.

伯特格尔生前研制“亚洲的青花釉下彩，他没有达到成功”①，迈森釉上彩和釉下青花尚未发展成熟，在他去世之后（1719年），釉工和窑炉工匠戴维·科勒尔（David Kohler）在1720年3月研制出釉下青花配方。在18世纪30年代，赫罗尔特（Johann Gregor Horoldt）在隔焰窑中烧制釉下青花成功②。他烧制的釉彩呈色可与景德镇青花相媲美。在这一时期，迈森的陶瓷生产工艺逐步成熟，釉上彩、釉下彩的精美程度与东方瓷器不分上下。在配釉师、窑炉工、画师等人的努力下，迈森瓷厂以仿制景德镇青花而闻名欧洲。

伯特格尔与米尔德关系：

一个有意思的现象是，伯特格尔在1708—1712年制作的不少茶壶上有前文提到的荷兰陶艺家德·米尔德的印章。然而，不管是在荷兰还是德国，或是欧洲其他国家，并没有找到相关档案和资料记载过两人有交集或者合作。③

这个现象的实例是，在一次对欧洲各国陶制品分析科学研究中，科学家遇到一组奇特的样本，两把致密光滑的、深红褐色的炻器茶壶，在18世纪的德国用珐琅装饰有人物、植物纹样，其中之一还镶嵌有石榴石。但是两把壶底都有米尔德的印章。但是科学家却没找到米尔德在材质上与此相似的作品。④

宜兴紫砂壶在17世纪的萨克森被认为是红瓷，与同时期传入的白瓷皆视为瓷器同类。在当时萨克森选帝侯强人奥古斯都赞助下成立实验室与研究团队以求破解瓷器的奥秘。因而学者猜测，强人奥古斯都很有可能向荷兰代尔夫特的米尔德家族购买过模仿宜兴紫砂陶器的制作模具⑤。这或许可以解释伯特格尔制作一些茶壶是用米尔德的模具注浆成型的。

小结

伯特格尔在1706年和1709年分别烧制出炻器和硬质瓷。从此，拉开了欧洲瓷器工艺生产发展之序幕。在炻器生产中，他组织建立了一个陶瓷制造工艺的生产线，吸引了大批艺术家和手工艺者为他的产品进行设计。通过熟练注浆、

---

①〔英〕简·迪维斯. 欧洲瓷器史[M]. 熊寥，译，杭州：浙江美术学院出版社，1991: 38.

②〔英〕简·迪维斯. 欧洲瓷器史[M]. 熊寥，译，杭州：浙江美术学院出版社，1991: 52.

③ 参见C·J·A·乔克文章《宜兴陶器：市场、款式、仿品》，6-7页。本文系在1996年5月菲尔德博物馆举办的研讨会上发表的论文。抑或参见：万福莱著《销往欧洲的宜兴茶壶》一书，西泠印社出版社，2015年第132页脚注88。

④ G. J. P. A. Anders, C. J. A. Jörg, W. B. Stern, N. Anders-Bucher. “On Some Physical Characteristics of Chinese and European Red Wares,”[J]Archaeometry, 1992, 34(1): 50.

⑤ 施静菲，王淑津等. 新北市立莺歌陶瓷博物馆紫砂特展策展概介[J]. 典藏，2018（4）: 52.

打磨、抛光、切割、鎏金、雕刻、色釉、金银装饰、漆绘等工艺和语言，对炻器这种材质进行再创作，把这种质朴的材料设计出符合欧洲生活和审美的器皿。

伯特格尔对宜兴紫砂的仿制有两个时期：复制模仿期和自主创新期。在第一阶段，通过造型的相似与工艺的精湛来实现对宜兴紫砂的模仿。经过第一阶段的模仿实践后，从1710年左右开始，伯特格尔综合镶嵌、雕刻等工艺对炻器的装饰进行革新。当时，又恰逢德国金属工艺与玻璃工艺发展的时期，一方面，伯特格尔利用炻器这种材质对各种工艺进行综合运用；另一方面，他所赋予的那些装饰，卷曲的花纹、神秘的符号、含混的场景，实际上是中西方装饰风格的杂糅和混搭，通过炻器对东西文化进行联结。此外，他还设计制作了适合欧洲生活方式的红色炻器，而且，他工艺的精湛和技术的成就更多体现在这些欧洲式的器皿上。更值得一提的是，由于当时饮茶已经作为一种文化和生活习俗，为了增加消费占有市场，英国、荷兰陶工对宜兴紫砂的仿制不论是对造型，还是对东方纹饰，都是围绕以茶器功能性为中心。况且，不论他们能否真正理解紫砂茶器的文化内涵，至少在一定程度上，他们努力接近紫砂壶作为饮茶之用的器物属性。而与此不同，伯特格尔更多的是把炻器作为一种材质和媒介，为它扩展了更多装饰的可能性。

下面简述拜罗伊特红陶（Bayreuth pottery）。

在18世纪的德国，除了在迈森外，还存在一些其他的红色器具生产中心——德国东北部哈维尔（Havel）附近的普劳埃（Plaue）、德国东南部的拜罗伊特陶瓷厂（Bayreuth pottery），以及巴伐利亚（Bavaria）工坊，所生产的作品受伯特格尔炻器影响很大。

18世纪初期，拜罗伊特陶瓷厂比迈森稍晚一些生产红色炻器。这些炻器器表施釉，色泽光亮，器型多见碗、茶壶、咖啡壶、茶碗、盘等饮具，普遍采用注浆工艺。其中一件作品如图3.45，壶器型呈梨形，材料系多色泥，敞口喷嘴。底足、壶嘴、盖及纽都添加精致的银质附件。底足银制附件收口处是齿轮状边饰，盖纽、贝壳旋纽与手柄有铰链相连，盖纽塑成一只可爱银猴，银饰精美耐看，充满细节感。另一件红色炻器咖啡壶如图3.46，器表施加黑褐色的釉，加饰银作为装饰。器表有精美的图案，开光式构图，中心是模仿的中国人物形象，以及狮身人面像等，周围布满巴洛克风格的卷轴、网格和鲜花。由此可见世界文化交流所带来的艺术元素和文化符号的融合、混搭。

值得一提的是，作为一种曾经影响欧洲窑业发展的陶瓷种类，宜兴紫砂强

图3.45　陶壶
拜罗伊特瓷厂制，1730年，高15.9cm，英国V&A博物馆藏

图3.46　咖啡壶
1740年，高21.6cm，直径10.5cm，英国V&A博物馆藏

大的文化意象在20世纪之后仍然持续着它的影响力，一些现代陶瓷品牌和工厂的产品设计仍有宜兴紫砂的影子（图3.47）。

图3.47　茶壶
罗森塔尔制，1935年，英国V&A博物馆藏

（4）比较：各国所仿宜兴器

在17世纪下半叶至18世纪中期的大部分时间，饮茶成为时尚，并且很快流行。一起传入欧洲的宜兴茶器价格十分昂贵。因此，任何可以接受的模仿都意味着好生意。第一批仿制宜兴陶壶是从1670年代尔夫特陶工开始的。比日本的常滑陶瓷匠师们早了将近两个世纪。这种模仿后来相继在伦敦和斯塔福德郡展开，德国萨克森州的迈森紧随其后。当时他们的模仿如此逼真，以致与输入的宜兴紫砂难分伯仲。

对欧洲各国的仿制，可以从艺术和科学两个角度来进行简单比较。

从艺术角度的比较

代尔夫特窑厂的仿制始于1670年，开始的时间最早，所仿原型以明末球形小壶为多：圈足，圆拱形壶盖，耳形把手，短直嘴，装饰图案上以单支梅造型元素为主。代尔夫特陶工力求丝毫不差地模仿宜兴壶的原貌，侧重追仿细节。所仿壶带有浮雕装饰和缩短的壶嘴，所制作的红陶马克杯、茶碗也大都用梅花浮雕做装饰；利用工艺为模具注浆方式。

英国有较为深厚的制陶传统，因为早在1620年就开始仿制德国的盐釉炻器，在对宜兴陶器仿制时驾轻就熟。对宜兴紫砂的仿制，英国陶坊最多，形式最多样，各个品牌各具特色，同时，因为茶文化在英国民众中的普及程度最高，不论是在推动制陶业上，还是在影响社会生活层面，宜兴紫砂在英国的影响最为长久深远。简单梳理起来，对于宜兴紫砂的仿制，英国经历了两个阶段：第一个阶段是纯粹的还原和追仿（例如埃勒尔兄弟），主要的装饰题材是梅花，以单支梅为装饰；第二个阶段，斯塔福德郡在模仿之余又有大胆的创新，受新古典主义装饰风格的影响，装饰风格越来越偏向于希腊–罗马风格①。

在德国，迈森仰赖先进的制瓷技术，利用本地黏土，对宜兴紫砂既有纯粹模仿，又有装饰技术上的试验和创新，利用镶嵌、色釉、抛光、雕刻、黑镜釉、鎏金等装饰，使得这种传统的红色炻器材质有了装饰的更多可能性。

除了以上国家的仿制之外，法国、捷克也对宜兴茶器进行过仿制。也有信息提到，乾隆四十五年西班牙国王查理士三世在布恩来提罗设立瓷厂仿制宜兴陶器②。

不同于瓷器的外销和传播，明清宜兴紫砂在欧洲的传布，都是以商品的销售为主，并未涉及制作技术的外传。因而像陶工埃勒尔的仿制是用注浆方式，后来才因为制造成本过高不得以破产。其实在明清紫砂外销各国时，唯有日本机缘巧合③。得到“打身筒成型方法”。值得一提的是，这种不使用辘轳的宜兴制壶法，因拍打泥条时会发出砰砰的声音，遂被日本人称为“砰砰制法”④。

对日本来说，这种技术上的学习使得19世纪之后至今，不论是在技术上，还是艺术风格上，其陶瓷生产与中国都有亲密的联系。事物的辩证角度决定了这种结果也是两面性的：一方面，与中国瓷器组成为东亚陶瓷艺术的力量，在世界陶瓷史中独树一帜；另一方面，无法像同样在18世纪参与宜兴紫砂模仿的欧洲工坊一样，从18世纪中期之后迅速走上一条独立创新之路，并随着工业革命的发展，借助其机械生产的先天优势，走上现代陶瓷发展之路。

---

① 帕特里斯·万福莱．宜兴紫砂陶对欧洲的影响[M]．施云乔，译．北京：中国文化出版社，2017: 47.

② 韩其楼编著．紫砂壶全书[M]．福州：福建美术出版社，2002: 90.

③ 日本获得紫砂制作工艺技术离不开中国文人金士恒的努力。在1878年，（光绪四年，日本明治十一年），应日本常滑地区陶工的邀请，往常滑，传授给鲤江方寿、鲤江高司、杉江寿门、伊奈长三、杉江东苍、矶村白齐等人紫砂“打身筒”制法及陶刻装饰技法达半年之久。这是日本制作宜兴风格朱泥茶壶的开始。

④ 黄怡嘉编．东瀛遗朱—培集轩珍藏输日宜兴壶[C]．台北：盈记唐人工艺出版社．2007: 9.

从科学角度比较

当我们从艺术学的角度研究17、18世纪欧洲对宜兴紫砂仿制的时候，惯常会从视觉线索、图像学上分析仿制品和宜兴紫砂在造型、装饰，以及审美风格的相似性和差异性。当时欧洲各个国家对紫砂的仿制、对仿制品的再次仿制等诸多情况下，由于外在造型和风格极其相似，给研究者的断代分类造成了难度，经常混淆。科学技术对研究的干预会让我们从不同侧面了解这些18世纪红陶产品的成分和性质。

科学家Anders等人用“能量色散X射线荧光分析”①的方式选取来自宜兴的物体六件、代尔夫特物体六件，其中米尔德陶器三件、卡卢威两件、范·伊恩霍恩一件、英国斯塔福德郡两件、阿斯特伯雷两件以及迈森伯特格尔一件炻器，进行泥质元素分析，通过辨别各自元素含量建立元素坐标和数量基准，来区分不同生产中心使用的原材料和技术的重要信息，可参考表2.2内容。

经过分析可知，第一，根据CaO与MnO浓度数值使得人们能够区分来自宜兴和荷兰的红陶器。代尔夫特陶瓷的MnO、CaO和Pb含量很高。但两个荷兰卡卢威（De Caluwe）容器除外，MnO含量相对较低②。两件英国红陶样本的CaO含量比宜兴紫砂更接近于代尔夫特陶。比宜兴MnO和Pb含量要高很多，但是绝对低于代尔夫特陶器。值得一提的是，荷兰代尔夫特和英国红陶器CaO含量很高，可能是因为大量使用次生黏土（secondary clays）的原因③。

与宜兴紫砂相比，代尔夫特红陶的Na_2O含量相当高。研究者认为可以考虑污染的可能性。另外，一般的代尔夫特陶器除了铅以外，还含有大量的盐和苏打水④。Na的主要来源是高度可溶的NaCl，然而，由于时代久远，对当时的水质含盐情况一无所知。

---

① 能量色散X射线荧光分析，energy dispersive X-ray fluorescence analysis，简称ED-XFA。作为一种非破坏性的方法，它适合于调查稀有和有价值的物体。 ED-XFA虽然是一种表面分析技术，但因为红陶器大部分是没有上釉的，而且残片没有进行任何使打滑的涂层，所以运用此法是有意义的。

② G. J. P. A. Anders, C. J. A. Jörg, W. B. Stern, and N. Anders-Bucher, “On Some Physical Characteristics of Chinese and European Red Wares,” [J]Archaeometry, 1992, 34(1): 49-50.

③ Gulsu Simsek, Francesca Casadio, Philippe Colomban, Ludovic Bellot-Gurlet, Katherine T. Faber, Ghenete Zelleke, V. Milande, Eric Moinet, On-Site Identification of Early BÖTTGER Red Stoneware Made at Meissen Using Portable XRF 1, Body Analysis[J], Journal of the American Ceramic Society, 2014, 9(97): 2745-2754.

④ G. J. P. A. Anders, C. J. A. Jörg, W. B. Stern, and N. Anders-Bucher, “On Some Physical Characteristics of Chinese and European Red Wares,”[J]Archaeometry, 1992, 34(1): 49-50.

第二，经过对密度值（Density values）的测试和比对分析可知，宜兴紫砂壶的密度较高，代尔夫特红陶壶较低，英国的炻器密度值和紫砂壶相当，而迈森的密度值介于代尔夫特和宜兴两者的密度值之间①。综合分析可知，宜兴紫砂胎质致密，烧成后的吸水率<2%，其气孔率介于一般陶器和瓷器之间；代尔夫特红陶壶密度值最低，表现在器体表面粗糙，有较高的孔隙率。依据研究人员所选样本的密度值来看，四个产地红陶器的排序如下：宜兴紫砂>英国炻器>伯特格尔炻器>代尔夫特红陶。因而，更确切地说，英国和伯特格尔所制器是一种炻器②。

这些科学研究，在化学和统计分析的帮助下，试图缩短目前的科学分析和传统鉴赏家之间的差距，为我们了解18世纪荷兰、德国、英国等红陶产地打开了另外一个视域。这种科学方法矫正了许多通过人为以经验论及风格、色泽来判断宜兴紫砂和其仿制品而出现的误读。例如，欧洲装饰艺术策展人（G. Zelleke）曾判断塞夫勒博物馆收藏的一对花瓶是伯特格尔在1705年左右生产的仿制宜兴器皿，而通过科学对比得知，其实是宜兴紫砂。

3. 促进欧洲陶瓷产业的提升

生产要素一般包括自然资源、劳动力、资本、管理、技术和信息③。它与经济活动息息相关。在以商品交换为特征的商品经济条件下，生产要素参与商品的生产过程并通过商品交换间接参与流通过程，生产者为了获取最大利润，就要合理配置各种要素。生产要素的优化组合、合理配置是物质资料生产得以顺利实现的前提。

宜兴紫砂茶器在17世纪随着茶叶贸易传入欧洲。17世纪末，代尔夫特的陶工率先开始了仿制，到英国、德国群起而仿之，最后，各国走上陶瓷制作的独立发展之路。这种引进—仿制—创新的生产、发展历程，促进了早期陶瓷产业的发展。

① G. J. P. A. Anders, C. J. A. Jörg, W. B. Stern, and N. Anders-Bucher, "On Some Physical Characteristics of Chinese and European Red Wares," [J]Archaeometry, 1992, 34(1): 49-50.

② 介于瓷器和陶器之间，炻器与陶器之间的区别是陶器是多孔性的；而炻器坯体气孔率较低，是致密烧结的。炻器与瓷器的区别在于，瓷器的坯体致密，有一定的透明性，通常施釉；炻器的坯体较为致密，吸水率也小，但是缺乏半透明性。

③ 于刃刚，戴宏伟. 生产要素论[M]. 北京：中国物价出版社，1999: 1.

（1）引进

早期陶瓷产业中的第一个浪潮：引进。在16、17世纪的欧洲，以当时工业发展标准来看，在艺术上和工业上都落后了，在大部分时间里，高端设计产品的本土制造商在很大程度上无法达到西欧最高水平的技术和美学水平。新理念、新风格、新材料、新工艺、新产品主要从国外进口，这些产品包括：瓷器、茶叶、丝绸、漆器、象牙、折扇等。进口的主要产品结构为高档生活用品和工艺品。当时主要是由中国、印度、日本等亚洲国家引进。“由新材料和采用新的制造技术制成的装饰性文物源源不断流入英国的都铎王朝和斯图尔特。目前流行的一个趋势是，来自欧洲以外不熟悉的产品和方法的到来，包括来自中国的瓷器，来自日本的漆器，来自印度的棉布，来自土耳其的地毯，来自美洲的胭脂虫和原木等染料。”①

宜兴紫砂就是在这种历史潮流中随东印度公司的商船抵达欧洲的。17世纪世界各地泡茶饮茶法渐渐流行，这些渡海入欧的小陶器一跃成为茶桌、茶盘上的标配。不仅为最正统的东方泡茶方式的代言，也成为彰显身份品位的象征。

当时对茶器的市场需求很大，紫砂茶器供不应求、以稀为贵，于是利润的驱动使得各国陶工进行了仿制。然而，对紫砂的仿制有一个重要的前提，就是自然资源（陶土）、劳动力（陶工）、资本要素（工坊）等生产要素的完备。如前所述，欧洲的制瓷技术具有深厚的传统，德国莱茵河地区在14世纪时就能够使用烧结致无孔状态的白色黏土生产。17世纪是荷兰的黄金时代，经济迅速发展，制陶工业尤其繁荣，仅在代尔夫特一地，陶瓷作坊就超过三十家②。当时英国斯塔福德郡的伯斯勒姆，在鼎盛时期有200多家制陶作坊，20000多个从业陶工，生产各种陶制品③。这些事实证明，在17世纪中期时，各国已经充分具备了仿制宜兴紫砂的客观条件。

（2）仿制

从17世纪的全球经济背景来看，来自亚洲商品的进口促使人们重新思考欧洲生产的消费品特征。这些来自东方的新奇风物，成为推动设计和装饰艺术创新的重要力量。这种推动力从欧洲范围内模仿外国商品开始。对紫砂的追仿之

---

① John Styles. Innovation and design in Tudor and Stuart Britain. History Today, London 2001, 51(12): 44-51.

② 帕特里斯·万福莱．宜兴紫砂陶对欧洲的影响[M]．施云乔，译．北京：中国文化出版社，2017: 21.

③ 帕特里斯·万福莱．宜兴紫砂陶对欧洲的影响[M]．施云乔，译．北京：中国文化出版社，2017: 46.

路正是这一历史趋势的具体化表现。

对宜兴壶的追摹，荷兰和英国的步调不分上下。在17世纪60年代，两国陶工开始了仿制。“和荷兰的制造商一样，英国的制造商也通过制作复制品，或者至少是从视觉角度来回应中国陶瓷的普及”①。英格兰西部的威根，化学家约翰・怀特（John Dwight，1640—1703）在1675年左右成功仿制了宜兴紫砂，尔后斯塔福德郡、沃克斯豪尔、谢尔顿的生产商也纷纷效仿并模仿这些来自中国的红泥茶壶。后来，德国萨克森的伯特格尔在破解中国瓷器秘密的试验中，首先制作出了硬红无釉的，颜色接近宜兴紫砂的红色炻器。德国当时还有拜罗伊特（Bayreuth）也在仿制宜兴壶。

当时市场的需求旺盛，具有仿制能力的欧洲陶工屡有迁徙流动，技术竞逐激烈。以埃勒尔兄弟为例，出生于荷兰，在德国科隆学习炻器技术，在1686年移居到英国②。还有切恩豪西曾经到荷兰学习过窑炉设计、烧成技术。另外，阿斯特伯雷曾受雇于埃勒尔的陶坊，最后把红陶烧制工艺的秘密传播到谢尔顿地区。还有乔舒亚・斯波德（Josiah Spode，1733—1797年），1767年在斯托克（Stoke-on-Trent）成立了自己的公司，在芬顿托马斯・威尔顿的陶坊中学习了仿制宜兴紫砂的本领③。综上可以看出，这是早期生产要素跨国自由、有序流动的雏形，这种流动、组合有利于工业生产吸引技术和资本。对当时欧洲各国制陶工坊来说，最有益处的是技术的学习和交流。正如前文所提到的那样，在荷兰、英国、德国等国家，陶工们各显其能，为了争夺市场资源，展开了激烈的竞争，力求对紫砂进行原样仿制。模仿只是一个过程，不是结果。这些陶工在仿制宜兴茶壶中大获其利，在几十年的仿制中完成了技术和资本的积累，为走向创新之路奠定了基础。

在后进国家，仿制是工业技术演化的重要途径④。在18世纪的英国，工业革命期间在工业技术上存在大量仿制、学习亚洲，尤其是中国先进手工艺的实例。据统计，在1700—1820年，英国仿制亚洲商品和成果专利申请的数量，其

---

① John Styles. Product Innovation in Early Modern London[J]. Past & Present, 2000, 168(8): 142.

② 帕特里斯・万福莱. 宜兴紫砂陶对欧洲的影响[M]. 施云乔，译. 北京：中国文化出版社，2017: 46.

③ 帕特里斯・万福莱. 宜兴紫砂陶对欧洲的影响[M]. 施云乔，译. 北京：中国文化出版社，2017: 68.

④ 克利斯・弗里曼，罗克・苏特. 工业创新经济学[M]. 华宏勋，等，译. 北京：北京大学出版社，2004: 356.

中包含上漆技术13项，陶器和陶艺釉工艺7项，印花、亚麻等纺织技术48项。[①]这些仿制生产历程，带来技术和资本的积累，转化为生产力，从根本上推进了本土制造业的发展。

（3）创新

在经历引进、接纳、模仿之后，缘于激烈的市场竞争，使得欧洲陶工很快摸索出创新之路，尤其是越晚加入竞逐的陶坊，他们不再一味地仿制，不论形制或装饰，都努力形成自我风格。创新的过程也不是一蹴而就，形式上经历了模仿到创新的过渡、自主创新。在此过程中，以技术革新为动力，技术是一种关键要素，有不可替代的作用。

在所有试图复制宜兴紫砂的欧洲陶工那里，他们首先在技术上要克服的是成型问题。宜兴壶是采用罕见的“打身筒成型法”制作圆壶，用“镶身筒成型法”制作方壶，这种陶板成型技法仰赖于宜兴特产的紫砂土，因为紫砂具有良好的物理强度，可以支撑薄而精准的坯体。荷兰陶工米尔德首创采用当地黏土调配精炼后，以辘轳拉坯成型。同时代的各国陶工普遍也用拉坯或者注浆来制作仿制壶。成型工艺上的突破和创新为实现此后瓷器的批量生产奠定了基础。

生产工艺和技术上的创新是推动工业发展的核心力量。其实早在埃勒尔模仿宜兴紫砂的1680—1700年，“已经实现了技术上的半机械化——当时他们能够实现拉坯成型，并且烧窑时能够对窑温进行控制和定时”[②]。这种对技术上的探索和创新精神，是欧洲制造业能够在18世纪中后期随着工业革命的契机实现跨越发展的根本。18世纪末著名的东印度公司的雇员、植物学家乔治·斯汤顿爵士（Sir George Staunton’s，1737—1801年）在他1797年的日记中写道：“这些欧洲的典型制造业被普遍认可和赞美”[③]。尔后，他声称黏土可以加工到一个更好的标准“由改进的英国工厂来实现，而不是由用非常不完善机器的中国，而中国瓷器制造的‘岌岌可危’的性质一定会受欧洲科学控制：韦奇伍德先生的温度计，建立在品质上，通过它观察……黏土的收缩程度与其所暴露在窑

① Maxine Berg. Luxury and Pleasure in Eighteenth-Century Britain[M], Oxford: Oxford University Press, 2010: 82.

② DolanBrian. Josian Wedgwood: entrepreneur to the Enlightenment, London: HarperCollins, 2004: 33.

③ George Staunton. An Authentic Account of an Embassy from the King of Great Britain to the Emperor of China[M]. London: W. Bulmer & Co.,1797, (2): 341-342.

火中的程度”[①]。韦奇伍德所发明的这种可放置在窑炉内的温度计，可准确测定窑温，而不是靠窑工肉眼观察窑内颜色来判定大致温度。在伯特格尔仿制紫砂时，就已经用黏土自制黏土锥进行温度控制[②]。

创新的特点是涉及一个扩展的过程。这种创新扩展不但来自生产规模、材料，还包括技术变革和生产工艺上的创新。许多实例证明了欧洲国家在寻求通过产品性质的改变或者产品材料多样性的延伸中所做的努力。例如，18世纪中期之后，宜兴紫砂虽然在欧洲的流行稍减，但是它的影响还在继续。一些工匠借鉴宜兴紫砂壶的造型，用银器、玻璃、瓷器等材质进行仿制。这个历程说明，由于文化的传播和商品使用需求的扩大，伦敦生产商在一种材料中对另一种材料的产品创新做出了回应（图3.48～图3.50）。这种产品的创新的方式，其结果是加速了早期产业化进程，并且也加快了本国产品代替进口产品的进程。

图3.48　宜兴梨式壶
1650—1660年，高约8cm，英国V&A博物馆藏

图3.49　安妮女王壶
银制，1713—1714年，高约13cm，英国V&A博物馆藏

图3.50　玻璃制茶壶
19世纪，高14.5cm，巴黎大皇宫藏

创新扩展性的另一特点是产业规模的扩大，劳动力数量的增加。劳动力资源的利用程度，在很大程度上影响着其他资源的配置情况。“资本、技术和自然资源等要素的使用效益和相互配置情况，在很大程度上要受到劳动力赋存状况的制约。”[③]因此，劳动力的数量、质量及其构成，直接影响着产业的发展。

① George Staunton. An Authentic Account of an Embassy from the King of Great Britain to the Emperor of China[M]. London: W. Bulmer & Co., 1797, (3): 300-301.

② W. Goder, W. Schulle, O. Wagenbreth, H. Walter. La Découverte de la Porcelaine Européenne en Saxe: J. F. Böttger. Paris: Pygmalion-Gérard Watelet Press, 1984: 53.

③ 于刃刚、戴宏伟．生产要素论[M]．北京：中国物价出版社，1999: 12.

例如，英国17世纪陶器工业的劳动力不到1000人。到1780年为止，共有5500人，其中有4000人在斯塔福德郡北部。到18世纪末，韦奇伍德所制的奶油器非常受欢迎，几乎已经取代了整个欧洲制造的镀锡玻璃器皿[1]。当时，韦奇伍德陶瓷产业的产品结构以日用器皿为主，随着欧洲陶瓷生产规模的扩大，陶瓷的价格也明显下降。到18世纪中期，英国本土生产的陶瓷完全能够满足本国国内市场需求，到18世纪末期之时，基本停止了对中国陶瓷的进口。

技术的积累，实现产品和工业的创新。生产规模的扩大，带来产品的多样化发展，因而利润和市场占有率是根本。“多样化生产的逐步扩大所带来的一个积极效应就是鼓励一些生产者重新制定他们以增加产品的方式制造的物品分化并建立独特的新产品标识，增强产品差异的创新采取了各种各样的形式。”[2]

通过管理要素实现品牌化发展。管理是对其他生产要素的一种组织，在一定的要素条件下，不同的管理总是带来不同的产出。这种商品的专有权和品牌意识早在英荷陶工仿制宜兴壶时代就已有雏形。正如今日科技产品的专利权竞争一样，技术研发固然重要，但借由专利垄断以阻绝竞争，可以确保品牌未来的经济利益（图3.51）。

图3.51　生产思维导图

从形成米尔德“奔狐”、卡卢威“狐狸”商标，到约翰·怀特为维护专利权、技术垄断对同行的诉讼，可见那个群雄竞逐的时代风云激荡，其实也开启了许多欧洲世界级陶瓷品牌的滥觞。欧洲陶坊并不自满于制造业，而是进一步经营成长远的国际性品牌，所以欧洲出现了迈森、韦奇伍德等许多世界级品牌，而作为“陶瓷母国”的中国却没有。

综上所述，在“中国风”大潮下，欧洲人一度对中国陶瓷趋之若鹜，庞大的商机鼓励着陶工致力研发，对宜兴紫砂的生产，经历了一个引进、模仿至再

① Maxine Berg. Luxury and Pleasure in Eighteenth-Century Britain[M], Oxford: Oxford University Press, 2010: 83.

② John Style. Product Innovation in Early Modern London[J], Past & Present, 2000, (168): 148-149.

创新的过程，从自然资源、劳动力、资本、管理、技术等生产要素分析来看，何妨把它视为产业提升的一个历程，它植因于经济动机。在市场需求下，本地生产显然有它存在的必要性，此举平衡了市场的供需，更填补了底层社会的廉价需求，毕竟饮茶是庶民生活的一部分。消费端的需求左右着制造端，这种市场经济的运作法则，才是驱使陶工努力追摹，或是走向创新的真正动力。

二、对欧洲女性消费文化的影响

在经济学家的视野中，18世纪欧洲的茶和咖啡（以及棉纺织品）是早期现代海上贸易热潮的第二次浪潮核心。第一次浪潮主要是传统的中世纪土地上的辣椒、香料和丝绸贸易所主导下的亚洲和阿拉伯商人的海上航线到欧洲的远洋船只贸易[①]。当茶叶传入欧洲之初，价格昂贵，令人咋舌。在荷兰，所有的茶叶都要装入加封盖印的小罐里送到荷属东印度公司各位要人手中。“1664年东印度公司以每磅40先令的价格，购买两磅献给英王。在最初传入时，每杯中放入的茶叶仅如指圈那么大的一小撮。”[②]荷兰、英国贵族阶层以拥有艺术化的稀缺的茶具作为炫耀自己身份和社会地位的资本。

18世纪初小说家笛福（Daniel Defoe，1660—1731年）把英国社会结构进行了划分，分为绅士、商人和劳动者三类，1776年，亚当·斯密（Adam Smith，1723—1790年）则根据收入来源划分社会结构，以经济要素分为地主、资本家、劳动者。对于他们的划分，有评论指出，“他们的最大问题是忽略了妇女，所有当时的社会评论家都是男人，他们描述的都是成年男人世界。”[③]

然而，历史学家在对18世纪的茶文化讨论中往往注入“优雅”“文明”和“淑女”等词汇，这说明茶文化与社交礼仪、社会文化、女性所建立的密切联系。这些围绕着中产阶级的行为方式象征着文明的阶层教养。不仅仅是人际交往，更是城市中产阶层的一种风气，历史学家把它运用到物质文化、家庭和公共空

① Anne E. C. McCants. Poor consumers as global consumers: the diffusion of tea and coffee drinking in the eighteenth century[J]. Economic History Review, 2008, (61): 173.

②〔美〕威廉·乌克斯编著.《茶叶全书》(下卷)，依佳，刘涛，姜海蒂，译. 北京：东方出版社，2011: 929.

③ 舒小昀. 分化与整合：1688—1783年英国社会结构分析[M]. 南京：南京大学出版社，2003: 37-42.

间、智力生活和体制结构上，它支撑了咖啡馆、俱乐部等公共场合的行为。[①]

在17、18世纪的欧洲，以英国为例，女人和男人之间的社交方式和社交空间开始有了区分。在1666—1680年，富裕家庭都设有专门的“茶室”。它不仅是女性行使自己权利的私人空间，还是承担家庭聚会、礼仪的场所，女性不仅要为自己泡茶，还帮助男性提供茶饮服务，以此来展示她们的新茶器、茶桌，甚至茶服。

女性饮茶与男士饮酒，茶室与咖啡馆，前者代表了家庭礼仪的女性权利和社交地位，后者代表了男性社会的社交。前者与优雅、精致相关，后者与政治、粗俗相联系。创作于同时期的绘画作品常描绘这种男女社交形式的分野：男人们聚集在酒馆中，围坐在一个大的潘趣酒碗周围，喧闹、叫嚷声不绝于耳（图3.52）。英国版画家威廉·霍加斯（William Hogarth，1697—1764年）的《午夜的现代谈话》（*A midnight modern conversation*）表现了这种场景。

图3.52　午夜的现代谈话
威廉·霍加斯绘，1732年，英国V&A博物馆藏

同时，随着来自宜兴的紫砂壶传入欧洲，不但受到欧洲人的追捧，而且成为欧洲最初模仿、制作茶壶的样板。女性更多参与饮茶活动，使用的茶器愈加精致化和个人化。在庄重典雅的茶饮社交场景中，妇女们细腻而小巧的手端持着精致的茶碗。茶壶是分享饮品的代名词，茶壶和茶碗的使用，使得使用者既寻求卫生，与他人保持距离的同时，又能营造一种友好的社交氛围和个人亲切随和的形象。这种友好礼貌是欧洲社会文明进步的具体而微的例子。

茶叶在欧洲的发展历程，女性所起的推动力量不可忽视。女性是家庭茶事消费最有力的支撑，她们的购买热情逐渐形成一种消费文化。女性消费模式的建构，是女性作为客体向女性主体的转化，同时也涉及女性作为消费者的历史建构：在女性的“职责”越来越多地涉及家庭资源管理的时代，女性消费模式

① Maxine Berg. Luxury and Pleasure in Eighteenth-Century Britain[M], Oxford: Oxford University Press, 2010: 232-233.

成为女性的一种表达身份。为了适当展示她的家庭财富——既没有扣留商业企业的证据，也没有大肆追求消费作为一种自我满足的形式——一个女人证明了她的自我价值[①]。

如上所述，在茶叶之风渐兴的17世纪末，各国仿制紫砂潮流渐起，上流社会的家庭开支账簿透露着茶器消费的信息。1685年，贝德福德公爵一世家的女儿玛格丽特·罗素（Margaret Russell），收到一套茶盘，是父亲的管家花1英镑14先令买来的。1688年，管家又花5先令买了一个茶托盘，在1689年或者1690年，用2英镑3先令买了个茶壶。另一庄园的女主人玛格丽特·班克斯（Margaret Bankes），当她1691年结婚时，嫁妆就有足够的资产来购买精致的茶碗和茶具。1693年7月，她记录"用10先令买了一个红色的瓷（紫砂）茶壶，用12先令买了6个茶盘和一个糖盒"，在8月份，买了一个棕色紫砂茶壶花了2英镑6先令，在同一年，她开始购买一些茶用品。1月份，她买了"一个黑色的日本制茶桌，放在内室"，7月份，"一个糖锡盒和一个茶盒"[②]。在这些史料中，微妙的信息可以显示出来：在17世纪末18世纪初，紫砂茶壶在消费市场中价格昂贵；在茶器消费中妇女有主导地位，她们创造出一个充满生机的市场。可以推测的是，女性的购买欲望刺激了紫砂茶壶，或者其仿制品迅速而广泛地扩散。

在1701年，阿姆斯特丹上演的喜剧《茶迷贵妇人》，可见当时以女性为中心的茶事和茶器文化。"当时饮茶的宾客大约午后两点大驾光临……寒暄后，宾客们纷纷就座，并将脚放在四季常设的生火的脚炉上；女主人从嵌银丝的小瓷盒中取出各种茶叶，放入小瓷茶壶中，茶壶都配有银制的过滤器。女主人照例请每位宾客选择自己喜爱的茗茶，但这种选择一般都烦请女主人决定，然后，将茶放入杯中。若有宾客喜欢在茶中加入其他饮料，女主人则用小红壶（紫砂）浸泡番红花，另递过去一个盛有少量茶汁的较大的杯子，请他自行配饮。"[③]在简·奥斯汀的《曼斯菲尔德庄园》一书中，提到托马斯·贝特伦爵士赋予范妮·普赖斯世袭地位，同时赋予了她在家中"沏茶"的权利和机会。

---

① Elizabeth Kowaleski-Wallace. Women, China, and Consumer Culture in Eighteenth-Century England[J], Eighteenth-Century Studies, 1995—1996, 29(2): 165.

② Jane Pettigrew. A Social History of Tea[M]. New York: Benjamin press. 2014: 28.

③〔美〕威廉·乌克斯编著. 茶叶全书[M]（下卷），依佳，刘涛，等，译. 北京：东方出版社，2011: 928-929.

在18世纪早期的欧洲，家中饮茶的社会风俗是时尚和文明的标志。饮茶活动中以女性为中心的消费文化的建构，对社会文明发展及女性自身价值建设都有深刻的意义。社会学家卡罗尔·尚马斯（Carole Shammas）认为，18世纪的家庭成为1720年妇女组织的非市场导向社交中心……女性工作模式成为家庭消费和社交性的导向，妇女利用茶器作为“家庭工具”获得了自主权①。学者科瓦莱斯基·华莱士（Elizabeth Kowaleski-Wallace）在其专著《消费主体：十八世纪的女性，购物和商业》（*Consuming subjects: women, shopping, and business in the eighteenth century*）中论述了女性消费主体性的发展。女性被定义为消费者，而不是生产者。她认为，构成女性消费的茶桌被想象成女性价值体现和消费的舞台②。

女性是茶叶在欧洲传播的推动者，也是茶器消费的主导力量，由消费带动市场供需，茶器在造型、装饰、风格上越来越倾向女性化的审美风格。于是，在“中国风”的推动下，女性促进了中国文化在欧洲的传播，“一旦把它（陶瓷）带到茶几上，像杨柳–南京（Willow-Nankin）这样的中国模式就成为女性的领域……从最新的茶壶里倒出来的花茶，东方主义被带到了女性手中”③。

在以女性为中心的饮茶文化中，市场的需求刺激了各国陶工对茶器的生产，茶器在市场流动的扩大刺激了女性的消费欲望。茶事和茶器逐渐从一种对稀缺资源奢侈消费形成以饮茶、茶器及其相关的物质文化为触发点的日常消费。这种现象伴随着18世纪欧洲社交礼仪的文明化进程，推动了18世纪欧洲社会形成以男性为主导的酒文化和以女性为主体的茶文化。从英国查理二世王后凯瑟琳对饮茶活动的推广到英国下午茶成为日常规范，从宫廷到民间，直到19世纪维多利亚时代，不管是公共饮茶，还是家庭聚会，男性所起到的多为礼貌参与，而女性有着不可撼动的主导地位。这种情况与围绕着茶文化所建立起来的社会交往礼仪、女性消费交织在一起，共同推进了18世纪英国民主进程。

因而，围绕着茶文化传播带动下的茶器消费、饮茶文化等社会现象，输入欧洲的宜兴紫砂壶起到一个启蒙和引子的作用。“西方人从中国有各式各样

---

① Karen Harvey. The Little Republic: Masculinity and Domestic Authority in Eighteenth-Century Britain[M]. Oxford Scholarship Online, 2012: 127.

② Karen Harvey. Barbarity in a Teacup Punch, Domesticity and Gender in the Eighteenth Century[J]. Journal of Design History, 2008, 21(3): 210-211.

③ Elizabeth Kowaleski-Wallace. Women, China, and Consumer Culture in Eighteenth-Century England[J], Eighteenth-Century Studies, 1995—1996, 29(2): 159.

的瓷器可以选择，不论从宜兴进口的茶器，或者从景德镇规模化的进口，在1600—1800年，很大一部分欧洲人的日常生活改头换面。当时的宜兴紫砂并不是一个徒供使用或者欣赏的中性对象，它的主要作用是在消费中扮演领头的作用。而消费者革命本身，正是11世纪高级都市文化复苏以来，一场发生于日常生活的同等重大改变。”①

诚然，茶必先行于壶，引导宜兴壶踪在欧洲流动的前引，正是无所不在的茶文化。紫砂传入欧洲之初，资源稀少，而市场需求大，因而价格十分昂贵。由于经济利益的驱动，使得18世纪欧洲陶工开始对宜兴紫砂进行仿制，平衡了市场供需，更填补了底层社会的廉价需求。价格昂贵的茶器不再是王室贵族的专属，中产阶级甚至庶民家庭出现了新的固定消费品——茶器，而这当中以女性的审美意志、消费观念为中心。

总之，紫砂器的稀缺与昂贵，只能为上流社会所消费。随着茶器被推入茶室、厨房，甚至进入女性私密的闺房，女性，正成为构建新的消费市场的主要力量。女人是茶桌和茶事的中心，由桌边走向家庭，女性越来越具有超越从前的话语权和家庭地位。作为一种回应，茶器的装饰和风格越来越走向女性审美倾向，反过来又激发了女性的购买消费欲望。这种互动影响了18世纪欧洲陶瓷的生产和发展。当然，这一切的引子和触发点是从对紫砂壶的消费开始。中国的茶叶衍生了英国下午茶，宜兴的茶壶启蒙了欧洲茶具，商贸产物的流动，也是文化风尚的流动。

---

①〔美〕罗伯特·芬雷. 青花瓷的故事[M]. 郑明萱，译. 海口：海南出版社，2015: 297.

第四章　18—19世纪中国与欧洲艺术融合中的紫砂茶器

一、清代紫砂艺术发展成就

紫砂茶器的制作经过晚明的兴盛之后，进入一段萧条期。这与明末清初的社会环境相关。当时中国瓷器大规模生产和外销的情形随着明清三藩之乱、政权更替、战乱频仍而数量锐减。战争牵制了手工业的发展。当时的景德镇、宜兴面临同样的境遇。待到经济、政治状况松动之后，重振外销市场成为所需，著名的中国“伊万里”和日本伊万里对欧洲市场的角逐就是一个典型的例子。这也能解释，为什么中国宜兴壶在大约1650—1700年的明末清初产出很少，而却是外销高峰。学者万福莱也认为在宜兴紫砂大量外销的1675—1700年，“当时为欧洲市场做的茶壶可能比为中国国内市场做的还多……正是由于来自欧洲的订单，又重新激活了宜兴窑的复兴。”[①]然而在清初之时，“反清复明”[②]的思潮在明朝遗老和汉族士大夫阶层中十分浓厚，于是朝廷屡屡严苛镇压，清廷一再屠城掳掠，对天地会等反清复明集社的镇压，在关内推行了一系列迫害政策，强迫人民剃发臣服，更激起江南地区人民更大规模的反抗斗争。在康熙中期之后，满汉之间的矛盾逐渐缓和，抗清反满的活动逐渐消歇。社会环境的安定使得工艺美术得到有序的发展。随着政局稳定，经济复苏后，从康熙中期开始，紫砂茶器又迎来一段辉煌的时期。此时，宜兴紫砂壶在造型、装饰技法、文化内涵等方面，都更加成熟、更加多样化，达到了新的高度。清代紫砂在造型上有四大类：几何形体造型、自然形体造型、筋纹器造型、水平壶和茶器造型[③]。装饰技法有泥胎装饰、陶刻、贴花、印花、雕塑、模印、泥绘、堆花、彩釉、描金、雕漆、包镶等，形成风格多样、装饰多彩、富有文化意趣的面貌。

在中国工艺美术发展史中，有两条清晰的发展脉络，那就是“以实用为主的民间工艺美术体系和以陈设、欣赏工艺为主体的宫廷及士大夫工艺美术体

---

① 万福莱．紫砂西行记[C]，载于《2007年国际紫砂研讨会论文集》．北京：紫禁城出版社，2009: 35.

② 反清复明是明朝被清朝灭亡以后，中国境内一系列反抗清朝满族统治而要求恢复明朝汉族政权的运动。其中有明郑在台湾的郑氏和清初朝鲜李氏王国的“反清复明”，还有三藩之乱时吴三桂打出的反清复明旗号。

③ 江苏宜兴陶瓷工业公司．紫砂陶器造型[M]．北京：中国轻工业出版社，1978: 5.

系”[①]，这两条艺术路径有截然不同的内涵，在各自发展中持有独立的风格，却又互相交流影响。以壶为代表的宜兴紫砂茶器本是民间百姓日常生活之用。清初，随着宫廷中茶礼的盛行和皇帝的喜爱，紫砂壶也进入宫廷。由于被皇室选为贡品，作为宫中御用器的一部分，其制作工艺与官窑瓷器一样，需经皇帝的品评选定后，方可烧制和使用。尔后，紫砂的艺术风格自然而然地受宫廷审美文化的影响，并且工艺技术也更加精湛。因为，从技术史的角度来讲，贵族工艺促进了工艺的发达，即便说工艺技术史是贵族工艺技术史也不过分[②]。“最后使紫砂工艺在文人审美体系之外，又树立了另一系统——宫廷审美体系，这一倾向，从宫廷开始，而后又逐渐流向民间”[③]。

在民间、文人士大夫，以及宫廷三者不同的审美取向中，不同阶层的审美态度，必然会影响紫砂的生产、风格和发展。对于紫砂茶器来说，到了清代，最显著的特征就是在内部体系，呈现上述三种不同阶层的文化审美面貌；而在外部文化系统，受中欧文化交流历史潮流的影响，工艺美术又适当地体现出“洋风扑面”的艺术风格。

17—18世纪，在欧洲流行的洛可可艺术之风虽然流行于法国宫廷，但是因符合王公贵族的审美要求，也迅速在欧洲各国流行。18世纪是清王朝的全盛时期，国力、财力的顶峰为工艺美术的发展创造了有利条件。于是，新的装饰风格产生了更加自由，乃至放纵的情况。18世纪，清王朝与欧洲宫廷的洛可可的形成原因在本质上虽然有各自文化发展驱动力，但是彼此的影响所起的作用却又不可忽略，两者在装饰风格上表现出诸多相似性。从文化传播角度来看，洛可可艺术风格的形成既有中国传统文化对欧洲的影响，也是欧洲文化对东方文化艺术接纳、融合与调适的产物。在清代，工艺美术、装饰设计以各种实用器物为主，建筑装饰次之，这种风格在欧洲首先表现在建筑、室内装饰中，然后才是日用器。而清宫廷文化不可避免的拥有欧洲洛可可艺术的种子，尤其是乾隆时期的装饰，这种中西合璧的风格被表现得淋漓尽致。

与此同时，在宫廷审美文化体系中，出现了所谓的“宫廷紫砂”，这类紫砂器为迎合宫廷需求和审美倾向，多用彩釉装饰，繁缛精致，富丽华贵。宫廷

---

① 李砚祖．装饰之道[M]．北京：中国人民大学出版社，1993: 313-314.

②〔日〕柳宗悦．工艺文化[M]．南京：广西师范大学出版社，2006: 64.

③ 黄健亮著．明清紫砂艺术——宜兴紫砂壶及其装饰研究[M]．台北：盈记唐人工艺出版社，2007: 126.

紫砂，专指按照皇家的风格、要求，按照宫廷内务府造办处提供样式所制作的皇家专用紫砂器。入清之后，清朝统治者把紫砂列为贡品，从现北京故宫博物院所藏清康熙、雍正、乾隆三代的紫砂器可见一斑。

除了上述宫廷审美之外，在清代紫砂茶器文人审美体系中，这一时期花货茶器和文房雅玩成为紫砂制作的新现象和热门。其中，大力推动这一艺术形式发展的是陈鸣远。他大大拓展了紫砂陶艺的题材，大胆创新，所做紫砂壶在造型上取法自然，瓜果、竹木、虫与鱼等以浮雕的形式在壶的表面装饰，并且在紫砂泥原料的色彩、质地上也有创新。同时，随着在制作过程中壶盖内加盖印章，以钤印章代替刻款也成为壶艺的主要表现手法。这类紫砂茶器一般作为文房清玩，文化气息较为浓厚，吸引了众多文人的追捧。

总之，入清之后，宜兴窑业进入全面发展的时期，清初工艺美学家、戏曲家李渔在《闲情偶寄》中对宜兴紫砂十分推崇，“茗注莫妙于砂壶，砂壶之精者，又莫过于阳羡，是人而知之矣”“壶必言宜兴陶，较茶（评茶）必用宜壶”，从中反映出当时宜兴紫砂茶器地位之高[①]。清朝“是一个尚古的、回头看的王朝，举国上下，自权威文化、雅文化到俗文化，无一例外”[②]。清代工艺美术的门类和发展与瓷器一样，既擅于仿古，又能融合创新；既有独立发展脉络，又汲取各门类所长；既有雅文化，又有俗文化。如果说明代紫砂的审美是素雅、单纯，重精巧温润，那么清代紫砂的发展呈现百花纷呈、华彩重工的局面。在造型、装饰、工艺等方面都集明代以来之大成。清代紫砂在审美文化上表现出多样的风格特征：既包含了繁复华丽的皇室格调，又有简素雅致的文人士大夫的审美意趣，还有平素古拙的民间观念。这三种类别的审美与彼时社会生活、文化传统交织在一起，形成中国工艺美术发展的内在逻辑和外在表现方式。同时，由于宜兴紫砂对欧洲陶瓷制造的影响主要集中在1650—1720年[③]。销往欧洲的宜兴茶器在顺治至康熙两朝发挥了重要的文化影响力，当时的中国是陶瓷制造和外销的高峰期，也是中国风格和文化在欧洲风靡的时期。受国际环境的影响，对外交流频繁。随着欧洲风物和工艺文化的渗入，不论是紫砂外销为了迎合国外市场，还是为满足国内市场了解西方的猎奇心理与渴望，欧洲

① 〔清〕李渔．闲情偶寄全鉴[M]．蔡践解，注译．北京：中国纺织出版社，2017: 220.

② 王小舒．中国审美文化史・元明清卷[M]．济南：山东画报出版社，2000: 303-305.

③ Rose Kerr. Yingxing ware and teapot[M]. 载于《2007年国际紫砂研讨会论文集》．北京：紫禁城出版社，2009: 149.

的审美尚好通过订单的形式影响着内销紫砂的风格。在中欧文化流动中，宜兴紫砂呈现出装饰化倾向。

二、装饰化倾向

明末清初以来，紫砂不仅受到文人墨客、官宦富绅的喜爱，而且受到宫廷的重视。康熙时期的紫砂器被选入宫廷，作为画珐琅所用的坯胎①。一方面受宫廷审美的影响，另一方面受中欧文化交流的影响，当时的宜兴紫砂器在满足实用基础上出现装饰化倾向。这种装饰化倾向不但表现在内销壶上丰富多样的装饰手法，比如常见彩釉、珐琅、髹漆、螺钿、贴花、洋金绘制图案等工艺，而且，外销壶传入欧洲之后，受当地审美和习惯的影响对其进行加彩、金银包镶等附加装饰。各种工艺在传承、表现上各有不同，以下分而论之。

1. 宜兴胎珐琅

珐琅工艺（The craft of enamelling）起源于欧洲，掐丝珐琅工艺可以追溯到迈锡尼文化，从9世纪中叶到1204年在拜占庭盛行，以君士坦丁堡为中心，后来在基辅、格鲁吉亚、威尼斯和伊朗等地流行②。

画珐琅（Painted enamelware）在欧洲一般指在金属胎上用珐琅料彩绘，然后以低温烧制而成的器物或者装饰嵌片。它是欧洲在15世纪文艺复兴时期发展起来的工艺。最先在日摩利（Limoges）地区发展，尔后巴黎附近以及欧洲各国如荷兰、意大利等国家也有画珐琅的制作。日摩利地区的珐琅制作在17世纪时候开始走下坡，到17、18世纪，欧洲有数个比较重要的珐琅制作中心，例如法国布洛瓦（Blois）、日内瓦、德国奥古斯堡（Augusburg）等地③。目前的研究表明，掐丝珐琅在中国蒙古军队7—12世纪在进行西部征战的时候引进中国，在元代（1234—1367年）时候被生产和使用。由于文件和资料匮乏，目前并没有找到相应的实物资料来证明。明朝（1368—1644年）掐丝匠只能在清廷收藏中找到。它的生产和使用则集中在皇室。明代天顺年间（1457—1644年），

① 黄健亮. 明清紫砂艺术——宜兴紫砂壶及其装饰研究[M]. 台北：盈记唐人工艺出版社，2007: 127.

② Xu Xiaodong. Europe-China-Europe: The Transmission of the Craft of Painted Enamel in the Seventeenth and Eighteenth Centuries[C], Goods from the East, 1600—1800: Trading Eurasia, London: Palgrave Macmillan UK, 2015. pp.92.

③ 施静菲. 日月光华：清宫画珐琅[M]. 台北：故宫出版社，2012: 16-18.

户部尚书王佐编纂的书中描述了一种在铜上烤制技术，然后用化学药品烧成五光十色，类似于珐琅一样[①]。

18世纪，西学在中国的传播切入点之一就是西洋器物。当时许多西洋物器通过个人及私商运进中国。不少西洋物件制作精良，结构巧妙，堂皇炫目，有的颇堪玩赏，有的可为实用。当时，从皇帝贵族到普通官宦，对这些奇巧之物醉心追求，购买西洋物件曾成为中国精英社会的一大时尚。它们大部分也落入中国皇帝和大臣们的手中。康熙皇帝博学多才，是一位雄才大略的君主，在位六十一年（1662—1722年），前期致力于国家的统一，后期对国家制度进行调整，社会结构得到变革，社会经济生产从清初战争的疮痍和凋敝状态中得以恢复发展，出现了所谓的"康乾盛世"。康熙皇帝对待西方文化艺术的态度总的来说是"拿来主义"，为我所用，具有很高的艺术品位。他很喜欢西方文化艺术，西洋的音乐、绘画引起了皇帝的极大兴趣。从耶稣会士白晋呈送给路易十四的报告《康熙帝传》就有相关评述："……皇帝还开展一项只由他领导的新工作，这就是几年来在帝国里一直进行着的繁荣艺术工作。……皇帝还经常提出要以欧洲的，其中包括巴黎制造的各种作品为样品，鼓励工匠与之竞赛。由于皇帝对各类新奇的作品都有强烈爱好与深刻了解，他在北京时，每天都按时让人送来出自新'院士'（即工匠）之手的作品……对于这些作品，皇帝总是亲自检验，指出其中不足之处，表彰那些值得颂扬的，并留下其中杰出的作品，他总是嘉奖那些才能出众、工作勤奋、精益求精的人，甚至给他们加官晋级，并钦赐黄马褂。"[②]对于艺术品，尤其传入的珐琅彩更是得到皇帝的青睐。当时圣祖康熙帝的儿子曾对一名法国神父说："父王非常欣赏这一独特的工艺品，而在我国，根本不知道如何制造"[③]。

康熙帝当时接受欧洲文明、艺术和科学的主要途径便是通过传教士面授、粤海关贡进的洋货和书籍。考虑当时的社会环境，当时的珐琅工艺也极有可能是通过往来欧洲和中国的商人、传教士带过来的。在西方传教士及商人频频来

---

① Xu Xiaodong. Europe-China-Europe: The Transmission of the Craft of Painted Enamel in the Seventeenth and Eighteenth Centuries, [C] Goods from the East, 1600—1800: Trading Eurasia, London: Palgrave Macmillan UK, 2015. pp.92-93.

②〔法〕白晋．康熙帝传[M]，《清史资料》第一辑．马绪祥，译．中国社会科学院历史研究所清史研究室编．北京：中华书局，1980: 238-239.

③ 刘兰华，张柏着．清代陶瓷[M]，北方文物杂志社，1988: 112.

中国的明末清初，为了传播西方文化，很有可能携带此类艺术品[①]。

一则史料表明，在康熙二十三年（1684年），皇帝第一次下江南，他在南京收到了一个名叫Jean Domenico Gabianix（1623—1696年）的意大利人和一个名叫Jean Valatx（1599—1696）的法国人的贡品——鼻烟壶，用画珐琅彩盒包装[②]。这是最早和最精确的西方珐琅在中国的记录。

另外有文献证实，康熙二十六年（1687年），传教士洪若翰（Fontaney）与其他法国传教士抵达宁波，不久后，他们敏锐地觉察到宫廷上下对充满异国情调的画珐琅青睐有加，于是写信给巴黎的沃瑞斯（Verius），要求运送更多的珐琅器和珐琅画来，作为馈赠中国官员的礼物[③]。酷爱珐琅的康熙皇帝不仅在康熙三十二年（1693年）下旨在宫廷设立珐琅作专门烧造珐琅器，康熙三十五年（1696年）德籍纪理安神父奉旨设立玻璃厂，引进西方画珐琅的烧造技术[④]。

与此同时，一心求成的康熙还聘请当时来自欧洲的传教士作为珐琅的技术指导，传教士马国贤（Matteo Ripa）在康熙五十五年（1716年）三月寄回国的信中就提到了这一史实："皇上对欧洲的珐琅着了迷，想尽法子将珐琅画的新技术引进宫廷作坊，好在宫中有从欧洲带来的大件珐琅器可做参考、效仿，再加上中国人原有的瓷上施釉彩的经验，珐琅的烧制应该是办得到的。为了制珐琅，皇上曾命我和郎世宁画珐琅，我俩想到从早到晚和宫中卑微的匠人在一起，就借口说不曾学过画珐琅。我们画的很糟，以致皇上看到我们的画后说，'够了'，为此我们庆幸不已。"[⑤]康熙三十五年（1696年），12月15日，丰特奈（Fontenay）写了一封紧急信寄法国，要求两种类型的专家，珐琅和玻璃专家，以当康熙帝需要的时候，送到中国的玻璃厂[⑥]。康熙三十六年（1697年）康熙皇帝派遣法国传教士白晋回国，要求他去凡尔赛宫寻找更多会烧制珐琅工艺

---

① 张临生．试论清宫画珐琅工艺发展史[J]．故宫季刊，1983，17（3）: 25.

② Charles E. Ronan S. J., ed.. East Meets West: The Jesuits in China, 1582—1773, Chicago: Loyala Press, 1998: 115.

③ GeorgeLoehr, Missionary Artists at the Manchu Court（满清宫廷中的传教士画家）[M]．第52页，注二，Transaction of Oriental Ceramic Soeiety, 卷三十四

④ 廖宝秀．传承与创新——略论康熙宜兴胎画珐琅茶器[C]．载于《2007年国际紫砂研讨会论文集》，故宫博物院刊．北京：紫禁城出版社，2009: 9.

⑤ 周思中．中国陶瓷设计思想史论[M]，武汉：武汉大学出版社，2012: 90.

⑥ Xu Xiaodong. Europe-China-Europe: The Transmission of the Craft of Painted Enamel in the Seventeenth and Eighteenth Centuries, [C] Goods from the East, 1600—1800: Trading Eurasia, London: Palgrave Macmillan UK, 2015: 95.

的工匠来中国[①]。他们带着康熙皇帝馈赠法王之珍贵礼物（包括装潢精致的书籍四十九册），“白晋于康熙三十二年（1693年）离京，1697年阳历3月抵法，三十八年（1699年）阳历3月返华，同来特选教士十人。”[②]

康熙五十七年（1718年）奏准，珐琅作改归养心殿造办处。资料显示，两广总督杨琳于康熙五十五年（1716年）派广东珐琅匠潘淳、杨士章及其徒弟二人共四名进内廷珐琅厂效力。康熙五十八年六月（1719年），杨琳又送来自法国的耶稣教士陈忠信（Jean Baptiste Gravereau 1690—1762年）指导珐琅烧造[③]。

据史料记载，两广总督杨琳和广东巡抚杨宗仁奏报：“……本年五月十二日，到有法蓝西洋舡一只，据报，装载燕窝、胡椒、绒毡等货，内有法兰西行医外科一人，名安泰，年26岁。又会烧珐琅技艺一人，名陈忠信，年28岁。奴才等随催令安泰、陈忠信即速赴京。……令其于六月十八日，即公同遣人伴送来京”[④]，并且，“安泰、陈忠信二人于六月十八日自广州启程”[⑤]。

陈忠信不仅对珐琅烧造技术有经验，在京期间，除了担任画家及画珐琅制作工作外，很可能还协助制作铜版画[⑥]。然而陈忠信的资料十分有限，查阅相关的传教士列传，对其描述仅短短几行。并且，有的书中还将陈忠信与倪天爵混为一谈[⑦]。

即便这样，他对康熙晚年珐琅彩研制的推动作用还是有目共睹的。经过工匠多次试验，在康熙晚年清廷烧制珐琅工艺成功。随后，历经雍正、乾隆宫廷盛行珐琅彩。雍正六年（1726年），11月9日，传教士伊格内修斯·克格勒（Ignatius Koegler，1680—1746年）写信给慕尼黑：“现在最重要的任务是寻找一个在彩绘珐琅中能干的工匠，彩绘珐琅在宫廷极为受欢迎。皇帝自己痴迷于此”[⑧]。

---

① Charles E. Ronan S. J.，ed., East Meets West: The Jesuits in China, 1582—1773[M], Chicago: Loyala Press, 1998: 115.

② 方豪着．中国天主教史人物传[M]．北京：宗教文化出版社，2007: 417.

③ 杨伯达．杨伯达论艺术文物[M]．北京：科学出版社出版，2007: 419.

④ 中国第一历史档案馆编．康熙朝汉文朱批奏折汇编（第八册）[M]．北京：档案出版社，1985: 506.

⑤ 中国第一历史档案馆编．康熙朝汉文朱批奏折汇编（第八册）[M]．北京：档案出版社，1985: 524.

⑥ 施静菲．文化竞技：超越前代、媲美西洋的康熙朝清宫画珐琅[M]．民俗曲艺，2013，182（12），149-219.

⑦〔法〕费赖之．在华耶稣会士列传及书目[M]．冯承钧，译．北京：中华书局，1995：678.

⑧ Xu Xiaodong. Europe-China-Europe: The Transmission of the Craft of Painted Enamel in the Seventeenth and Eighteenth Centuries[C], Goods from the East, 1600—1800: Trading Eurasia, London: Palgrave Macmillan UK. 2015: 96.

此后，皇帝命令工匠在金属胎（金、银、锡等），瓷胎、玻璃胎、宜兴胎等材质上作珐琅彩装饰。紫砂胎珐琅彩也由此而生。紫砂胎珐琅壶器，由清代宫廷造办处烧制，专门为皇室而用，是康熙时期独有的，雍正、乾隆两个朝代没有。康熙时期的珐琅作品，奠定了清宫珐琅器的整体面貌。

清初的紫砂品较明代不论是制作工艺，还是艺术格调上有了质的飞跃，泥质也更加细腻，色泽温润。因为康熙喜欢西洋传入的珐琅彩，在清宫珐琅工艺研制成功后，就命人尝试使用铜胎、金胎、玻璃胎、瓷胎，以及宜兴胎等不同材料的胎质上画珐琅制品。珐琅彩是一种釉上彩，主要成分是硼酸盐和硅酸盐的混合物，在不透明的白色易溶的珐琅料中，加入适量金属氧化物色素，即成为具有丰富色泽的珐琅彩①。

康熙时是由宫中造办处出样图，派专人送到宜兴烧好素胎后呈进宫，造办处珐琅作再根据挑选出来的御用画家的画稿画珐琅彩，然后用小炉窑烧制。“根据当时烧造珐琅彩陶瓷的工艺条件，紫砂陶的坯体必是在宜兴烧成后送往京师，再由宫内造办处涂上珐琅彩的。”②然而，笔者在清宫档案笔记中尚未发现其相关的烧造记录，因而也不能确定此品种的珐琅彩工艺流程是在何处完成的，学者的认知也只能是一种推测。

乾隆三年、六年，内务府的《内务府各作成做活计清档》（简称为“活计档”）就是关于乾隆皇帝康熙朝宜兴胎画珐琅茶器配木匣用来整理归类的记录③。中国第一历史档案馆藏《活计档》中记录乾隆三年至六年间内务府造办处陆续对宜兴胎画珐琅盖碗十二件、茶碗四件、茶壶五件、包袱壶及提梁壶一件等共二十三件配匣。此上记录，与道光十五年七月十一日立的《乾清宫珐琅、玻璃、宜兴磁胎陈设档》所记载有三件之差。咸丰四年（1854年）以后收藏于乾清宫的宜兴胎画珐琅器共有十九件。在光绪元年、二十八年《陈设档》中，则记录有十九件宜兴胎珐琅器，与乾隆三年至六年间《活计档》记载的二十三件差四件。这十九件康熙朝的宜兴紫砂胎画珐琅器，悉数为台北故宫博

---

① 吴山. 中国紫砂辞典[M]. 南京：江苏美术出版社，2007: 82.

② 宋伯胤. 紫砂苑学步[M]. 台北：盈记唐人工艺出版社，1998: 127.

③ 档册是清代工艺美术品和画院画家作品最集中的文字史料，其中有某些作品的作者姓名，设计者的姓名，管理人员的姓名，成做活计的品名，皇帝对于器物制作的具体要求和意见。故宫所清代工艺美术品有许多件可以在档册中找到作者是某人，是某年月日开始设计画样、做模型，某日完成，以及陈设地点等。——出自朱家溍选编，养心殿造办处史料辑览（第一辑）雍正朝，紫禁城出版社，2003年8月版第2页。

物院所藏，别无他处，并且名目与光绪元年、二十八年的《陈设档》所记完全符合。另外，据《陈设档》的记录，其中一件宜兴胎画珐琅包袱式壶于咸丰四年皇帝赏赐给了皇后。这件包袱式壶在乾隆三年九月二十五日《活计档》（乾清宫）上就有记载：“九月二十五日七品首领萨木哈来说太监胡世杰交宜兴画法琅包袱式茶壶一件（壶盖透盈）、宜兴四方画法琅四季茶壶一件，宜兴画法琅海棠式茶壶一件”[①]（图4.1）。

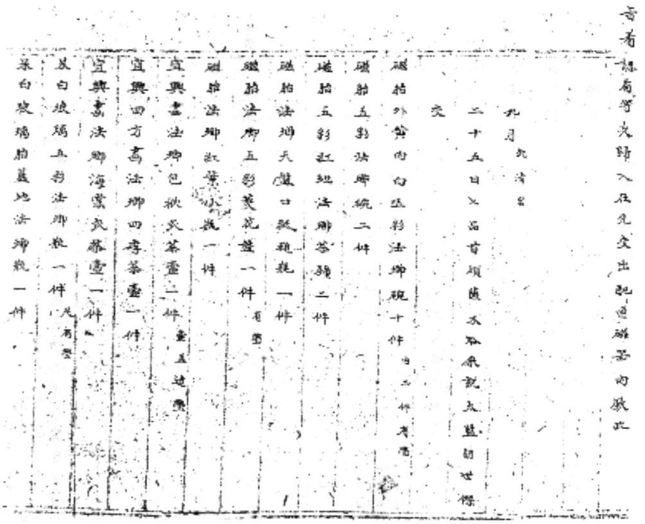
九月
二十五日七品首领萨木哈来说太监胡世杰
交
磁胎外黄内白五彩法瑯碗十件 内二件有璺
磁胎五彩法瑯碗二件
磁胎五彩红地法瑯茶盅二件
磁胎法瑯天盘口瓶一件
磁胎法瑯五彩菊花盘一件 有璺
磁胎法瑯红叶小瓶一件
宜兴画法瑯包袱式茶壶二件 壶盖透璺
宜兴四方画法瑯四季茶壶一件
宜兴画法瑯海棠式茶壶一件
又白玻璃五彩法瑯瓶一件 有璺
米白玻璃胎盖地法瑯瓶一件

图4.1　乾隆三年九月二十五日《活计档》

朱家溍先生根据造办处匣裱作日记档载，出示了一份珍藏在故宫端凝殿左右屋内的四百件画珐琅器的名录。这一批瓷胎珐琅器自乾隆三年九月开始，陆续为其配制楠木匣盒，珍藏于乾清宫。在这份四百件名录中，61件乾隆款瓷胎洋彩和很多铜胎画珐琅未列其中。这些珐琅器除了有少量的玻璃胎与宜兴胎之外，均为瓷胎。每一件或两三件盛一木匣，匣内糊囊，匣盖上刻填色品名。照原盛匣盖上刻的名称，有关宜兴胎珐琅器的目录所列的品类、数量都和现存实物对照相符，说明300年来这批珐琅精品一直保存完整。现摘录匣裱作记录的18件宜兴胎珐琅器名录[②]如下。

① 清宫内务府造办处档案总汇（1737—1739年）. 中国第一历史档案馆，香港中文大学文物馆合编出版发行，北京：人民出版社，2005: 154.

② 朱家溍.《清代画珐琅器制造考——工艺美术史料汇编之一》[J]. 故宫博物院刊，1982: 74.

11 宜兴胎画珐琅五彩四季花盖碗。康熙年制。（二件）

12 宜兴胎画珐琅盖碗。康熙年制。（一件）

13 宜兴胎画珐琅菊花茶碗。康熙御制。（二件）

14 宜兴胎画珐琅万寿长春海棠式壶。康熙御制，有座、盒。（一件）

15 宜兴胎画珐琅五彩四季花盖碗。康熙年制。（一件）

16 宜兴胎画珐琅壶。康熙年制。（一件）

17 宜兴胎画珐琅五彩四季花盖碗。康熙年制。（二件）

18 宜兴胎画珐琅五彩四季花壶。康熙年制。（一件）

19 宜兴胎画珐琅花卉茶壶。康熙御制。（一件）

20 宜兴胎画珐琅盖盅。康熙御制。（一件）

21 宜兴胎画珐琅五彩四季花盖碗。康熙年制。（二件）

22 宜兴胎画珐琅提梁壶。康熙御制。（一件）

23 宜兴胎画珐琅五彩四季花盖碗。康熙御制。（二件）

以上目录和光绪元年、二十八年的《陈设档》所记与今日台北故宫博物院所藏基本一致，只是缺少盖碗一件。今台北故宫博物院所藏宜兴紫砂胎珐琅盖碗有五对和一单件，共十一件。在这些器具中，除了一件小型提梁壶或作为水滴使用外，余均为茶器。这批紫砂胎画珐琅茶器是康熙皇帝创办的造办处专为皇家制作，同时受到雍正、乾隆皇帝的珍视。“故而有清一代，无一外流，以数量而言，更少于汝窑的二十一件。”[①]根据名录以及博物馆的实物馆藏，我们可以大致描述宜兴胎珐琅器的艺术风格及面貌。

在器型上，主要为茶器。常见的类型有执壶、提梁壶、盖碗、盖盅等。这沿承了宜兴紫砂以茶器为主的造型。存世的茶壶有四把，其中方壶、海棠式各一把，瓜式壶两把。其实，这四把壶，除了方壶之外，其余三把造型相近，只是以壶身花卉命名，器身为四瓣瓜棱形，短流，平底。盖沿儿做花瓣形卷边处理，与器身瓜棱形相得益彰。其中，海棠壶盖沿的卷边用釉彩进行装饰（图4.2）。

图4.2 康熙宜兴胎画珐琅万寿长春海棠式壶
高8.7cm、口径5.7cm，台北故宫博物院藏

① 余佩瑾，陈玉秀. 大观北宋汝窑特展[M]. 台北：台北故宫博物院，2007: 14.

实际上，除了四把茶壶之外，还另有一把宜兴胎画珐琅提梁壶。从壶的尺寸、造型来看，这把壶应该不是作为实用之器。在尺寸上，壶的口径仅为3.2cm，高7.8cm，腹深2.7cm，可谓是“小不盈把”。此壶在造型上有如意形外撇三足，盖有兽纽，异兽作蹲踞状，对壶身比例而言体态略大。且浑身施黄色珐琅彩料，与器身花卉色调统一。北京故宫博物院仅藏一件康熙邵邦佑款珐琅彩残壶（图4.3）。此壶并未在《陈设档》或者《活计档》内有记录①。此壶壶身呈圆形，平底，浅圈足，流和壶柄已经残缺，壶盖保存完好。器底楷书体阁体书：“乙酉桂月臣僧实诚进，邵邦佑制”十三字。壶是深栗色砂泥，以红、黄、蓝、绿等珐琅彩描绘山石花鸟。从壶的造型和花纹的布局，以及双犄牡丹的画法来看，具有康熙朝中晚期瓷器绘画的风格。专家判定此壶的制作年代早于台北故宫博物院所藏的带有“康熙御制”款的宜兴胎珐琅彩茶具②，并且推测其画珐琅工序可能在清宫造办处完成③，而不是从宜兴定制器胎，再送至宫廷烧成。

图4.3　清康熙旧藏壶

高9.7cm，口径8cm，足径7.4cm

（1）碗类

在康熙宜兴紫砂胎珐琅十一件盖碗中，造型相同，皆带盖。造型皆为敞口、圈足、弧形壁。在康熙宜兴胎画珐琅中还有另外一种茶碗，不带盖。茶碗的造型特征是撇口、深弧腹、平底圈足。口足间各饰凹棱弦形一周。此类茶碗相同造型有两件，在上述朱家溍先生所录道光十五年《乾清宫珐琅、玻璃、宜兴胎陈设档》目录中名为“宜兴胎画珐琅菊花茶碗”，其实这两件茶碗的名称

① 清宫内务府造办处档案总汇（1737—1739年）．中国第一历史档案馆，香港中文大学文物馆合编出版发行，北京：人民出版社，2005: 157.

② 故宫博物院编．宜兴紫砂图典[M]．北京：故宫出版社，2012：

③ 廖宝秀．传承与创新——略论康熙宜兴胎画珐琅茶器[C]//故宫博物院．2007年国际紫砂研讨会论文集．北京：紫禁城出版社，2009: 9.

多以后来常用“宜兴胎画珐琅三季花、三果花茶碗”示人。这并不是朱家溍之误。事实上，道光十五年《乾清宫珐琅、玻璃、宜兴胎陈设档》立有两册，当时北京故宫档案编号分别为陈007、陈008，朱家溍先生所列目录为“陈007”。根据北京故宫近年发表的道光十五年版《陈设档》，这两件茶器名称均为“宜兴胎画珐琅三季花、三果花茶碗贰件计一匣”[①]。这样的茶碗在清宫也叫“茶元”。在乾隆三年九月二十九日《活计档》（乾清宫）上就有记载：七品首领萨木哈、催总白世秀来说太监胡世杰交“宜兴烧法琅盖碗十件、宜兴烧法琅茶元四件、宜兴烧法琅茶吊一件，俱系康熙年款，传旨俱各配匣盛装”[②]（图4.4）。两件碗底都书“康熙御制”二行四字黄料楷款，三季花茶碗外加单框圈一周，三果花则不加框圈，因而，从款识设计来讲，两件可能并非一对，或者同时烧造。

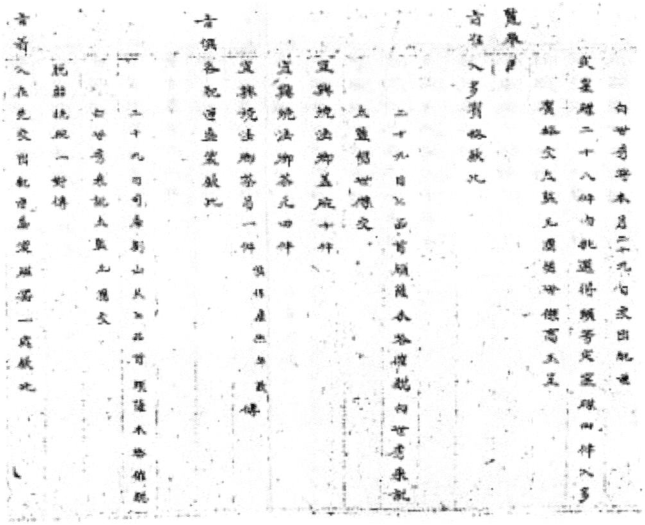

图4.4　乾隆三年九月二十九日《活计档》

（2）盖钟

在所藏器中，还有一单件盖钟，器身形如倒钟，侈口折沿儿，深腹、圈足（图4.5）。盖钟比一般的盖碗要高且瘦。此盖钟带盖。明代之后，随着叶茶冲泡

① 廖宝秀．传承与创新——略论康熙宜兴胎画珐琅茶器[C]//故宫博物院．2007年国际紫砂研讨会论文集．北京：紫禁城出版社，2009: 19.

② 清宫内务府造办处档案总汇（1737—1739年）[M]，中国第一历史档案馆，香港中文大学文物馆合编出版发行，北京：人民出版社，2005: 157.

饮茶方式的流行，带有盖的盖碗、盖钟十分流行。盖钟为人们所喜爱。《红楼梦》四十一回：“妙玉亲自捧了一个海棠花式雕漆填金云龙献寿的小茶盘，里面放了一个成窑五彩小盖钟，捧与贾母……众人都是一色官窑脱胎填白盖碗。”当时的盖钟虽也见侈口或撇口，但此件宜兴胎画珐琅盖钟折沿造型十分特别，盖沿儿小，口沿儿略大，两者上下密合相扣。另外，当时康熙珐琅在器型方面，瓷胎多为碗、盘。

图4.5 清康熙宜兴胎画珐琅四季花卉盖碗
台北故宫博物院藏

（3）装饰题材

因为宜兴胎本身砂质胎的特性，陶质的紫砂胎致密度差，疏松细小的空隙会吸收色料，使画面不甚光洁。为使紫砂胎更加光滑细致，容易上色。在装饰时，先在胎上涂抹透明釉，然后再进行彩绘。不但能增强器表的光泽度，而且能增强画面效果。涂透明釉的另外一层原因还有可能是由于当时珐琅料依赖西洋进口，透明釉打底能省彩料，这种现象为康熙朝御用器独有。康熙朝以后的画彩器都是直接将彩料绘制于素胎之上，不再用透明釉打底①。珐琅彩虽然有时会涂上额外的红色，灰色是主色调，珐琅胎以黑、白两色为主。17世纪后制作工艺是：首先将一层白色或蓝色的珐琅涂在金属胎上，随后烧成，最后涂上珐琅色。这种技术，使颜色更亮并增强了珐琅的玻璃质感。在胎上先涂上一层白色、黄色或者红宝石色，再进行素烧，绘画珐琅图案之后入窑进行二次或多次烧成。这是普通的制作康熙时期彩绘珐琅器皿的方法。这个流程吸取了欧洲，特别是在利摩日使用的方法，从17世纪开始，在金属上施珐琅。由于技术限制，珐琅颜色只被涂在瓷坯上，色彩呈色更加稳定，康熙时期珐琅瓷胎是从景德镇运送的②。

在康熙朝，各类胎质的珐琅器纹饰，大体可分为两种图案：折枝花卉、传统山水。前者多规矩严谨，以写实为主；后者有中国传统山水构图，更多融合了西洋风景元素。在所见的这十九件宜兴胎画珐琅茶器中，装饰题材多为中国

① 王健华．试析故宫旧藏宫廷紫砂器[J]．故宫博物院院刊，2001（6）：72.

② Xu Xiaodong. Europe-China-Europe: The Transmission of the Craft of Painted Enamel in the Seventeenth and Eighteenth Centuries[C]. Goods from the East, 1600—1800: Trading Eurasia, London: Palgrave Macmillan UK, 2015: 100.

传统四季花卉纹样，其中以牡丹、菊花、荷花为代表。中国人似乎对自然界中的花草植物有着浓厚的感情，尤其在清代，陶瓷器物上更多是表现色彩艳丽、优雅多姿的花卉，其间蜂蝶纷飞、花枝招展，一派鸟语花香、欣欣向荣的景象（图4.6）。

图4.6　清康熙宜兴胎画珐琅四季花卉方壶
通盖高11.6cm，口径6.4cm，台北故宫博物院藏

有学者曾统计，康熙画珐琅以花卉为主要纹样，总数达38种，其中排在前三位的花卉纹样为：牡丹花25种，占66%；四季花卉4种，占11%；莲花3种，占8%[①]。这些紫砂胎茶器，虽然取自中国传统花卉装饰，但是在表现上，不自觉地受西方绘画要素和表现的影响。例如宜兴胎画珐琅三季三果花茶碗。在道光十五年的《陈设档》中，宜兴胎画珐琅三季花和三季果茶碗放置在同一匣内。这两件器物不论从图案表现还是花卉结构布局上，都深受西洋绘画的影响。三季花碗在图案布局上，采用当时洛可可时期惯用的开光布局，并且用西式蔓草做边饰分割，开光内装饰牵牛花、菊花、牡丹花三季花卉。不论是作为平面的开光装饰，还是作为立体瓷塑形式，这种卷草装饰在17、18世纪的欧洲器物装饰上十分常见。可见与三季花茶碗相比较，两者纹饰十分接近，只不过开光内的人物纹样换成了中国常见的花卉纹样（图4.7、图4.8）。

图4.7　镀金珐琅茶杯及托
伦敦切尔西工厂制，1762—1763年，英国V&A博物馆藏

图4.8　宜兴胎画珐琅三季三果花茶碗
康熙时期，高5.7cm，口径11.2cm，台北故宫博物院藏

① 周思中．中国陶瓷设计思想史论[M]．武汉：武汉大学出版社，2012: 105.

对比两者，我们还是能够看出些区别：宜兴胎茶器上的翻卷的叶饰由于注重局部的精雕细琢，烦琐的内容削弱了总体结构的明晰性，而欧洲器物上出现的类似图案，要清新明快得多。

图4.9 康熙宜兴胎画珐琅三季三果花茶碗
台北故宫博物院藏

另外，三季果茶碗，内壁无纹，外壁紫砂胎上未施透明釉，而以珐琅彩直接绘花果纹（图4.9）。以果实为主，花卉作辅，有桃实、荔枝、香橼、枇杷、柿子、石榴、葡萄、荸荠、菱角、樱桃等三季果实，果实之间饰以月季、兰花、雏菊等花卉。为了凸显果实，主体的桃实、荔枝、枇杷等画得较大，花卉较小。在对果实表现上，在艺术手法上和果实排列组合和构成形式上来看，具有明显的西方绘画的影响，描绘的果子力求写实。布局上，花果讲究多层次，纹样呈现通连式布满整个器身。也可以看出西方绘画中透视的影响。这不但是外来饮具的装饰风格，也是景德镇外销瓷器一项重要的制作要求：单独纹样要呈现丰满紧凑的装饰效果。因而，可以看出欧洲的审美需求透过瓷器订单反映出来，不可避免地又映射到宜兴紫砂的制作上。在康熙时代，西方绘画理论就已经传入，马国贤与乔凡尼·切拉蒂尼就曾经在中国传授过安德烈·波佐《绘画与建筑艺术中的透视法》中的透视法理论[①]。

还有的宜兴胎画珐琅装饰，虽然在线条勾勒、色墨润染方式上更多地使用中国传统绘画的要素和手法，然而，细细观察，在艺术表现上却有某种西方装饰趣味。众所周知，中国传统花鸟画，在表现手法上注重线条和笔墨情趣，因而在设色上，以墨为主，略施丹青，在装饰上借鉴写意绘画的效果，在单纯的形式审美之余，更多的是表现一种画外意境。观察此器的珐琅彩绘画，色彩艳丽，绘画性和写实性表现更突出，装饰趣味也更浓一些，这些都是西方绘画表现元素。对比图4.10和图4.11，在用色、装饰性上可见一斑。观察右图花卉的勾线方式，既吸收了西方绘画的艺术语言，又与实用器的属性和宜兴紫砂材质结合，形成具有装饰性的图案。

在康熙试烧阶段，用于彩绘的珐琅料尚依赖进口。进口色料品种十分丰富，色泽艳丽，计有胭脂红、黄、粉红、白、紫、蓝、粉红、黑等色，到康熙

① 黄见德. 明清之际西学东渐与中国社会[M]. 福州：福建人民出版社，2014: 384.

图4.10 “花束”
丹麦大安布罗修斯·博斯查尔特，1619—1620年，高28cm，宽22cm，洛杉矶艺术博物馆藏

图4.11 康熙宜兴胎画珐琅花卉茶壶局部

末期之后，有了自己研制的材料。

在大量西洋风格化的瓷器中，虽然宜兴胎紫砂器的欧洲绘画风格尚不成气候，但它却印证西方风格的艺术正在逐渐地被接受，并且对中国装饰艺术产生影响，尤其是宫廷贵族阶层的审美趣味变化起着潜移默化的作用。

（4）落款

康熙时期的珐琅器多用四字御用款，与其他器物不同，与雍正、乾隆时期珐琅款识也不同。“康熙年制”楷书二直行款、宝蓝色“康熙御制”楷书款、红色“康熙御制”楷书二直行款、描金“康熙御制”楷书款等，虽然形式多，但是字体一致。

在故宫博物院所藏的宜兴胎珐琅器来看，有“康熙御制”落款的茶碗两件、茶壶、提梁壶共三件、盖盅一件、盖碗两件等，总共八件器。其余器件皆为“年制”款。从现存康熙官窑瓷来看，“年制”款是工部在景德镇御厂制作的官窑器，基本属于“部限”瓷，该类瓷器使用范围较宽，包括宫内日用、观赏、赏赐用等[①]。只有非常之作，才可落“康熙御制”，凡落此款，必是精品。“御制”款仅限宫内造办处制作的包括铜胎、瓷胎、宜兴胎等画珐琅器。当时画珐琅工艺属于西方引进技术，一方面在技术、成本上高于普通官窑产品，另一方面由于皇帝的珍视，使用级别也高于普通御用器。

① 周思中．中国陶瓷设计思想史论[M]．武汉：武汉大学出版社，2012: 114.

总之，在中国与欧洲文化交流互动频繁的18世纪，宜兴胎画珐琅在欧洲文化艺术的影响下表现出客观性和主观性相融合的特点。两大客观性：第一，珐琅工艺从欧洲引进，作为一种纯粹的外来工艺，在珐琅工艺创作之初，完全仰仗西方传教士对珐琅技术的支持，“清宫珐琅彩瓷是欧洲珐琅彩工艺与中国制瓷工艺的完美融合，具有极高的艺术价值和工艺价值。如果没有西方传教士画家的参与，很难想象康熙珐琅彩瓷能够创烧成功”①。加之这一过程发生在17、18世纪中西文化交融大背景下，可以说，清宫画珐琅生而带有“中西合璧”的性质。第二，这种工艺是在皇帝直接授意和监督下在中国发展起来的，并且所制作器品与御厂制作的官窑器相比，难度更大，成本更高，更为皇帝所珍惜，使用级别也更高，因而它又带有一种帝王意志和宫廷属性，所以，其艺术表现性上带有皇帝个人审美喜好，因而，在历代帝王中表现出不同的艺术风格。

在主观性上，康熙宜兴胎画珐琅创作之初，仰赖西洋传教士的技术协助，装饰或者表现技法上难免有西洋绘画风格，但是，康熙帝却没有单纯模仿，在画样选择上以中国传统绘画花卉题材为主，对于那些流行的西洋元素采取“选择性的纳入”②。对西方绘画的选择性纳入和借鉴，从纹饰题材、绘画表现等方面有意无意地呈现出这种“中西合璧”的特征。值得一提的是，这种“中西合璧”的特征在当时的玻璃、漆器、金属，以及绘画等艺术形式中均有所表现。这种结果的出现，一方面与当时中欧文化大交流的社会背景有关，另一方面，也与清代紫砂瓷器化的表现有关。当时紫砂和瓷器相互影响、借鉴的情况十分显著。紫砂茶器的造型为瓷器所借鉴，瓷器多样化的装饰表现也为紫砂器所模仿。

2. 画彩釉

到18世纪中后期，清代皇室用器受宫廷工艺美术审美的影响，宜兴紫砂开始施釉，呈现浓墨重彩、富丽堂皇的装饰风格。陶瓷的装饰呈现多样化。表现在：釉上釉下彩绘、坯体装饰、化妆土装饰、釉色装饰、刻划花饰，以及综合装饰等几大类，琳琅满目，集各朝代工艺之大成。清代，紫砂内销壶也出现装饰化倾向。清康熙年间开始在紫砂壶上施五彩，之后又出现了珐琅彩、粉彩等低温彩。清朝嘉庆、道光时期以蓝釉为底色，用白釉作绘画的品种。英国

① 万镇华、程贵华．谈西方传教士画家影响下的康熙珐琅彩瓷及意义[J]．中国陶瓷，2011，(11)：91.

② 施静菲．十八世纪东西交流的见证：清宫画珐琅制作在康熙朝的建立[J]．故宫学术季刊，2007，24(3)：72.

V&A博物馆藏有一器身涂满蓝色珐琅釉宜兴茶壶（图4.12）。器身采用开光的装饰布局、狮纽装饰。到19世纪早期，为满足西方市场和审美需求，这种施釉的产品急剧增多。

图4.12　画珐琅茶壶
宜兴制，1830—1850年，高9.2cm，英国V&A博物馆藏

一般来说，紫砂的装饰方式无怪乎在造型、泥色，以及紫砂泥的肌理上施展。紫砂素有“方非一式，圆不一样”的美学观，形制本身就是一种装饰。“紫砂陶的性格质朴文静、绚丽、素面素心，浮艳与它基本无缘，以其独特的拙朴、明秀而显示出高洁的美容美质。”[①]造型装饰一方面包含仿生艺术处理的“花货”，另一方面是以立体线条来表达的“光货”“筋囊器”。清代之时，除了紫砂加珐琅彩装饰之外，还出现了紫砂画彩釉的工艺。但是两者是完全不同的工艺性质。

所谓紫砂画彩釉，就是用低温釉彩在紫砂成品绘画。宜兴胎彩釉有粉彩、炉钧、蓝彩、满彩和点彩等种类。具体的做法是：用釉料在烧成的紫砂素胎上堆画纹样的底层，继而用彩勾画。再经800～850℃第二次烧成。彩釉装饰形式一般分为两种，一种是在器物上绘花鸟、山水、戏曲历史人物图案纹样；另一种是在器物周身施满釉，也称“炉钧紫砂”[②]。虽然此工艺受景德镇瓷器上加彩装饰的启发，然而宜兴紫砂所用的彩釉不同于同时期瓷器上所用，它的釉彩是含铅易熔釉之釉彩，不同于瓷器所用釉彩，它为宜兴本地所产，覆盖性较好，釉面光亮。清代吴骞《阳羡名陶卷上·选材》记载：“大潮山，一名南山。在宜兴县南。距丁、蜀二山甚近。故陶家取土便之。山有洞。可容数十人。又张公、善权二洞。石乳下垂。五色陆离。陶家作釉。悉于是采之。”[③]

宜兴紫砂画彩釉，始创于雍正时期，乾隆时期较为兴盛，全器绘满釉彩，锦地开光较为常见。绘彩讲究对称工整，珐琅彩部分常以粉彩添饰。“有紫砂

① 徐秀棠．中国紫砂[M]．上海：上海古籍出版社．1998: 60.

② 是仿钧窑釉彩的一种装饰技法，出现在清乾隆年间。先以高温烧成紫砂素胎，施釉后进窑低温二次烧制。施满釉的紫砂器因为胎骨与釉面膨胀系数不同，器皿烧成后釉面会形成细微的网状裂纹，独具艺术风格。

③ 清代吴骞《阳羡名陶卷上·选材》[M]，朱琰等．陶说（二）·阳羡名陶录（附续录）·古玉图·玉名诂．北京：中华书局，1991: 2.

挂釉山水者，彩色精美，冠绝等伦。”[1]至乾隆时期，满彩变为点彩，粉彩的装饰也是随意涂抹，像是率性而为，工艺粗糙，完全少了雍正时期的规矩精致。嘉庆之后，紫砂装饰多蓝白粉彩、珐琅加彩。蓝白彩蓝色较深的或者花彩色泽艳丽的，往往是19世纪早中期作品，点彩多为19世纪晚期作品。下图龙纹彩釉紫砂壶（图4.13），莲子器型清中期比较多见，龙纹是清晚期的造型，紫砂加饰蓝白彩在嘉庆之后出现，因而初步推断是清代中晚期作品。

图4.13 龙纹彩釉紫砂壶
清中晚期

图4.14 清王南林款绿釉古莲子壶
高12cm，台北成阳基金会藏

粉彩，亦或称“软彩”，萌芽于康熙年间，由五彩发展而来，雍正时期工艺最精湛，艺术格调最高。紫砂胎饰粉彩，在乾隆、嘉庆、道光三帝王时代较为多见。不论是局部还是满釉，粉彩装饰都比较常见。如“王南林款绿釉古莲子壶”，除了壶底之外，绿色底满釉装饰，并用深绿色釉勾勒，缠枝花叶做地纹，红莲花做主纹，形成富丽繁缛的装饰风格（图4.14）。

在工艺上与瓷胎粉彩相同：在宜兴素胎上以玻璃白打底，彩料晕染作画，再经低温炉火烘烤而成。瓷胎粉彩色调丰富，风格淡雅清新，既不像五彩那般浓重艳丽，也不像珐琅彩那样华丽繁缛。瓷胎粉彩改变了五彩单线平涂的装饰方法，晕染作画色调多层次分明，更显精致细腻。然而，因为紫砂胎多气孔，多用平涂方法，晕染方法少见且不似瓷胎效果好。在紫砂胎上施粉彩常皴裂或脱落。道光时期作品，为紫砂加粉彩，整体写意风格，画工并不精巧，略显粗糙，釉彩有明显的气泡。原因大致是：其一，紫砂胎质粗糙；其二，在第二次烧成之时温度过低。

紫砂画彩釉创始于雍正早期或者更早的时间，盛行于乾隆时期，在清代中晚期至民国时期偶尔见到（图4.15、图4.16）。阮葵生所著《茶余客话》：“近

---

① 许之衡撰．饮流斋说瓷[M]．杜斌校注．济南：山东画报出版社，2010: 213.

图4.15　珐琅釉装饰壶
宜兴制，1800—1865年，高12.7cm，宽18.1cm，英国V&A博物馆藏

图4.16　宜兴茶壶
彩釉，高14.8cm，巴黎吉美博物馆藏

时宜兴砂壶，复加饶州之鎏，光彩照人，却失本来面目。”①

清代紫砂加彩挂釉装饰方式盛行的原因大约有以下几点：中国与欧洲文化的交流和外销生产双重影响作用。欧洲洛可可艺术与清代宫廷艺术相互交流影响下的日用之器追求繁缛华丽的装饰风尚，瓷器的造型和装饰丰富多样，工艺水平超越前代。清代外销瓷中的青花、粉彩、五彩深受欧洲人的欢迎。因而，紫砂的华丽装饰正是受这种外销生产和外来文化交汇的共同影响，“大量的紫砂器为了满足达官显贵对华贵的追求而加彩挂釉，外销的需求中也逐渐在增加此类定制需求。清代紫砂加彩饮具的装饰特点参考了外销茶具及外来茶具的部分风格要素”。②例如清中期之后外销广彩紫砂壶的出现，就是受当时景德镇素白釉瓷在广州绘彩加工后外销的影响③。康熙二十三年开放海禁后，广州成为对外贸易的重要港口。随着当时的外销大潮，宜兴与潮汕所产的朱泥功夫茶壶也运到广州，施以彩釉以迎合欧洲市场的审美趣味。这种施加广彩的小茶壶存在时间约在嘉庆、道光至晚清时期④。虽然数量不多，但装饰十分具有特色。从所见的紫砂画彩釉茶饮器来看，可以从造型、装饰、釉色等方面分析这种影响力。

① 〔清〕阮葵生．茶余客话[M]．北京：中华书局，1959: 587.

② 韩荣．清代紫砂加彩饮具研究[J]．中国陶瓷，2012（5）: 69.

③ 随着广州成为重要通商口岸，商贩把景德镇生产素白釉瓷运送到广州，广州当地陶工进行绘彩装饰，再以700～800℃入窑烘烧，形成釉上彩绘瓷器。因为大部分是为出口而制，所装饰纹样有异国情调。

④ 黄健亮，黄怡嘉．《荆溪朱泥——明清宜兴朱泥壶研究》[C]．台北：盈记唐人工艺出版社，2010: 209.

（1）造型

紫砂从生产之初，造型皆以实用为先，追求功能性与审美性的结合。尺度合宜，大小协调。吴骞《阳羡名陶卷上·本艺》："壶供真茶。正在新泉活火。旋瀹旋啜。以尽色香味之蕴。壶宜小不宜大。宜浅不宜深。壶盖宜盎不宜砒。汤力茗香。俾得团结氤氲"①，紫砂对功能、操持、浸泡的需求要求严谨。

在当时，受外销瓷的影响，紫砂壶造型也求新求异，甚至还出现了三角壶、风车壶、轿子壶等新奇式样。19世纪，法国古陶瓷研究者阿尔伯特·雅克马尔（1808—1875）对千姿百态的宜兴茶壶如此评价："你会发现，有些茶壶似二轮马车，有些甚至似吹谷风车，中间的叶轮会被沏茶时产生的热气驱动而旋转"②。

另外，明代时煮茶壶外形的典型特征是把柄安置在于盖纽垂直的肩上部，之后茶壶手柄安置在与壶对称之处。同时，在形制上，明代紫砂壶多为小手柄，壶高多在15cm以下。受欧洲饮茶方式的影响，外销壶在形制上偏大，敦实厚重。同时，为了符合欧洲人手大的特点，此时壶多为"C"形大手柄，大概是受当时景德镇外销以及欧洲所产陶瓷茶壶的影响。紫砂画彩釉茶壶也表现出这样的倾向，壶高20cm之余常见。例如梨形粉彩茶器（图4.17），同样的形制在17世纪末传入时小巧精致，到了19世纪中后期，茶壶在形制上普遍偏大，

图4.17　粉彩紫砂茶器
英国V&A博物馆藏

① 吴骞．阳羡名陶卷上·本艺[M]，中华书局，朱琰等，陶说（二）·阳羡名陶录（附续录）·古玉图·玉名诂．1991: 2.

② 帕特里斯·万福来．销往欧洲的宜兴茶壶[M]．施云乔，译．杭州：西泠印社出版社：2015: 5.

完全少了惠孟臣壶的小巧玲珑。当然，例外的是乾隆、嘉庆以后，迷你小壶蔚然成风，精工泥绘小壶、泥绘鼻烟壶，高约5cm左右。但更多的是作为茶客雅玩炫奇之物。

（2）装饰

紫砂画彩釉器多颜色艳丽、富丽堂皇，受外销瓷和外来饮具的影响，在器身腹部描绘主题纹饰，在盖沿、壶口等口沿，以及壶柄、壶肩部布满边饰带，器身以通连式、满地式自上而下饰满花卉、枝叶等藤蔓植物纹饰；在装饰布局上，常见开光装饰布局，内部装饰有主题纹样，层次丰富，主次分明；装饰题材上，以花草植物纹为主，常见牡丹、莲花、葡萄纹，还见蔷薇等常在欧洲瓷器上出现的小叶花卉。所绘花卉力求生动写实，所绘枝干、花瓣注重细节。也有部分器物常以粉彩绘制山水、房亭、树石，多以块状形式出现，采用平涂方式，所绘纹样略高于壶底胎，画面富有立体效果。还有的紫砂画粉彩器皿刻意模仿当时瓷胎粉彩丰富的色彩和装饰格调，多用蓝、绿、黄等色调，但是，由于紫砂底色缺少光泽，反倒不如粉彩瓷器白底或者黑底那样底色与绘画对比鲜明，赏心悦目。另外，从部分茶器的装饰布局来说，有异域艺术元素。例见梨形粉彩壶，不论是采用带状分区装饰，还是清淡的蓝绿用色，有同时期英国韦奇伍德陶瓷艺术风格的倾向。

（3）釉色

彩釉运用到紫砂胎上以描金和珐琅彩对清时期紫砂茶器影响颇深。其中描金技法出现时间较晚且流行时间不长，约在清代中晚期。描金的紫砂器宫廷紫砂中常见黑漆地，民间紫砂以紫砂裸胎较多。早期做法是在紫砂素胎或者髹漆表面，以生漆或者蒜头水作为黏着胶水，调和金粉和铅粉，描绘图案。经低温烘烤后再经过磨光。故宫博物院藏清代黑漆描金壶，纹样表现吸收西方风景画中的透视技法，纹饰丰满紧密，繁复华美（图4.18）。

图4.18　宜兴窑描金漆茶壶
故宫博物院藏

第一，清晚期，从德国输入金水，使得制作流程更加便捷。直接将金漆描绘于紫泥胎上。在中欧文化大交流的18、19世纪，紫砂画彩釉虽然不如珐琅彩、广彩瓷所表现的外来文化风格那么明显清晰，并且在数量上，也不及瓷器那般是批量化的订制加工，但是，欧洲社会的异国文化风貌和这种外来文化影响下的外销瓷却渗透式影响了同时期各个领域的工匠。当时的工艺品或多或少都可以看到外来文化的影子。所不同的是对外销瓷的订制来说，设计者和制作者为不同的群体，而紫砂茶器的设计制作者为同一群体，因而中国传统艺术的烙印比较深厚。

第二，利用釉彩掩盖紫砂泥特有的砂气重的干涩胎质，或者是作为釉彩补救残次品：因为泥料不纯所产生开裂、溶孔、黑斑，或者烧成后所形成的胎色颜色不均。宜兴胎产品多为实用器，画釉彩会提升产品的档次。当时，还有一种加彩釉的方式是在紫砂壶原本的贴花装饰的基础上面随形加彩，多用色彩艳丽的釉料（图4.19）。

图4.19　彩色釉装饰壶
宜兴制作，19世纪中后期，高10.8cm，英国V&A博物馆藏

与上文所提及的宫廷宜兴胎珐琅相比，这些器皿的珐琅彩一般认为是出口到欧洲之后所加。在18世纪，中国瓷器运到荷兰之后，常常按照当地的审美和实用习惯对中国瓷器进行改装或者加饰，加彩较为常见，有的是在原有基础上添加，还有的将原来的覆盖，重新绘制。当时阿姆斯特丹就集中了不少作坊专门从事这种改装生意。其原因是和对紫砂壶进行包镶、金漆一样，可见欧洲人的审美风尚和对中国陶瓷的珍视程度。

第三，工艺的创新需求。紫砂陶器在明末始创，因时大彬及其弟子而发扬光大，后经陈鸣远使紫砂技艺全面精进。“鸣远一技之能，间世特出，自百余年来，诸家传器日少，故其名尤噪。”[①]之后，紫砂的制作就进入因循守旧和陈陈相因的境地，变化甚少，无法超越前人[②]。其时，陈鸿寿和杨彭年还未对紫砂造型进行革新，诗文书画与紫砂壶陶艺也还未结合。在这段紫砂发展守旧局面时期，需要新的装饰和工艺为紫砂壶创新带来勃勃生机。于是，随着瓷胎彩釉技艺的成熟，釉彩应用到紫砂胎上的尝试也在情理之中了。

3. 贴花

贴花工艺又称“粘附”，是紫砂传统工艺装饰技法。具体做法是：用湿泥经过捻、捏、搓成设计成的雏形，并将它黏附于湿泥坯上，再用工具加以修

① 吴骞.《阳羡名陶卷上・家溯》[M]. 朱琰等. 陶说（二）・阳羡名陶录（附续录）・古玉图・玉名诂: 中华书局，1991: 9

② 徐秀棠. 中国紫砂[M]. 北京: 上海古籍出版社，1998: 62.

整。从现有的古窑址调查材料来看，宜兴日用器使用这种贴花装饰，始于明初，或者更早一些[①]。最早的贴花工艺要追溯到蠡野村羊角山早期出土的紫砂提梁壶，在壶嘴根部，有一块柿蒂形泥片作装饰。

在清初外销紫砂壶中，贴花装饰十分常见，模印贴花技法是主流，主要的步骤是先用泥料填入外模（也叫“阴模”，有木模、陶模或者石膏模等种类），印好浮雕式的花纹，以湿泥为黏着剂，粘贴在紫砂生坯上。这种方法至今为紫砂塑器的重要技法。泥色有同色或者异色之分：一般所贴花饰、泥色同坯体相同，协调统一，比较多地出现在早期，图案比较暗淡，对比不强烈。明末清初时，就出现用二色泥或者多色泥，其中采用黄泥堆贴常见，强调对比效果。

早期传入欧洲的宜兴紫砂中常见梅枝贴花装饰，疏朗粗简。当然，在外销壶中，也不是件件贴花。由于当时茶叶在欧洲还未真正流行，卖到欧洲的宜兴茶器数量自然不成气候，因而更不会有专门迎合欧洲的样式和风格，根据前文分析紫砂茶器进入欧洲的途径来看，贩洋者直接从宜兴市场上购入的情况较为常见。并且，有学者也推断“在明末，即天启、崇祯年间，没有专门卖给欧洲人的茶壶”[②]。尔后，紫砂出现了内销、外销两种体系，“当时贴花装饰不受清代文人欢迎，而欧洲的订单则要求贴花茶壶，便形成了贴花茶壶外销、手捏茶壶中国人自用的局面”[③]。然而，这种局面在18世纪随着乾隆时代的到来而出现了变化，在内销壶中也出现不少具有装饰化倾向的贴花装饰。

明清紫砂贴花装饰中，早期常见的纹饰有：贴竹叶、贴松针、贴梅花、贴花板和模贴印等[④]。贴梅枝比较常见，并且如第三章所述代尔夫特陶工仿宜兴紫砂多以“几”字形贴枝梅花作为装饰，这大概是受同时期外销至欧洲的德化白瓷和宜兴茶壶上的折枝梅双重影响。明代所生产的德化白瓷，尤其是明代中晚期以迄清初[⑤]，常见以折枝梅纹作为主要装饰。出现在茶壶、酒壶，以及碗、罐、瓶等各类器皿上。很快，折枝梅贴花在宜兴也流行起来。在外销贴

---

① 中国硅酸盐学会．中国陶瓷史[M]．北京：文物出版社．1982: 441.

② 刘明倩．英国维多利亚阿伯特博物院藏明清紫砂器[C]．//故宫博物院．2007年国际紫砂研讨会论文集．北京：紫禁城出版社，2009: 104.

③ 刘明倩．英国维多利亚阿伯特博物院藏明清紫砂器[C]．//故宫博物院．2007年国际紫砂研讨会论文集．北京：紫禁城出版社，2009: 104.

④ 黄健亮．明清紫砂艺术—宜兴紫砂壶及其装饰研究[M]．台北：盈记唐人工艺出版社，2007: 71.

⑤ 黄健亮．早期外销紫砂壶的折枝梅纹初探[C].《紫砂意象——紫砂艺术学术研讨会》．杭州：中国美术学院出版社，2011: 73-74.

花紫砂壶中，独立的折枝梅纹出现的时期，至迟可溯至明万历中晚期，在康熙期最盛①。在初期是以折枝梅花的独立主题存在，以17世纪中后期传入欧洲的宜兴茶壶为证。但很快地，梅花纹就与其他纹饰融合，以更繁复、更显著的中国趣味迎合西方中国文化热的市场取向。器表枝叶、花果也较之前大些，常见有双龙戏珠、葡萄纹、莲荷等。

图4.20　宜兴窑贴花花卉纹紫砂六棱荷花壶
高9.5cm，台北成阳艺术基金会藏

那些贴花纹饰繁复华美的紫砂精品往往紫砂器器身造型简单，多为球形壶。球形造型简单，线条圆润饱满，施展的空间大，在基本成型后能够施加器身各种造型、装饰、捏塑等技法。因而，繁复花纹的堆贴能够使得主体与附属装饰之间曲度柔顺、协调自然。例如图4.20成阳艺术文化基金会藏外销壶，圆形荷花式壶身，数层荷叶包裹为壶嘴，覆盘形底座。贴花装饰，壶身饰莲荷纹；螃蟹为盖纽，其身上覆盖水草叶，斜出一气孔，纽一周饰六粒莲子。作品十分繁缛精美，这种装饰也迎合了17世纪欧洲人所喜爱的“中国品位”（Chinese taste）。外销紫砂不乏精美的堆贴工艺，并且往往多种装饰工艺综合并用，捏塑、堆贴常常不分。例见前文所提到的台北成阳基金会所藏“祥狮双龙提梁壶”，综合了贴花、翻模压花、捏塑、贴泥等工艺。提梁以祥云为柱，横梁中间双龙戏珠造型，卧狮盖纽。壶表六面皆是开光云龙戏珠装饰，皆为印花锦地回纹之上贴饰龙纹，龙首高昂，龙尾上卷，形象栩栩如生，壶盖面饰印花回纹。在18世纪初，德国陶工伯特格尔曾经用当地陶土仿制同款器型，即著名的“伯特格尔炻器”。类似收藏见于德国德累斯顿博物馆、德国安东乌里希博物馆和大英博物馆。后来类似款壶在英国、荷兰、日本等瓷厂皆有仿制，大概浓郁的中国情趣和审美深受西方人喜爱。

经过以上分析可知，明清之际外销壶的贴花工艺有如下几个特征：早期输欧宜兴茶壶常见贴花梅枝，到清初，外销欧洲紫砂茶器往往贴花与雕塑、模印、刻、捏塑等多种工艺并举，做工极为繁复精细。在纹饰上植物花卉纹样居

① 黄健亮. 早期外销紫砂壶的折枝梅纹初探[C].《紫砂意象——紫砂艺术学术研讨会》. 杭州：中国美术学院出版社，2011: 75.

多，且常以四方连续、二方连续形式出现，壶造型简单，常见球形壶，鼓腹，器表繁复的装饰往往弥补壶简单的造型感。壶柄、流、盖纽无一不进行精致装饰。相比之下，内销壶虽然也不乏贴花装饰，但是，有别外销紫砂。有以下几个艺术特色：第一，纹样精练，经过陶工提炼取舍的简化处理。紫砂茶壶先要有使用功能，再有欣赏功能。不同于用于陈设的紫砂塑器，紫砂茶器的实用功能决定了即使有贴花工艺的装饰，也经过了简化处理，以自然为师，将自然形态简化成装饰元素，用贴泥片的方式表现。第二，装饰具有中心主题性，并且表现手法采用象征性的艺术原则。常见题材有竹段、梅枝。如梅花题材，除了器表贴饰梅花外，壶把手、流、盖纽往往也取相同主题元素，整体风格素雅简练，不似外销紫砂是一种多主题、多层次装饰，含混而复杂。第三，常见异色泥贴花。在清初，两种或者三种泥色的贴花较为多见。常见的纹饰为龙纹①。龙纹常以立体的单独形态见与紫砂壶壶身，小式样的龙纹图案装饰于壶盖、壶柄、壶流的根部等，形态活灵活现，异常生动。壶色与贴花色泥形成鲜明的对比。同样是贴龙纹装饰，外销壶中的装饰更为繁缛精细，有主纹和地纹层次之分。

在欧洲，人们倾向于雕刻人物茶壶或装饰贴花，在供货清单中屡被提及红色或者饰纹红色茶壶。他们对于红色或紫褐色黏土的质量，以及它们构造的形状都由衷地赞叹。狮首壶盖的纽也非常精彩②。事实证明，中国与欧洲文化交流和瓷器外销订单的双重刺激，使得清初紫砂外销和内销器都表现出装饰化倾向，虽然对于内销紫砂器来说，这种装饰化倾向并不明显，但是，依然能够看到这些脉络和呈现。

三、欧洲的加饰

1. 金属附件

18世纪西传欧洲紫砂器的金属包镶工艺，是较值得研究和关注的。带有浓郁的西方艺术情调的金属工艺与中国传统陶器艺术，通过材质、色泽、韵味的对比，赋予紫砂器另一番风貌。

---

① 明清紫砂以龙纹为装饰题材的甚多，如夔龙、蟠龙等种类，其中螭龙最常出现。

② Claudia Brown, Ah Leon. Yixing, and the West: Beyond Yixing: The ceramic art of Ah Leon[C]. Taipei: Purple Sands Publishers, 1998: 101.

包镶工艺之所以能够普遍运用到宜兴器，离不开17、18世纪欧洲的艺术历史背景、文化传统、审美情趣等因素的影响。17世纪欧洲巴洛克（Baroque）艺术盛行，到18世纪，纤巧、柔美、轻盈的洛可可艺术风格或样式又在欧洲流行。当时，中国、日本等东亚艺术品流入欧洲，为法国、意大利、德国、荷兰等宫廷所喜爱，在此基础上又延伸出“中国风”“日本风”，丰富了洛可可艺术的形式与内涵。这一时期的审美主要追求富丽堂皇与浪漫别致，标榜贵族生活的豪华与奢侈。当时，用金属制作的日用品和装饰品作为宫廷之用较为普遍，上流社会盛行使用金银餐具。相较于文艺复兴金银器只是作为宗教服务的神器，这一时期，金属艺术拉近了与生活的距离。“在追求华美浪漫的时尚浪潮中，贵族们常常在中国外销陶瓷器上加镶各式精美繁复的金属配件，一为增加器皿价值，二为保护器皿，三为增加华美的装饰情调。还有的像奥古斯都王那样，希望在他大量瓷器的收藏中有一部分是区别，甚至替代从中国买来的昂贵瓷器，于是，他想方设法设计符合欧洲风格的瓷器”[①]。据相关记载，从14世纪晚期[②]，欧洲人就开始为输入的器物镶嵌金属附件，那时，主要是在外来的器物上增加金银附件以突出它们的珍贵和美感。“附着在器物上的过分的装饰与豪奢的贵族生活是相适应的。”[③]在中欧贸易阶段，中国瓷器被视为来自遥远东方的珍贵物品，皇室贵族争相拥有。14、15世纪流行镶加金属饰物的做法也是在这样的社会文化背景下产生的。

目前，存世最早且仍保持原貌的镶嵌器是德国卡塞尔博物馆藏有的一件青瓷茶杯，它的口沿由德国银匠镶以金边和银边，茶杯上标志的日期是1453年，即明代景泰四年[④]。附件上有菲利普·冯·卡兹奈伯根伯爵（Count Philip von Katzenellenbogen）的纹章标记[⑤]。

另外，很多瓷器拥有者都会聘请当时著名的金属工匠对其进行镶嵌。例如，柏林的舒洛斯（Schloss）博物馆就珍藏了一件有我国万历年间款识的明代青花花瓶，它是由埃尔富特（Erfult）当时的著名首饰艺术家伯格尔（Berger）

---

① Ulrike Weinhold. “Of unusual design”—Johann Jakob Irminger as the designer of Böttger stoneware[C], New Böttger Stoneware: Johann Friedrich Böttger and Treasury Art, Berlin: Deutscher Kunstverlag, 2009: 97.

② 柯玫瑰，孟露夏，中国外销瓷[M]. 张淳淳，译. 上海：上海书画出版社2014: 116.

③〔日〕柳宗悦著. 工艺文化[M]. 南宁：广西师范大学出版社. 2006: 65.

④ 朱培初. 明清陶瓷和世界文化的交流[M]. 北京：轻工业出版社，1984: 87.

⑤ 柯玫瑰，孟露夏，中国外销瓷[M]. 张淳淳，译. 上海：上海书画出版社，2014: 116.

加以装饰和镶边的[1]。由此可见当时欧洲人对瓷器的珍视和热爱。并且，为了体现这些瓷器的价值，专为置放它们而制作的托座也往往价格不菲。一件藏于卡塞尔博物馆的来自中国宋代的青瓷碗的放置架托花费1450g银子。牛津大学珍藏的一件大概属于大主教瓦哈姆（Warham，1450—1532年）的中国瓷碗，安置瓷碗的托座花费了大约1530g银子[2]。维多利亚与阿尔伯特博物馆所藏历史最悠久、记录最完整的镶嵌瓷之一是嘉靖时期的一个瓷碗。这是1583年埃伯哈特·冯·曼德沙伊德伯爵（Count Eberhart von Maderscheit）从土耳其带回来的两件瓷碗中的一件，之后，很快就被一名德国工匠镶嵌上了镀银底座[3]。后来，在景德镇瓷器大量外销欧洲的17世纪，在长途跋涉的运输途中，有些瓷器不免被跌撞破损，有的被认为太过质朴素雅，不符合当地人的喜好和生活需要。因而出现了在原有器物上添加金属附件或者镶嵌宝石，以掩盖、修复或者美化陶瓷原有形制和样式的工艺。这种方式先在西亚、阿拉伯国家流行，后又流传到欧洲国家。那些用于修饰或者美化的金属附件通常为金、银、铜或镀金金属材质，用宝石、珍珠镶嵌的更加贵重，这说明海外拥有者对中国陶瓷产品的珍视和爱重。由于市场的需要，一个源于瓷器制作的新行业于是衍生出来——为瓷器镶嵌金属附件。这种在陶瓷上加饰金属附件和镶嵌宝石的做法流行于17世纪中期至18世纪。今天我们所见的大部分外销的宜兴紫砂茶壶的金属附件就是在当时加饰的。

另外，社会经济环境的改变也激发了这种专门金属工艺店的出现。18世纪的欧洲处于社会的转型期，新兴上流社会对金银饰品都非常重视，需求量大，促使制作贵金属的工匠走向商业化运作的道路。形形色色的、分工明细的金属工艺店开设在伦敦、巴黎，有专门的为陶瓷做金属附件镶嵌服务的工艺店铺，被称为“marchands merciers”[4]，和当时出现在荷兰阿姆斯特丹是主要陶瓷改制中心一样，美化和加饰来自中国的陶瓷产品。值得一提的是，后者除了金属镶饰之外，少数是后加彩，有的是在原有基础上添加，有的是将原来的覆盖，重新绘画。目前，我们所见的许多紫砂的加彩釉装饰就形成于当时。

陶瓷输入欧洲之后，彼时欧洲人不是按照中国瓷器的用途来使用，而是依

① 朱培初. 明清陶瓷和世界文化的交流[M]. 北京：轻工业出版社，1984: 87.

② 简·迪维斯. 欧洲瓷器史[M]，熊寥，译. 杭州：浙江美术学院出版社，1991: 7.

③ 柯玫瑰，孟露夏. 中国外销瓷[M]. 张淳淳，译. 上海：上海书画出版社，2014: 117.

④ 柯玫瑰，孟露夏. 中国外销瓷[M]. 张淳淳，译. 上海：上海书画出版社，2014: 125.

照自己的生活方式和需要对它们进行随意更改。例如把瓶改为水罐或带流的壶等使用，或把盘作为装饰品来使用，挂在墙上[①]。这样的结果是使得中国瓷器有了中西合璧的艺术特色。

在18世纪，为流入欧洲的宜兴茶壶上加饰金属附件或者包镶工艺的现象很普遍，多是在欧洲当地进行加工。由于彼时来自宜兴的紫砂器异常珍贵，受到贵族的珍惜，往往由工匠进行精致的装饰。这些工匠有的是当时的金银器名家，根据银器上署名可知，例如德国当时的金匠约翰·雅克布·艾尔铭格（Johann Jakob Irminger），他曾经专门为伯特格尔制作的红陶器做镶嵌装饰。依照目前所见，作为18世纪包镶陶器艺术的一部分，包镶紫砂的金属附件材质应该同瓷器包镶一样，金属附件主要有银制、合金、镀金青铜附件等种类。银制附件在包镶外销紫砂器中较为常见。因为银表面光洁清雅、延展性好，所以比较容易塑形。合金多为铜锡合金，不但具有较高的机械强度和硬度，而且还具有优良的铸造性和加工性能，因而能塑造出较为精致的金属附件。

镀金青铜附件也称为“ormolu”[②]，是1740年到1760年间法国市场最为普遍的金属附件，被广泛用于东方瓷器、塞夫尔窑等的包镶上。华美的镀金青铜装饰往往是为了适应欧洲宫廷洛可可风格。精美的青铜附件往往用失蜡法铸造，后凿刻和添加细节。现藏于荷兰国立博物馆的宜兴紫砂壶（图4.21），约制作于17世纪末18世纪初，球形壶，模印中国传统缠枝花、童子纹样装饰，金属附件系镀金青铜工艺，可推测包镶于18世纪。这些金属附件镶嵌在紫砂壶上，金灿灿的精致金属饰品与沉静的紫砂器对比鲜明，赋予紫砂茶器另一番艺术风貌。

图4.21　宜兴紫砂
1675—1700年，高11.4cm，荷兰国立博物馆藏

青铜镀金技术也常用来制作大件的金属附件，用于家具底座保护或者家具装饰。尔后，这种工艺在19世纪中后期又广泛运用于外销泰国市场的紫砂壶上。例如法国枫丹白露宫收藏的19世纪60年代的外销泰国的宜兴紫砂壶。壶为

① 耿东升．十六至十八世纪景德镇外销瓷的欧洲艺术风格[J]．收藏家，2005，(10): 33.

② 来自法语，或称为“moulu”，专业术语，意为碾磨或捣碎的金子，是18世纪以来流行的镀金工艺。将精细研磨的高克拉金汞合金溶液涂抹在青铜、黄铜器上，然后将其暴露在高温下，直到水银蒸发掉并留下金色涂层黏附在器表。在英语中它被称为“镀金青铜”。

椭球形制，壶流、口沿、盖沿及壶纽都为包金装饰，镀金装饰的青铜提梁为马镫形，虽年代久远已斑驳，但其华丽形制可见（图4.22）。

图4.22　宜兴紫砂
1691年，巴黎大皇宫藏

依照目前所见的包镶紫砂茶器，主要表现有三种艺术方式。第一，常见用银片或者铜对盖纽、口沿和壶嘴进行包镶，并且多数情况下壶盖和壶嘴、手柄之间加缀链相连；这种简洁明快的金属附件往往搭配在自身具有繁缛装饰的壶器上。有一件宜兴输欧镂空透雕梅花纹紫砂圆壶（图4.23），壶身满饰镂空梅纹，十分精美。用金属链条联结壶的喷口、盖纽、把柄。类似梅纹透雕的收藏见于德国德累斯顿博物馆及德国安东乌里希博物馆。此类造型的红色茶壶，有大小不同的容量，与欧洲当时的艺术审美相契合，颇受欧洲人喜爱。这把镂空梅花纹紫砂壶的壶嘴、壶纽和底座上有在欧洲加镶的金饰，纽的金饰塑成梅花形。通体的透雕虬枝梅花与精致的金属附件，使砂壶在典雅中透出华丽，既美观又更加耐用。另外，还有半透雕装饰，纹饰繁缛优美，清早期时常作为外销器。

图4.23　宜兴窑镂空梅花纹紫砂圆壶
高16.5cm，台北成阳艺术文化基金会藏

第二，在紫砂的盖纽、手柄、壶嘴等部位进行金属附件装饰，常见做成动物、人物形象，一般采用注浆铸造，形象逼真，栩栩如生。例见于从欧洲回流的紫砂印花六方壶（图4.24）。壶身筒素面通体呈六方形，鼓腹，四方三弯流、正耳把，圈足，卧狮纽，口沿饰印花回纹。此壶的银饰十分精致，为18世纪荷兰工匠后来加饰。银饰以狮形壶纽上骑坐的带翅天使为中心，前后有二条银链分别与壶嘴上和壶把上的银饰相连。银饰的基体部分是镂空的花叶纹，壶嘴基座上是展翅的瑞兽。把柄上镶饰带冠的埃及人首——这种装饰的灵感来自当时古埃及国王雕塑的头部形象。整个装饰非常有动态感，展翅的灵兽、前倾的天使，仿佛构成往前飞奔的画面。

还有一例鎏金装饰于球形壶上，与上文六方壶的构成方式相似。例见上图所提及藏于荷兰国立博物馆藏的壶器，以盖纽上圣婴为中心，壶流和手柄分别

图4.24　宜兴窑印花回纹紫砂及其局部
高12.5cm，台北成阳艺术文化基金会藏

是灵兽装饰，三者之间用缀链相连。此壶采用传统模印与贴花结合的装饰工艺，莲叶童子主题和缠枝纹样，是早期销欧紫砂壶的风格。紫砂泥与明亮的金色成鲜明对比，别具风格。

总的来说，这种镶加的金属附件几个部分会构成一个装饰主题，形象来源往往取自于神话、宗教故事。神话类人物形象是巴洛克艺术装饰的重要特征之一。常见的形象有爱神丘比特、带翅小天使、半人鱼海神、人面狮身等。这类金属装饰题材常见于当时欧洲银饰或家具的装饰上。例如“太阳王”路易十四时期的桌类家具就常运用人像雕像作为桌面的装饰件和桌腿支撑，或作为桌面下的横托装饰。另外，还有的盖纽或者壶身进行珍珠、宝石等镶嵌，这些较为精致和珍贵，拥有者往往为帝王。例见伯特格尔红色炻器的珠宝镶嵌。欧洲韵味的金属装饰与传统紫砂的结合，是中西合璧的艺术表现。

第三，有的也会结合壶器自身器型和装饰特点，用金属工艺做适形纹饰。这种装饰往往出现在造型较为具有特色的壶器中。例见图4.25，菊瓣壶，款底“孟臣制”款，同时刻有“江上吟诗送白云”诗句。壶形常见于18世纪早期。

图4.25　茶壶
宜兴制，18世纪，高10.2cm，英国V&A博物馆藏

壶身、壶盖用银片塑成菊花花瓣，与壶形契合，精致耐看。手柄也包银装饰。英国V&A博物馆藏有此类的壶两把。

还有一例，直筒形紫砂壶（图4.26）。此壶为直腹身筒造型在当时的外销紫砂壶中属特别。它的来龙去脉和镶加金属附件背景皆有史料可查。瑞典国立东方博物馆馆长简·维尔金（Jan Wirgin）曾就输入瑞典的紫砂器进行过研究①，在有据可查的1783—1791年的一段时间，在瑞典市场，为宜兴紫砂镶嵌银附件十分流行，在此之前，这种情况十分罕见。这批销往瑞典的壶均为定制，并且造型十分相似：直筒、短颈、弯流、平盖，并且带有两个可以安装提梁的槽。有据可考的标有具体日期的这样的壶至少有10把，其中有3把在斯德哥尔摩的北欧博物馆（The Nordic Museum），年份在1784—1786年。并且，在这当中，至少有5把壶有来自瑞典不同地区的金匠在底座上署名。

图4.26　紫砂镶银饰提梁壶
台北成阳艺术文化基金会藏

同款茶壶藏于台湾成阳基金会。它曾为瑞典歌德堡市（Goteberg, Sweden）藏家旧藏。与简·维尔金所提3把壶的造型基本相似——直筒身，短颈，折肩，凹盖，弯壶嘴，壶肩部有一对带孔的系耳，是为穿活络双提梁而设计的，壶内有一滤渣的内胆，壶纽表面与内胆底缘均装饰镂空钱纹，镶有带足底座。由提梁把上的铭文可知，此壶在1785年左右由银匠彼特·约翰·尼育斯特德（Peter Johan Ljungstedt）在斯德哥尔摩加以镶嵌装饰。

这种直筒紫砂壶造型在清乾隆早期之前并没有见到。2007年蜀山考古队发现了一件造型、纹饰、泥料几无二致的残器，由此两点可推测出这种直筒造型紫砂壶很可能是欧洲商人当时在宜兴来样定制的，嗣后在宜兴流传开来。直至后来在19世纪初宜兴紫砂外销泰国、马来西亚等南洋诸国的市场，又复见这种“洋筒壶”，壶身抛光，在口沿、底沿、盖边、嘴流等镶嵌铜皮。由此可见证这一段中外文化交流史。

① Jan Wirgin. Chinese Trade Ceramics for the Swedish Market[C] //中国古代贸易瓷国际学术研讨会论文集，台北：历史博物馆，1994: 49-50.

由上文可知，当时稀少昂贵的宜兴紫砂壶为欧洲各国的王公贵族和富绅阶层所拥有，尤其是在法国、荷兰、英格兰和德国这些经济较为发达的国家。精致繁复的金属附件装饰不仅仅是为了突出紫砂器的精美，也是为了使这些珍贵的进口器融合于欧洲富丽堂皇室内装饰。

内销紫砂器包镶工艺在道光年间有过短暂的流行，所用材质有金、银、铜、锡、木等。当时流行的行话有“铜包”“金包”“锡包”和“银包”等，“包”在清代时分为全包、镂空、镶嵌等几种技法[①]。主要表现是在盖纽、壶盖，壶口、嘴以及底足等处包镶黄铜，然后再进行抛光处理。黄色的铜和紫砂的色泥对比鲜明，别有风格。所见最早的包锡紫砂壶为朱石楳所制作。他是清嘉庆、道光年间艺人，有人说他“将紫砂与锡、玉工艺结合，别开紫砂工艺生面”[②]。锡被称为“穷人的银”。锡含铅量高达50%，非常软，十分适合文人在器物上雕刻。这些包器行销国内，有的是因为文人雅趣，作为赏玩之物，也有的是为了预防或者弥补壶的破损。还有的金属包镶作用为：用银器包镶杯碗的内侧，作为毒性检测之用；用金属镂空包裹壶身，以起保护作用。包镶作品虽然华丽高贵，但是有利弊之分。恰当的包镶能充分发挥紫砂色泽和泥质的优势，会起到画龙点睛的作用，反之“镶嵌的不恰当，过分繁复，比例不当，则会遮掩紫砂陶的质朴的本质，不能尽美紫砂陶的优良属性，也就违背了我们对紫砂陶的审美心愿和心灵追求的本意”[③]。同时，也违背了紫砂清雅淡和的品质和宜茶保味的性能，丧失了中国传统紫砂的审美意趣和文化追求。

无论是欧洲还是东南亚、中东等其他地区，在器物上的镶饰的做法一直延续到19世纪。当时，除了欧洲之外，包铜紫砂壶还流入泰国（暹罗）、新加坡、马来西亚等东南亚国家，有的是在当地包镶，有的在宜兴包镶后再出口。不论在哪里制作，为了迎合当地的审美风尚，呈现的艺术性也大同小异。这批紫砂壶多在盖纽、壶盖边缘线、壶口、壶流以及壶的底足等包镶黄铜皮，然后进行抛光处理。更具艺术美感，流行于东南亚皇室及上流社会。当时包镶金银铜片的茶壶，流行较为广泛的是在泰国，泰国华人富商对来自宜兴的紫砂壶青睐有加。由于东南亚珠宝加工工艺较为发达，如抛光、镶嵌等工艺精湛，外销

---

① 黄健亮．明清紫砂艺术[M]．台北：盈记唐人工艺出版社，2007: 76.

② 徐秀棠．紫砂工艺[M]．北京：文化艺术出版社，2012: 211.

③ 徐秀棠．中国紫砂[M]．上海：上海古籍出版社，1998: 65.

紫砂壶中若在泰国当地加工的，泰国华人富商钟爱包金、银、铜于紫砂壶上，与欧洲多用动物、人物形象小雕塑不同的是，东南亚包镶装饰较为简单，一般在口沿、盖沿、盖纽、流口等用金属包镶，还进行水磨抛光处理，使得器表形成如珠宝一般明亮光泽。

2. 描金工艺

随着宜兴茶器进入欧洲之后，贵族阶层甚是珍爱，除了进行镶嵌金属附件、加彩装饰之外，还喜欢对紫砂进行描金或者金漆装饰。一方面是为了显示拥有者高贵的身份和富丽堂皇的审美需求，另一方面，随着中国瓷器对西方社会生活的渗透，之前欧洲人使用金银、铜、锡等金属器皿被逐步替代。然而，人们对于金属光泽的习惯和推崇依然留存，因而描金这种工艺的出现满足了他们对陶瓷器皿也要呈现金属般绚丽光泽的审美要求。描金是将金箔研磨成粉，再加上矾红来调匀，描于画面，经过人工加工，便呈现黄金色泽。描金工艺在我国由来已久，最早出现在髹饰中，清代康熙、乾隆年间开始用于紫砂茶具装饰，目的是增添纹饰的华贵之气。其实描金是一种综合的装饰形式，往往与贴花、色釉等方式一起出现。

图4.27　茶壶
迈森制，1715—1720年，高11.8cm，英国V&A博物馆藏

18世纪，销往欧洲的中国瓷器时常在欧洲被添加红彩釉或者金彩，当时的代尔夫特，为数不少的工匠们在小作坊或者以自由职业的形式在家中装饰或者烧制陶瓷。来自中国或者日本的瓷器大约在17世纪90年代被添加各种装饰。因为目前所知最早的是在荷兰添加金漆于东方瓷器上的在1701年丹麦皇室收藏[①]。此作品为荷兰藏家旧藏，后辗转到成阳文化基金会，可推测紫砂壶上金漆不会是早于18世纪初期加饰的。有意思的是，在18世纪中期，法国塞夫尔窑用白瓷依照此壶仿制了一把造型相似的壶。可看出紫砂茶器在欧洲陶瓷生产的些许影响（图4.27）。

① 柯玫瑰，孟露夏．中国外销瓷[M]．张淳淳，译．上海：上海书画出版社2014: 137.

四、总结

本章的主要内容是论述具有“中西合璧”艺术特色的紫砂艺术。中国与欧洲文化艺术交流、瓷器外销生产的双重刺激使得清代紫砂外销和内销茶器都表现出装饰化倾向。本章以珐琅、画彩釉、贴花等工艺运用于紫砂材质为论述主线，同时结合器物装饰题材、造型特征、审美风格进行综合分析。

宜兴胎画珐琅制作之初，完全仰赖传教士的技术协助，装饰或表现技法上对当时流行的西洋元素采取“选择性纳入”，从装饰题材、图案表现等方面呈现中欧艺术交融的特征。

清代紫砂内销壶也出现装饰化倾向，清康熙年间开始在紫砂壶上施五彩，之后又出现了珐琅彩、粉彩等低温彩，嘉庆、道光时期以蓝釉为底色，用白釉作绘画的品种。到19世纪早期，为满足西方市场和审美需求，这种施釉的产品急剧增多。清代紫砂加彩挂釉装饰方式盛行的原因有以下三点：第一，中国与欧洲文化的交流和外销生产双重影响作用，从造型、装饰、釉色可见这种影响；第二，利用釉彩掩盖紫砂泥特有的砂气重的干涩胎质，或者是作为釉彩补救残次品：因为泥料不纯所产生开裂、溶孔、黑斑或者烧成后所形成的胎色颜色不均；第三，工艺的创新需求。

另外，紫砂茶器流入欧洲之后受当地审美尚好和文化习惯的影响，当地工匠进行加彩、金银包镶等附加装饰，足见皇室贵胄对其珍爱。目前，所见紫砂器的镶饰主要表现有三种艺术方式：第一，常见用银片或者铜对盖纽、口沿和壶嘴进行包镶，并且多数情况下壶盖和壶嘴、手柄之间加缀链相连；第二，在紫砂的盖纽、手柄、壶嘴等部位进行金属附件装饰，常见做成动物、人物形象，一般采用注浆铸造，形象逼真，栩栩如生；第三，有的也会结合壶器自身器型和装饰特点，用金属工艺做适形纹饰。

总之，紫砂茶器求新求异的造型、华贵精美的装饰工艺表现出中国传统工艺与欧洲的文化审美的融合，是特殊历史背景下器物独特的风格面貌。恰当的装饰会充分展现紫砂色泽、泥质的优势和艺术的魅力，然而，过分繁复的加饰则会掩盖紫砂陶泥质朴的本性，与中国传统紫砂文化的审美背道而驰。

第五章　20世纪中外艺术嬗变中的宜兴紫砂

一、20世纪紫砂文化对外交流的特色

宜兴紫砂在明代中期兴起，盛于清，承于清末民初，在20世纪80年代之后重新得到发展。紫砂工艺的演变与各时代社会审美、饮茶文化密切相关。“中国工艺美术风格的形成，向统治者的思想、观点、爱好趋于一致。在明清两朝至民国时期，文化生活的发展自然随之起落，紫砂壶艺的发展，同样也反映了各时期经济状况和与之相对应的政治体制因果。”[①]纵观紫砂壶艺的发展起起落落，不过在用器观、审美观上有大概的脉络可寻：在明末受文震亨“制具尚用”的影响，对功能性和器型的关注甚于装饰。清三代，宫廷紫砂和民间审美分野，前者注重紫砂塑造，并且发展了包锡、镶金、嵌玉、珐琅等工艺，还加彩挂釉，使得紫砂走向瓷器装饰化倾向；后者爱好素面雅致、简洁质朴之器。清中后期，紫砂审美返璞归真，雕塑和诗词篆刻又成为新的审美，受到文人雅士青睐。清末，仿古之风盛行，仿青铜器、古陶器、仿自然形、仿实用器等皆应用于紫砂壶。而至光绪年间，创新样式少之又少。

在紫砂工艺发展流变中，经济发展和生产模式关乎工艺的演进，能够推动或阻碍工艺的创新。宜兴紫砂自创立之初一直以自给自足的传统的手工作坊式的制作方式，宜兴陶业历代一向无官窑，经营模式也是自产自销。陶业作坊的生产经营，为古老的手工生产，使用简易的制作、烧成工具，生产发展极其缓慢。

清末政府政治上的腐败与外国列强对中国的掠夺，战乱不断，在这样动荡的社会环境下紫砂陶的发展也历经波折。尽管如此，在清末到民国这段时期，紫砂工业出现了短暂的繁荣，涌现出了一批杰出的紫砂艺人和优秀的紫砂壶作品。并且，随着早期资本主义的发展和实业救国的社会思潮，一方面，实业家参与紫砂的生产和销售，在国内外设立商行；另一方面，紫砂大家也积极参加国外举办的博览会。所有这些都促进了当时紫砂与国外的交流，并产生了新时期的艺术风格。

---

① 黄健亮．明清紫砂艺术——宜兴紫砂壶及其装饰研究[M]．台北：盈记唐人工艺出版社，2007: 80.

1. 商行的设立与展览交流

在东西文化交汇的明末清初，清代宜兴陶业较前代有了进一步繁荣发展，这与明清之际在江南地区早期资本主义萌芽和商品经济的发展有关。当时在景德镇、广州等地建立了专门外销陶瓷的商铺，也聚集了世界各地的商人对中国陶瓷进行出口。在宜兴的情景也是“商贾贸易缠市”，商贩云集。

乾隆、嘉庆年间，宜兴丁山的葛明祥（1736—1811年）、葛源祥（1742—1820年）通过宜兴窑户、商人开设在国内各大城市的陶器商行，源源不断地把宜兴陶工烧制的均釉陶器、紫砂陶产品，销往日本、东南亚、美洲以及欧洲等地的国际市场[①]。他们的欧窑陶器继承了欧窑的传统，世称“葛窑”。据寂园《陶雅》记载：“葛乃乾、嘉时人，欧葛瓷釉略相似，在灰墨蓝绿之间”，受到日本人推崇。

待到1840年之后，清朝闭关锁国的大门被迫打开，朝廷在沿海的主要城市开设对外通商口岸。埠通商通所带来洋舶互市，一方面到中国来的西方古董商贩，大量搜罗我国的文物和工艺品。前代留下来的“区区藏器，不足以供无尽之取用”（寂园《陶雅》）。因为要迎合外国商人的需求，仿古仿旧之风开始兴盛，紫砂茶器在造型装饰上求异求新，工艺风格益趋浮华，愈见平庸；在明清时期已经东渐的西洋风物，此时更为显著，从统治阶级至下层百姓，崇洋物、听洋调、观洋景已渐成风气。直到19世纪70—80年代，崇尚西洋文化的风尚不仅限于沿海城市，已波及内地[②]，是一幅“洋舶互市……我之需于彼者，至不可胜数，饮食日用曰洋货者，迨不啻十之五矣”的景象[③]。由此可见，西洋之物对百姓日用的渗入，不仅仅是用物心理、审美心理的变化，更是一种消费观念、生活方式的改变。

在这样的背景下，加之甲午中日战争之后，思想先进的资产阶级知识分子深感民族危机的不断加深，实业救国思潮迅速流布。其主要的思想核心是欧洲等国家国富兵强的根本是商业的发达。1895年，郑观应在重新修订刊行的《盛世危言》中说：“中日战后，时势变迁，大局愈危，中西方利弊昭然若揭。”[④]

---

① 韩其楼．紫砂壶全书[M]．福州：福建美术出版社，2002: 90.

② 李砚祖．设计之道——20世纪中国设计理论的形成与发展[J].《南京艺术学院学报（美术与设计版）》2008,（5）: 48.

③ 严昌洪．西俗东渐记[M]．长沙：湖南出版社，1991: 43.

④ 郑观应．郑观应集・上册[M]．北京：中华书局，1981: 127.

他们只有兴办实业才能救国。康有为在《公车上书》上明确提出“以商立国”①。1901年，两湖总督张之洞与两江总督刘坤一上书光绪皇帝，建议“修农政，劝工艺”，发展国内的工艺生产②。

清末民初实业救国思潮对紫砂工业的直接影响是外埠陶瓷商号的设立和博览会的积极参展。这两种情况在客观上促进了紫砂与欧洲、东南亚国家的交流，在主观上扩大了国际市场，激活了紫砂产业的发展。

民国初年，战乱带来的社会动荡，中国工艺美术产业进入萧条之境，紫砂陶业也不能幸免。当时宜兴陶工业，都是由地主投资兼营。地主（窑主）同时也是工商业者，他们在农忙的时候雇用工人进行农业生产，农闲的时候又临时雇工人进行紫砂生产。当时大部分的紫砂制作者，既是农民也是手工业者③。国内对紫砂的消费清冷的景象较之清代的繁盛形成明显对比，为了获得更多的利润，窑户向商业化经济方式发展，艰难地寻求外销。

国内商业资本的发展和近代中外贸易往来频繁的双重影响，使宜兴紫砂生产模式发生了很大变化：由传统的手工作坊式的制作逐步转变为近代陶瓷商号或公司的批量生产，并且行业的组织分工也不断在细化④。在兴办实业风气的影响下，国内专门售卖紫砂壶的店铺和商行如雨后春笋般设立。当时，在宜兴本地，外埠如上海、杭州、无锡等地都有商号，甚至不少人到国外去开行设店铺专营紫砂。

上海是近代中国工业的发祥地和中心地。当时上海一批实业家参与紫砂壶业，其发展形势就大为不同。他们影响了紫砂大批量的生产和推销。这与文人参与下的紫砂发展是极为不同的。虽然都会产生深远的影响，但后者会提升紫砂壶的文化属性和艺术格调，而若要实现市场价值，刺激紫砂工业的批量化生产和销售，非得前者才能帮助实现。当时在上海金融界、书画界、商贸界等高端人士圈子中形成紫砂收藏热。不少绘画名家也与紫砂名家合作，开拓了紫砂创作空间。正是借助于这些人的影响力和推广，形成了紫砂壶不同的档次供应和市场规范运作，并且带有现代意义的营销机制。尔后，宜兴紫砂壶又开始大

① 康有为．康有为政论集·上册[M]．北京：中华书局，1981: 127.

② 李砚祖．设计之道——20世纪中国设计理论的形成与发展[J].《南京艺术学院学报（美术与设计版）》2008，（5）: 48.

③ 刘汝醴，吴山．宜兴紫砂文化史[M]．杭州：浙江摄影出版社，2000: 97.

④ 周国新．浅谈民国时期的紫砂壶历史[J]．佛山陶瓷．2014，（6）: 65.

批量地销往日本、东南亚、欧美等地。

1912年，宜兴窑户葛逸云与日本商人和田一雄合资在大阪开店，商品主要针对日本市场。这是宜兴人开设的第一家与外商合资的陶器店。1920年，鼎山白宕鲍、陈两姓大窑户合资在新加坡开设了“鼎生福”陶器店，将宜兴紫砂壶销往南洋各地。这是宜兴人在境外开办的第一家紫砂陶器店。当时直接经销大龙缸、洋坛、紫砂壶等产品，先后达10年之久。同年，“利永紫砂陶器公司”在上海老城隍庙内开业，创办人是蜀山邵惠如，以经营出口紫砂茶器为主，产品远销日本、泰国、菲律宾、新加坡、马来西亚、西欧、南美等十几个国家，产生了国际性的影响。1910年（宣统二年），由鼎山窑户鲍明亮独资在上海创办了“鲍信源”陶器行，专营陶器外销业务。经过这些窑户、商人们的努力，当时的宜兴紫砂壶除远销日本、欧洲、墨西哥、秘鲁、智利等国家及地区以外，还在南洋群岛畅销。值得一提的是，南洋华侨特别钟爱紫砂壶，暹罗华侨还为紫砂壶镶饰金银配件①。当时上海老城隍庙内“铁画轩”是上海最著名，也最有档次的一家紫砂陶器店。其创始人为南京人戴国宝（1870—1927）。他本是一位陶艺家，擅长以铁针刻画花纹在瓷器上，故其公司取名“铁画轩”。在民国初年，由制作瓷器转向为生产、经营紫砂陶器，一般从宜兴买坯，在自己工厂里加以纹饰，公司印记“铁画轩制”。由于艺术品位较高，迅速成为上海专营紫砂的名号，汇集了范大生、陈光明、李宝珍、程寿珍、汪宝根、吴云根、王寅春等一大批当时的紫砂高手，陶工、刻工一般都会在公司出品的紫砂陶上署名②。铁画轩的产品在国内主要供应客商、收藏家、古董商等高端人士，向海外出口到日本、东南亚，以及欧美等多个国家和地区。

此后，做印度尼西亚、菲律宾、新加坡、马来西亚生意的，人称“南洋生意”，做英、法、德、意以及美国、墨西哥国家等生意的，称之为“西洋生意”③。在民国初年，销往南洋的紫砂壶多于销往欧洲，与这些地区饮茶之风从未间断有很大关系。当时居住在泰国、马来西亚的华人还将紫砂配以包镶、镶嵌工艺。

清末民初，在实业救国之风日炽，向西方学习的主张热情不减的背景之下，政府顺应时势在宣统二年（1910）举办了南洋第一次劝业会。这次展会另

① 韩其楼. 紫砂壶全书[M]. 福州：福建美术出版社，2002: 90.

② 陈传席. 衰落与复兴——太平天国至民国时期的紫砂壶历史[J]. 创意与设计，2012，(6): 77-83.

③ 徐秀棠. 紫砂工艺[M]. 北京：文化艺术出版社，2012: 112.

有英、美、日、德四国参展，虽不参与评奖，但也表明当时官方意识到工艺生产与国际交流的重要性和必要性。这次展览会拉开了日后宜兴与国际交流的序幕。从此之后，宜兴工匠多次参加国际博览会，紫砂屡次获奖。从1912年到1937年间，宜兴紫砂参加了五次世界博览会，并且均有获奖。程寿珍因其“掇球壶”分别在1915年“巴拿马万国博览会”（The 1915 Panama Pacific International Exposition）上获得金奖、1917年在美国“芝加哥国际赛会”中荣获优秀奖；1926年，利永公司宜兴紫砂大花瓶、多式茶具杯碟在美国费城举办的“万国博览会”荣获特等奖；1935年，紫砂名师范大生的作品在英国“伦敦国际艺术展览会”获得金奖；还有，1930年紫砂茶壶在比利时举办的“列日万国博览会”中获得银牌。

上文所提到的“利永紫砂陶器公司”的产品在1926年的费城世界艺术博览会和列日博览会分别获金奖和银奖；1932年，宜兴紫砂名家朱可心、程寿珍、俞国良、吴云根、范福奎创作的“云龙紫砂鼎”“掇球紫砂壶”“仿古壶”和“传炉壶”等，均在美国芝加哥举办的“世界工艺博览会”展出并荣获优秀奖[①]。

与此同时，在20世纪50年代产业复兴之后，国家积极鼓励工艺文化对外交流。1989年，由中国国际贸易促进委员会在美国洛杉矶主办的中国商品展览中，宜兴紫砂受到了美国人的青睐，很快，美国陶瓷教育年会向宜兴市陶瓷行业协会伸出了橄榄枝。从2002年起，宜兴市陶瓷协会几乎每年都派团参与其组织的展览，紫砂在美洲大地上也拥有了越来越多的知音。

在这一系列的中西交流中，紫砂在国际上得到了普遍认可，越来越获得西方世界的关注。

2. 收藏家和理论者的助推

20世纪早期，紫砂工艺在世界上没有得到太多关注。当时的西方人在日新月异的现代设计运动和形形色色的现代艺术中眼花缭乱。这也与当时紫砂工业的不景气有很大关系。民国时期宜兴紫砂的生产步履维艰，随着1937年抗日战争全面爆发，8年间，7座紫砂窑，100多间厂房被毁，技工流散。当时，整个蜀山窑厂紫砂壶的年烧造不足千把。1957年起，紫砂产品恢复出口，当时的年产量能达到106万件[②]。经过接近半个世纪的沉寂之后，宜兴窑得到重新发展。

① 吴山．中国紫砂辞典[M]．南京：江苏美术出版社，2007: 355.

② 吴山．中国紫砂辞典[M]．南京：江苏美术出版社，2007: 355.

然而，这一时期宜兴外销量一直还在很低的水平。因为自新中国成立之后，宜兴属于没有对外开放的地区，政府不允许大陆以外的公司和个人到宜兴参观、订货，港台地区的商人都是想方设法经过各种途径通过外事部门联系，到紫砂工厂来看货、下订货单。因而这一时期外销水平并不高。

大约在20世纪中晚期，宜兴紫砂被重新认识。一方面得益于当时国内紫砂工艺厂改进生产技术，探索新的发展之路；另一方面得益于收藏家、商人、学者，以及紫砂爱好者的学术助推。

宜兴紫砂在港澳台地区的推广和宣传离不开罗桂祥博士（Dr K. S. Lo，1910—1995年）。他1910年出生于广东梅县，在马来西亚受教育，后被送往香港大学深造。受当时资产阶级实业救国思潮的影响，他积极投身实业，在1940年创立了维他奶国际。这是中国第一家包装和销售豆奶的公司。1950年他从宜兴紫砂入手，围绕着茶器主题收集陶瓷茶具。对于茶器的收藏，他所做的努力已经超越单纯的收藏家和爱好者的范畴，是一位地道的陶瓷茶器历史和文化的研究者。在此过程中，他不是将自己的收藏作为“古董”，而是抱着由今知古的旨趣，紧紧盯住活的现象，把收藏对象、研究课题与现实三者结合起来[①]。在茶器中，罗桂祥尤其爱好宜兴紫砂，他不但自己研究紫砂壶的历史和工艺，还组织研究团队对紫砂课题进行有目的的研究；他八度去宜兴丁山考察，结交工艺大师，聘请相关学者去香港讲学、操作和示范，多次举办展览，扩大大众对紫砂认知[②]。通过这些主题展览、专题讲座、工艺示范表演，传播了紫砂文化艺术魅力，引起港澳台茶界人士、收藏家对紫砂的狂热兴趣，展览特刊在中国台湾销售好几版。另外，他积极参与国际文物商场的竞争，抢购流落境外的陶瓷文物[③]。他所收藏的茶具具有整体性、系统性的特点，囊括了从西周到20世纪的476件陶瓷茶具精品。1981年10月，他将自己多年收藏的茶具捐赠给香港市政厅，这批藏品多次在国内外展出，供大众参观欣赏。

1984年，中国香港茶具文物馆[④]开幕，其中半数的藏品为宜兴茶具，基本

---

① 宋伯胤．一片冰心在玉壶——记香港收藏家罗桂祥先生[J]．收藏家，1994，(12): 15.

② 1981年，宜兴紫砂工艺厂顾景舟、高海庚、徐秀棠和南京博物院宋伯胤，应香港市政局艺术馆邀请，赴香港参加“第六届亚洲艺术节”，举办“宜兴紫砂陶艺展”，举行“中国紫砂陶的历史发展与生产过程”研讨。

③ 宋伯胤．一片冰心在玉壶——记香港收藏家罗桂祥先生[J]．收藏家，1994，(12): 14-16.

④ 香港茶具文物馆（Museum of Tea Ware）由罗桂祥创建。香港人一般称其为Flagstaff House（旗杆屋）。

为罗桂祥先生所捐赠。这批紫砂壶一经面世，不但激活了港澳台地区紫砂壶的收藏市场，开启了港澳台壶艺学术研究风气，同时，他所收集的外销紫砂和欧洲仿制的宜兴茶壶，为日后致力于中欧紫砂文化交流的研究者提供了重要的实器参考。另外，中国台湾茶文化工作者叶荣枝也和罗桂祥开始着力推广紫砂茶壶文化，他的主要贡献是对当代紫砂的历史地位进行定位，使其进入收藏界。总而言之，罗桂祥等的一系列努力，使得宜兴紫砂在中国香港、台湾地区得到推广和普及，并以此为纽带使得世界再一次把关注的目光投向宜兴。

20世纪50年代之后，一批学者开始关注宜兴紫砂的学术价值。成就较为突出的是美国旧金山市亚洲美术博物馆的谢瑞华女士。她曾撰写《宜兴陶器人名索引》(1981)、《宜兴陶器》等书籍。她的主要贡献是对紫砂的分期有进一步的研究，将紫砂分为六个时期。在1983年，她还受台北故宫博物院邀请做题为“谈宜兴紫砂”的学术演讲，这是第一位外地专家到中国台湾介绍宜兴紫砂壶艺术。

另外一位学者特里·萨采·巴塞洛缪（Terese TseBartholomew），作为美国旧金山市亚洲艺术博物馆的喜马拉雅和中国装饰艺术馆馆长，她一直关注中国艺术文化，曾积极协助筹办1977年在美国纽约举办的“宜兴紫砂陶艺展”。

法国陶瓷文化研究者帕特里斯·万福莱一直致力于紫砂茶器的研究，尤其关注外销欧洲的紫砂壶的文化传播。2001年，布鲁塞尔皇家艺术历史博物馆举办“宜兴：紫砂壶艺术”为主题的展览，万福莱参与了展览发起与策划①。他与比利时汉学家，时任比利时皇家历史艺术博物馆东方馆馆长让–玛丽·西蒙年（Jean-Marie Simonet）一起撰写了该展览的宣传手册。这是欧洲第一次举办对宜兴紫砂历史做全面回顾的展览。展品不但有来自英国、德国、比利时和法国收藏家的宜兴古董壶，还有徐汉棠、徐秀棠、徐秀文等诸多当代紫砂大师的佳作一起参展，与几个世纪之前的紫砂老壶一同见证了东方与西方、历史与现实、传承与创新的紫砂工艺历史轨迹。

总之，在紫砂再度西进的过程中，这些学者为紫砂壶的推广数十年奔波，不遗余力。学者的学术阐释，通过此类一系列出版、展览等活动，宜兴紫砂的传统历史被重新解读，宜兴紫砂的价值再次得到人们关注。他们对于中华文化

---

① 〔法〕帕特里斯·万福莱. 宜兴紫砂陶对欧洲的影响[M]. 施云乔，译. 北京：中国文化出版社，2017: 209.

有着深厚的感情、深入的了解与深刻的体悟。这一切，使得紫砂在改革开放之后再次走出国门，推动了宜兴紫砂在海外再度的传播。到20世纪80、90年代，日本、东南亚、美国，以及中国港澳台地区涌现“紫砂热”，大量客商蜂拥而至，收旧（壶）买新（壶），宜兴的订单多起来，促成了丁蜀邻近乡镇也开始发展紫砂工业，萧条了半个世纪之后的紫砂生产被重新被激活。

3. 对外交流中的艺术革新

在民国初年，宜兴紫砂生产已经形成磨泥、制坯、刻字、装烧和包装等专业分工。产品分粗货、细货、上档货三个档次，每一类也分正、次两级[①]。说明当时已经能够对市场进行细分供应。当时以粗货为大宗，畅销于内地和农村，精致的茶壶、茶杯除了满足国内市场外，还远销国外。针对国内市场的茶器，如茶叶罐、茶杯的类型一改从清三代造型的多样性与复杂性，大多以圆筒形为主，整体风格较为简洁，偶尔也会有做工比较精致的。在器型和种类上，受18世纪欧洲饮茶方式的影响在茶杯上加柄。随着欧洲增加白瓷的使用需求，当时景德镇一直致力于瓷质饮具的生产、器型改进和装饰出新，以满足欧洲人的需求和审美意识。这在一定程度上推动了紫砂茶器的革新。当时一改从前在器表外部施釉的方式，转为在紫砂器内部施釉，使用低温釉烧制，因而开片比较多。同时，借鉴欧洲茶器的使用习惯，紫砂成套茶器增加。另外，这一时期中欧文化的交流增加了紫砂种类，典型的例子是随着西方绘画方式的引入，生产出不同于与中国传统的绘画工具，甚至用紫砂泥质设计出调色盘。

此时，紫砂工艺的发展也进入一个更新的阶段。工匠们成功研制出低火釉的古铜色、天青色等釉料，以化工原料调制成墨绿、紫檀色泥，研制出挂釉、吹釉、加彩、印贴花等工艺技法，还擅用宝砂磨光技法，使紫砂表面光洁如镜。这种茶壶当时被称为“车光茶壶”，行销东南亚各国，很受当地人们欢迎。

由于声名远播、销路大增，这一时期许多紫砂作品匠气凸显，刻意增加的装饰使得艺术价值和审美格调走低。但仍然涌现出不少良工良匠。例如余国良、黄玉麟、李宝珍、程寿珍、范大生、汪宝根等紫砂名匠。他们中许多人的作品数次在国外交流、展览，使得宜兴紫砂在国际上声名远播。通过他们的努力，尤其是继承学徒制的教育模式，影响了一批青年紫砂陶艺者，其中的很多人成为新中国紫砂陶艺的中坚力量。

---

① 吴山．中国紫砂辞典[M]．南京：江苏美术出版社．2007: 12.

总的说来，在工艺美术生产衰颓滞缓的民国时期，国内消费需求和外销市场的刺激使得宜兴紫砂产业在一战和全球性经济大萧条期间一度繁荣。商号和洋行在国内外的建立、博览会的开展促进了中国紫砂茶器与欧洲的文化交流，推动了紫砂在国际的艺术地位。并且通过这种中外交流和贸易的推动发展，外销和仿古仿洋之风兴起，客观上推动了仿古技艺的提高和新的装饰风格和艺术面貌的出现，也涌现出了一批优秀的匠师和作品，又带动了紫砂业日后的发展。

新中国成立后，紫砂工艺也迎来新的发展。技术的革新和政府的扶持，使紫砂艺术逐渐脱离质朴简素的乡土品质，工艺日趋精巧雅致、谨严规整。而在现代文化风尚还未触及的广大内陆，民间传统工艺仍然按其自身文化逻辑和生息规律发展，最鲜明的特点是保持着非商品性质和与生俱来的美学特征。

20世纪50年代，朱可心召集了任淦庭、吴云根、裴石民、王寅春、顾景舟、蒋蓉等开始参与到紫砂合作社中来，成立宜兴陶业生产合作社，并被聘为紫砂研究员，成为新中国成立后紫砂史上的“新七老”。在此基础上，1955年建成了宜兴紫砂工艺厂。也就在那时，宜兴紫砂工艺厂开始恢复拓展海外贸易，生产的特种工艺壶，底部均有“中国宜兴”四字方印，而无作者名款。其作者多是“大跃进”时候进厂的学徒[①]。当时出口的产品不仅是用于冲泡茶叶的茶壶，为了适应国外市场的需求和生活方式，紫砂工艺厂还设计生产出在内部挂高温白釉的成套茶具和咖啡具。成套茶具皆配有杯碟（图5.1），大概模仿当时西方饮茶方式。另外，这时候生产的成套的紫砂器茶杯都有把手。在明清时代，中国产的茶杯是没有把手的，后来欧洲人学会了制瓷，加上当时有咖啡和茶共享的情况也出现，因而给茶杯安上了把手，后来这一习惯又传回中国。

图5.1　提璧茶具
顾景舟制，中国紫砂博物馆藏

紫砂工艺厂在改革开放后的发展，除了高海庚、唐伯年两位厂长的努力外，作为七老之一的顾景舟的贡献和成就也有目共睹。在任宜

① 徐秀棠．紫砂工艺[M]．北京：文化艺术出版社，2012: 217.

兴紫砂研究所所长期间，他不但积极带动研发新产品、新工艺，积极引导技术人员参加国内外展览，从多渠道对宜兴紫砂进行不遗余力的推广，同时，积极组织专门的研究人员对宜兴紫砂进行理论研究，提升紫砂产品的文化和艺术层次。这一时期，生产的紫砂壶在继承传统的基础上又有创新。朱可心、顾景舟等人所制壶整体风格简洁明快，吸收现代主义设计元素，造型上擅用棱角分明的直线切割的几何形式，风格简洁明快。顾景舟多使用线条简练的提梁，一改明清以来紫砂茶具重体量感，而是着意塑造作品的空间轮廓。可以说，这一时期，虽然许多作品细节是中国传统的，但它们表达的精神却是欧洲现代的。

二、现代主义设计与紫砂茶器

1. 现代主义设计在紫砂设计中的运用

20世纪20年代左右，以德国、荷兰、芬兰、俄国等为代表的欧洲国家相继发起现代主义设计运动，此运动发轫于建筑领域，尔后影响了城市规划、环境、家居、产品、视觉传达和平面设计等领域。现代主义设计在理念和形式上主要的表现特征是：第一，以功能主义为设计原则和思维核心，强调产品的功能性和实用价值，而不是以外观和形式为设计的出发点；第二，形式上提倡简单的几何造型，反对过多装饰，这是现代主义设计的根基和灵魂，所有现代主义设计大师，都有这样的明确的立场，例见弗兰克·莱特、密斯·范德罗等人；第三，鼓励机械化、批量生产。只有通过标准化、规模化才能降低生产成本，才能为大众广泛拥有。

在现代主义设计框架中，包豪斯运动不但是其中之一，也为设计概念的形成提供了一个契机。它与俄国构成主义、荷兰风格派构成了现代设计的开端，“所有与造型相关的要素，在这个过程里，都经受了一次感性与理性双重维度的验证，最终被还原到了起点。色彩、形态、质地、素材、节奏、空间、运动、点、线、面……包豪斯对这些最基本的造型元素进行了重新整理，将其精简到了无法再精简的程度……”[①]

早在20世纪中期，西方国家已经完成了向现代主义设计的转型，走向更加具有探索意义的国际主义、后现代主义。在中国，真正受现代主义设计影响的

---

①〔日〕原研哉．设计中的设计[M]．朱锷，译．济南：山东人民出版社，2006: 20.

要追溯到20世纪80年代。新的设计风气也影响到紫砂设计领域。主要表现是在宜兴紫砂设计中在传承传统文化元素基础上，又赋予了新语言和新思维。

总的来说，现代主义设计的基本特性就是用挺括明晰的线条、简约抽象的色彩，以及简单概括的几何造型表现客观对象。这些特点与当时标准化、批量化、机械化的机器工业生产模式相一致，成为欧洲国家在工业化初期的必然的、最佳的选择。

所谓现代紫砂，并不是指制作年代，而是指采用了现代设计的创作理念。作为一种传统工艺，紫砂的魅力就在于手艺修为、工匠精神和技艺传承。中国传统紫砂文化崇尚自然天成的艺术造化和审美情趣，这一点与现代艺术理念中的简约主义思想有共通。现代设计理念施于紫砂工艺，虽然在历史文化维度中不可相提并论，然而在现代产品设计语境中却可以通过对设计元素的分解、重构和相互转化，赋予传统工艺鲜明的时代感。现代紫砂艺术在吸收现代设计理念基础上，形成独特的艺术特色：强调作品的形式美感，强调线条的韵律，强调结构和块面感，注重点、线、面在造型中的比例与平衡感。

在20世纪之后，随着现代主义设计运动的发轫，一些设计师把现代设计中强调简洁造型、直线线条的新的设计理念运用到陶艺创作上，借助紫砂材质，设计了一系列造型新颖的紫砂壶。受现代设计理念影响下的现代紫砂茶器表现出具有现代产品特征和哲学高度的特征。依据对现代设计理念和造型要素的吸收、借鉴，可以把现代紫砂茶器分为以下几个类型：流线型、几何结构型、象征型、科学改良型。

（1）流线型

流线型本是空气动力学名词，20世纪30年代产生于美国。设计师雷蒙·罗维（Raymond Loeway，1893—1986年）率先运用在汽车、飞机、火车、轮船等交通工具的设计中。他设计的其他产品，甚至冰箱、铅笔刀等都有明显的流线型特征。此后，这种线条流畅、表面光滑的设计形态蔚然成风。1936年，设计师赫勒尔（Orlo Heller）设计的订书机，首先把流线型运用其中，使得静态的产品具有飞动之势，表示速度的形式被用到了静止的物体上，更体现了它作为一种科技产品划时代的文化意义的动态美[①]。于是，从这时起，从交通工具渗透到各种产品的外观设计中。

---

① 康丽娟. 对流线型设计的产生及其在当下流行现象的分析[J]. 装饰，2010（4）: 108.

流线型是一种简约流畅而富有动感的有机形态，纵使时代背景在变迁、表现形式在变化、社会审美风尚在转变，而它自20世纪40年代运用到现代产品设计中，直到当代，一直富有生命力。流线型设计的产品的精髓在于通过线条的走势形成不匀称中求平衡的曲线形态。这种曲线形态呈现富有张力的运动之势，充分体现线条的律动①。流线型线条传递给视觉一种流动美，一种动态美，甚至一种律动美。流线型不仅成为一种时尚化的历史符号，更成为现代设计的表现符号。

流线型运用到紫砂设计中，更是把这样一种设计思维转变为抽象化、概念化的设计表达，着重突出线条的流动美感。在紫砂设计中，流线型的运用主要是结合泥质的特性，呈现点、线、面在造型中的存在感。紫砂造型用点表现起势，线确定趋向，面展现变化效果。通过技术呈现紫砂的材质美、泥色的协调、器表的光洁。

张守智和汪寅仙协力制作的“曲壶”（图5.2），突破了紫砂壶器的传统造型规律，体现了现代设计理念在传统紫砂陶艺中的运用。作品造型的灵感来自蜗牛壳上流畅涡线。壶体由一凹一凸的曲面组成，肩部收紧，壶底收小。整个器型呈一个反朝向的“e”形。曲壶有两个艺术特色。第一个特色是用两条线贯穿整个壶的造型：一条是从壶流开始，经过壶腹，联结壶提梁，沿着壶口绕一圈，再转回经过另一侧提梁、壶腹、流；另一条是从壶口涡心开始，绕行一周，经过提梁、壶底、回归壶流外轮廓线。这两条流动的线把壶的各个部分联结起来，重心在壶底，夸张而弯曲的提梁，巧尖而微探的壶嘴，以及线面棱角分明的壶腹部，使得作品既灵动又沉稳，既富有韵律的动感美，又不乏明晰的理智美。第二个特点是在简洁、流动的流线轮廓线条中，壶的线条与空间充满细节对比。提梁的虚线与壶腹部实线的对比；流线型提梁包合的虚空间和壶体形成的实空间对比；一条线把壶腹部分割成一凹一凸上下两个空间维度的对比。

图5.2　曲壶
张守智设计，汪寅仙制作，1988年，高17.4cm，口径10.1cm

具有流线型造壶理念的还体现在周桂珍的《彩云追月壶》和丁亚平的《太

① 柳沙．设计艺术心理学[M]．北京：清华大学出版社，2008: 58.

极提梁壶》作品中。丁亚平的太极壶是紫砂中运用流线型设计的典型，在整体造型上与张守智壶思路基本一致，皆用提梁的虚空间与壶身实空间作对比。壶面是优雅的“S”形曲线，顺势延伸与提梁弧线联结，这条线把空间分割，恰好形成太极阴阳的形式：提梁虚空间是白鱼，壶身是黑鱼。并且，这个虚实空间与壶盖的太极空间彼此呼应。壶盖为嵌入式，桥梁纽也是“S”形，与虚的空间形成太极图。这时候紫砂壶不再是一个单独的器物，而是与周围空间有了呼应。

总之，流线型产品的形态使人联想到自然界中有机物勃勃的生机和向上的张力。流线型运用到紫砂设计中，是现代设计与传统工艺的有效结合。流线型类紫砂壶的整体特点是：充分发挥紫砂泥质的可塑性，大胆利用线条带来的流畅感和形式感，关注线条的走势和韵律，善于用线条分割虚实空间，充分呈现点、线、面的整体性和系统性。

（2）几何结构型

几何造型存在的历史久远，它伴随着人类文明的发展，见证人类审美认知的变迁和演进。从人类早期文明就可见几何纹饰，例如新石器时期的半坡彩陶、岩画，是人们对自然事物的归纳、简化。在现代设计中，几何结构简单的形式呈现单纯、严谨、理性、明快的审美特征。在建筑设计、平面设计、工业设计以及产品设计等领域，几何结构无处不在。当烦琐细节和结构被简化，事物的形态特征更为明显。

几何造型是现代设计流派中荷兰“风格派”的主要艺术标准。“风格派”是一个由建筑师、设计师和艺术家组成的松散集体，存在时间大约在1917—1931年。[①]艺术创作上采用绝对抽象的原则，利用基本的几何元素的组合和结构单体来表现对象的特征。“风格派”擅用简单的长方形、正方形、直角等几何形式和造型元素，并且强调三原色、中性色彩、无装饰等特点。荷兰风格派的主要代表人物有西奥·凡·杜斯伯格（Theo Van Doesburg，1883—1931年）、彼埃特·蒙德里安（Piet Mondrian，1872—1944年）、格瑞特·里特维德（Gerrit Rietveld，1888—1964年）等人。荷兰风格派是现代艺术设计史上一个重要的组成部分，这些人以及他们的思想宣传阵地——《风格》杂志，影响了20世纪设计艺术的发展。他们坚持在设计中使用简单的几何形式，并与机器生

① 郑立君，郑筱莹．西方现代艺术设计简史[M]．上海：上海人民美术出版社，2005: 56.

产相联系，形成了一种新的造型和机械美学观念。

1982年，美国工业设计师和教育家杰拉尔德·古洛塔（Gerald Gulotta，1921—）受中国工艺美术总公司的邀请到中国高等学府讲学，当时他是普瑞特艺术学院（Pratt Institute）的兼职教授。他曾在芝加哥应用艺术学院学习广告艺术，并受美国工业设计教育的开创性人物亚历山大·科斯塔罗（Alexander Kostellow）的影响[①]。杰拉尔德·古洛塔专门从事玻璃、瓷器、陶瓷、银器和不锈钢等功能性物品的设计。他多为著名陶瓷企业服务，例如为英国皇家道尔顿瓷器设计过作品。在1985—1987年，应中国工艺美术总公司的邀请，与宜兴紫砂厂的工艺师合作。他成为西方最先被请到宜兴为工厂设计紫砂茶器的设计师之一。他先后设计了一系列宜兴紫砂壶器，在造型和风格上兼具现代设计产品和宜兴传统风格。当时古洛塔先画平面的设计草图，尔后，工艺师凭借他们的经验，把平面的设计图转换成立体造型。紫砂厂选出古洛塔设计的7款造型，每款限产50件，于1989年制作完成。这批作品皆为无釉器，用传统工艺手工制作。当时与其合作的宜兴陶艺家有陈国良（1954—）、周定华（1953—）、鲍利安（1959—）、曹婉芬（1940—）、施小马（1954—）、周尊严（1945—）和吴群祥（1953—）等人。英国V&A博物馆收藏的8件作品包含了全部七款造型。另外，库珀休伊特国家设计博物馆也藏有此套产品。

从这些藏品我们可以看到作品中现代设计造型元素。例如陈国良和古洛塔共同完成的壶（图5.3），壶嘴和壶体简化成两个简洁的几何锥形，作品在传承中国传统提梁壶的基础上，呈交叉态的几何形状、直线条，以及产品所传达出来的结构性，可见明显的现代主义产品设计的倾向。壶把手呈弧形的优雅状态和三角形的壶体成对比，有特殊的趣味。

同样是古洛塔设计，施小马利用传统手工艺实现了具有高度机械感的作品。他制作了两种造型茶壶，皆是由几何造型元素组成。其中之一壶身正方体，在造型中使用规则的几何形式，追求立体感和块面结构，具有强烈的机械美学特征（图5.4）。其二，壶身六面体（图5.5）。两个正立三角形形成实的空间，提梁到壶底的倒置三角构成虚空间。包括壶纽、壶把与壶身外围合成的轮廓等使用三角元素。手工的制作虽然在工艺上秉承了紫砂传统方器制作方法，但是在造型设计上具有很强烈的现代设计元素，体现了包豪斯简洁的“几何精

---

① http://library.syr.edu/digital/guides/g/gulotta_g.htm

图5.3　茶壶
陈国良制，高10cm，宽9.0cm

图5.4　茶壶1
施小马制，1989年，英国V&A博物馆藏

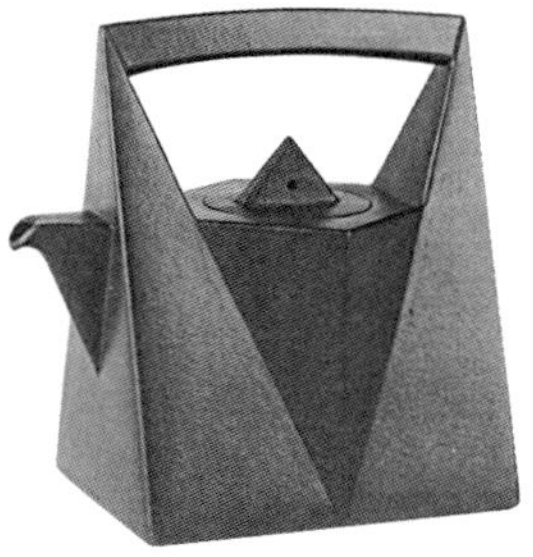

图5.5　茶壶2
施小马制，1989年，英国V&A博物馆藏

神”。这些几何结构单体，依靠点、线、面等造型要素，对元素进行空间、结构的排列、组合，形成简单、和谐的几何结构组合，然而，在新的结构组合中，单体仍然保持相对独立性和鲜明的可视性。这是紫砂壶设计的一大新的尝试，打破了明清以来紫砂壶所固有的文人审美和属性特征。

（3）象征型

对于紫砂茶器来说，审美的基本要素包括造型、肌理、装饰。象征型紫砂器设计是人们对自然形态进行概括提炼而来，运用夸张、减弱、凸显等创作手法，提炼自然对象的本质特征，使造型既模仿自然形态，又脱离自然形态，从而达到象征意味。紫砂传统工艺的花货，仿照自然界中花卉、瓜果，整体上既要惟妙惟肖，细节上也精准严谨。前者是重在神似写意，后者重精致写实。象征性与其完全不同。“应该指出的是陶瓷设计的制品，无论是赏用结合的还是纯陈设性的，因其批量生产和生产工艺的制约，要求制品形态结构单纯化，所以陶瓷制品的寓意表达既要有源泉，即对事物的反应有所依据，也要有恰当的表现方式，最好是采用象征寓意的方式。设计者不必拘泥于事物外貌详尽的描述，而应注重对事物本质内容的表现。”①

古洛塔设计、曹婉芬制作的“怒放壶”，代表了曹婉芬由传统向现代紫砂设计实践的尝试（图5.6）。此壶的造型像一朵含苞待放的花蕾，壶盖和壶身融为一体，盖纽设计成花瓣装饰，美观而兼具实用性，此设计既突破了明清以来紫砂壶口和壶盖要达到“直，紧，通，转”的传统造型审美，又打破了清晚期

① 陈进海，李正安．陶瓷的现代设计[M]．长沙：湖南美术出版社，1998: 71.

仿生紫砂壶的程序化的艺术手法，在设计上具有很明显的抽象化的现代主义的设计风格。作品在形式上强化了传统工艺美术的造型特征，在传统与现代之间实现了创造性的语言转化。“陶瓷制品均是由点、线、面、体、空间、色彩以及纹样这些构成要素，按一定的秩序和方式结合而成。除了其静态存在的一面，还有依附于形态结构的、为人所感知的律动与平衡的一面”①，“怒放壶”以贯穿整体的灵动的线条、韵律感的结构阐述了紫砂之美，中西合璧之美。

图5.6　怒放壶
曹婉芬制，1989年，中国紫砂博物馆藏

象征性的手法运用到现代紫砂茶器中的内涵是十分丰富的，是经过理性思考下对具象的提炼、概括。外在的表现并无意表达具象，而是通过形态及所营造的空间表达。当然，这并不意味着和具象的剥离，而是形式上的统一。在陶瓷艺术中，以“竹”为题材的作品从邵大亨、陈仲美到现当代紫砂“束竹”“捆竹”壶屡见不鲜，从古至今所追求与致力都在“束”或“捆”以及竹节的形象塑造上，力求惟妙惟肖。形神兼备、工艺精湛要数邵大亨的“束竹八卦紫砂壶”。如作品“束竹壶”（图5.7），属于现代紫砂作品。从造型上看是传统与现代设计的结合。壶嘴、把柄属于传统的仿竹造型，突出竹子的自然生态感，壶纽是太极图像，模仿自邵大亨的束竹八卦紫砂壶。壶身方正，线条直率硬朗，具有明显的现代设计造型风格。把邵大亨壶束竹的自然形态转变为抽象的形式美感。壶身前后两面分别分割成上下两个区域，每一区域有十六根粗细相等的细竹，共计六十四根，象征六十四卦，“大道之源”寓于一壶中，呼应古人“一物从来有一身，一身还有一乾坤”物有乾坤的哲学观。此壶采用模印技术成型，与邵大亨壶的“打身筒”成型方式相比，前者工整而光洁，后者细节可见工艺略显粗糙。此壶处于20世纪初，

图5.7　束竹方壶
宜兴制，20世纪初，英国V&A博物馆藏

---

① 陈进海，李正安．陶瓷的现代设计[M]．长沙：湖南美术出版社，1998: 68.

宜兴紫砂传统与现代转型时期，不论在工艺、造型还是在艺术上，可见当时陶工的探索，一方面坚持传统艺术语言，另一方面在现代设计元素中找寻与传统的平衡。

从本质上，以上几个形态是吸收借鉴现代主义设计元素在造型和外观上的创新和探索。现代主义设计的一个重要特征就是强调产品的功能性与实用性。台湾陶艺家陈景亮一直把紫砂茶器置于实用和功能化的日用品中，在紫砂茶壶设计上，他尝试了多个技术创新。他把蒸汽孔开在部分中空的把手上，取代了以往开在盖子上的方式。一个标准的壶，当水从壶口流出，空气就会进入蒸汽孔以平衡壶中的压力，使其与茶水直接接触，因而会阻碍茶水的顺畅流出。陈景亮发现弊端后，决定改进空气孔。在把柄上开孔后，当壶倾斜倒水时，空气进入位于壶背面的孔洞并且立刻填满真空区。这样就确保了茶水的稳定流动，并在倾倒过程中产生局部真空使盖子保持在适当的位置。另外，只要把手指放在孔洞上就可以终止液体的流动，在斟茶时随时停止而不会使水外洒，因而，在给数个茶碗注茶时不用一次次先把壶立起来再倒。他的另一个技术创新是在1983年用耐火陶土设计的烧水壶。这种壶取代了明火，把壶的蒸汽孔巧妙地放置在水壶的后部，降低高度与壶嘴平衡。产生特殊效果：当壶里半空时，蒸汽从蒸汽孔和壶嘴中同时冒出，以提示主人该往壶中添水。这种功能的科学性在于从远处就能观察到水位，这也是许多茶馆偏爱透明玻璃水壶的主要原因①。

2. 现代主义设计运用于紫砂设计的利弊

陶瓷设计上的现代主义，是20世纪70年代随着系统论、控制论、信息论的应用推广才开始的②。现代主义设计观念运用于陶瓷设计的两大前提和原则，一是机械化生产模式下的批量生产；二是为了探索设计与机器生产相结合的适用原则，在产品设计形式上尽可能的采用直线、几何元素等抽象化的造型语言，在生产工艺上采用标准化的模具制作方式。包豪斯的陶瓷试验工厂中，青年设计师奥托·林狄格在设计咖啡壶中说："首先想到它是盛装液体的工具"③。这表明，在现代产品设计中，是功能第一的设计原则。张道一在谈到"功能"与"美观"的关系时有着精辟的论述："艺术设计的目的怎么能抛

① Jan Stuart. Ah Leon's Bridge Illusion in Clay: Beyond Yixing: The ceramic art of Ah Leon[C]. Purple Sands Publishers, 1998: 48.

② 陈进海，李正安. 陶瓷的现代设计[M]. 长沙：湖南美术出版社，1998: 11.

③ 陈进海，李正安. 陶瓷的现代设计[M]. 长沙：湖南美术出版社，1998: 9.

开‘功能’不管呢？然而功能的发挥是有极限的。所谓‘物尽其用’‘物以致用’，也就达到了目的。一条裤子两条腿，一个杯子能盛水，只要合于用，用得方便，并没有什么奥妙。中外古今的设计千千万万，同类物品层出不穷，绝不是单纯为了功能的发挥，其变化的多样主要取决于不同的情趣与审美，成为人的一种追求，是对于物质兼精神的双重追求。而且，从人类文明发展的历程来看，这种追求永远不会停止，永远不会衰竭。”①因而，成功的设计几乎都是以生动的形态表现出其和谐的体量组合，表现其外部空间的有机结合，是形式与功能的统一。

现代主义运用到紫砂设计中表现出有利和良好的一面。现代紫砂设计造型简洁、流畅的艺术风格，这是一种由功能和工艺所决定的理性设计。对在紫砂发展的形式看来，现代主义设计观的核心是强调产品的功能性，形式服从产品的功能，并非放弃产品的形式，实际上主张形式与功能的统一。这不但与我国传统工艺思想并不矛盾，反而在理念上是一致的。例如孔子所讲“质胜文则野，文胜质则史，文质彬彬，然后君子”（《论语·雍也》），强调形式与内容的同一。质是文的前提和基础，文是质的提高和升华。孔子其实是提倡一种在社会的理性基础上追求感性的形式美的思想，要求“文”与“质”统一，配合恰当②。

紫砂是陶瓷设计中独特的种类。因为有沉厚而丰富的传统紫砂作为对应物，并且，因其手工成型工艺的特殊性，紫砂艺术与现代主义设计观的结合不必迎合机械加工模式和批量化生产的需求，而在对现代主义设计元素的吸收中，在形式上的表现更为丰富、自由，在内涵上更具有革新精神。造型完美、功能合理是产品设计的灵魂。如优伦·贝克托得的设计，作品的完成经过从计算机设计到手工实践的转变。从紫砂形态和艺术发展路径的多元化呈现来说，这种现代设计运用于紫砂设计的尝试和探索是值得肯定的。再例如，古洛塔对宜兴茶壶的设计，是一种把现代设计元素赋予传统工艺的尝试，在此过程中，产生出新的造型、新的设计思维和新的审美风格。然而，他们的紫砂设计作品在造型设计中过度呈现的机械化和工业化，缺乏手工技术带来的美感，以及心理上的温暖感，也削弱了紫砂材质的美感。这些作品所呈现的机械性、结构

① 张道一．设计艺术：世纪末的思考[J].《设计艺术》，1999（2）: 8.

② 杭间．从工艺美术到艺术设计[J]．装饰．2009，（12）: 17.

性，对其形式、概念的探索意义重于实用价值的思考，因而，这些作品只是少批量生产的、针对个人的、尝试性的作品。

用与美的结合就是工艺，工艺用的法则就是其美的法则。离开用途，就无法对美进行约束；离开实用，就不是工艺而是美术[①]。紫砂茶器审美的最高境界是达到实用性和艺术性的双重统一。“小规模的工业生产，却很好地使思想的创新得以实现，高度精确的造型也一并完成，工匠们的手工作业作为生产的一部分自然地融入其中。……仔细观察欧洲设计的风格，不难发现，设计师们在展现各自独创性的同时，不约而同地保留了一些手工艺生产的气息。这也许是因为工匠式的制作方法被设计师们继承了下来，最终成为其设计意识中的一部分。”[②]作为紫砂茶器来说，传统工艺和传统文人审美是它得以传承数百年的灵魂，恰当地借鉴现代设计元素，能够激活、延伸紫砂无限的可能性。然而不论形式如何变化，“手工艺生产的气息”“工匠式的制作方法”应该被恰当地继承和保留。

三、紫砂茶器的持续影响

1. 在现代企业的“复活”

在18世纪，紫砂茶器不但对欧洲陶瓷产业的初创和发展产生推动作用，并且，欧洲国家对紫砂茶器的生产经历了一个引进–仿制–创新的过程，实现了文化传播的模式。在19、20世纪，仍然持续着它的影响力，尤其是在20世纪70、80年代之后，随着内销紫砂的重新生产，重新激起国内外收藏热，给欧洲现代陶瓷厂或者企业的生产带来灵感和启示。

（1）席勒 & 格尔宾（Schiller & Gerbing）陶瓷公司

正如第三章所提到的那样，在欧洲，对宜兴茶器的大量模仿贯穿了17世纪末到18世纪前期的几十年。18世纪初，随着制瓷技术的研制成功，之后制瓷业快速发展，到19世纪，欧洲一些国家陆续建立起陶瓷工厂。与此同时，来自东方的茶叶越来越成为中欧所有贸易公司中比重最大的盈利来源和贸易业务。到18世纪末19世纪初，欧洲大部分地区，甚至包括葡萄酒作为主要消费饮品的中

① 〔日〕柳宗悦. 民间工艺四十年[M]. 石建中，张鲁，译. 南宁：广西师范大学出版社，2011.

② 〔日〕原研哉. 设计中的设计[M]. 朱锷，译. 济南：山东人民出版社，2006: 28.

欧、南欧、西南欧等国家也开始增加了茶叶的传播[①]。嗣后，东方茶器也开始受到这些国家关注。最为典型的是捷克。捷克是世界高岭土蕴藏较为丰富的国家之一，也是欧洲最早出现硬质瓷的产地之一，在18世纪就已经出现了硬质瓷的生产。

在19世纪，有一个活跃于摩拉维亚（现代捷克、斯洛伐克东部地区）的名为席勒&格尔宾的陶瓷公司。该公司在1829年由威廉·列别雷希特·席勒（Wilhelm Leberecht Schiller）和弗里德里希·文森特·格尔宾（Friedrich Vincent Meinolf Gerbing）两位年轻人在博登巴赫创立。该公司的一个常规业务就是为勒斯勒尔的公司生产瓷器烟窝，使用烟窝是当时欧洲的时尚[②]。

开始虽然只是一家有数个工作棚的小公司，该公司设计的产品因为曾经分别在1831年布拉格的工业博览会和1845年维也纳工业展览会上获得铜奖和银奖，于是名声大起，收到了来自英格兰、荷兰和北美公司的订单。该公司产品多样，质量上乘，主要的产品系列有：餐具、执壶、水罐、啤酒杯，以及茶壶等。另外，他们还供应室内和庭院饰品，如灯具、蜡烛台、雪茄盒、火柴盒、花瓶、座钟、墙面砖等[③]，涉及生活的方方面面。

该工厂从1829到1885设计了一批产品，创作灵感来自17世纪进口到欧洲的宜兴茶壶。在当时，工厂生产的茶壶根据饮茶习惯和市场需求做了调整，普遍比宜兴产的茶壶容量大，“所用的材质为橙红色陶器熟料，跟炻器差别很大”[④]，他们使用的材料都是普通的红泥陶，并非炻器，为了更接近宜兴器，他们的产品往往在器表施以一层薄薄的棕红色化妆土，器表明亮光滑，与宜兴茶壶无异。装饰技法上是19世纪中期开始普遍使用的模印贴花，后期常用浮雕、印花工艺，纹样常常借鉴中国装饰元素，虽然这些东方文化符号已经被当时的工匠重新诠释和演绎。器底通常带有大写的字母“S”“C”，阴文款识[⑤]。这成为辨认该公司产品的标志。

---

① 陶德臣．南欧西南欧的茶文化[J]．农业考古，2010，(10)：344-351.

②〔法〕帕特里斯·万福莱．宜兴紫砂陶对欧洲的影响[M]．施云乔，译．北京：中国文化出版社，2017：196.

③〔法〕帕特里斯·万福莱．宜兴紫砂陶对欧洲的影响[M]．施云乔，译．北京：中国文化出版社，2017：196.

④ 陶德臣．南欧西南欧的茶文化[J]．农业考古，2010，(10)：344-351.

⑤〔法〕帕特里斯·万福莱．销往欧洲的宜兴茶壶[M]．施云乔，译．杭州：西泠印社出版社，2015：63.

现藏于英国V&A博物馆的六方提梁茶壶，造型上与上文所提伯特格尔六方双龙提梁壶相似。此壶系模具成型，器表施以棕红色釉，色泽明亮，马镫形六面体表面有浅浮雕的装饰，既像龙纹形象，又像是祥云和涡卷形组合。壶的兽形吞口、双龙把手、卧狮盖纽等皆为当时外销欧洲宜兴壶的常见文化元素。不仅如此，之后该工厂生产的成套茶器、咖啡器虽然在总体风格上欧洲味道浓郁，但是在造型设计和装饰元素上可见宜兴紫砂的影响。现藏于阿尔伯特博物馆的咖啡壶可作为参考。

比较奇特的壶在造型上为双壶排列的形象（图5.8）。一方面整体造型上可以看出受当时银制咖啡壶影响，另一方面在技法和装饰上也有明显模仿宜兴紫砂的痕迹：例如壶面的祥云图案，以及下半部分壶为宜兴传统壶样式。

总之，席勒&格尔宾公司制作的部分产品，不论在造型还是装饰上尽可能地对18世纪时输入欧洲的宜兴紫砂进行模仿：方壶造型，工艺上的双色泥贴花、印花，龙纹、祥云等中国传统纹样都有再现。施棕红色釉料，器表细腻富有光泽，虽然尽量接近紫砂泥质，然而注浆技术所形成的造型带有现代工艺产品意蕴（图5.9）。

图5.8　咖啡壶
席勒&格尔宾制作，1873年，高22.2cm，宽12.7cm，英国V&A博物馆藏

图5.9　波西米亚茶壶
席勒&格尔宾制作，19世纪，12.5cm，英国诺福克博物馆藏

（2）霍恩西公司

英国霍恩西（Hornsea）公司的产品是现代日用陶瓷设计的典范，在追求生产高技术、高品质、高标准的同时，更注重产品的创新和个性设计。霍恩西陶器在1949年创立，创始人是德斯蒙德（Desmond）和科林·罗森（Colin Rawson），从制作巴黎模特的石膏纪念品卖给参观海边小镇霍恩西（Hornsea）

的游客而起家[①]。形成一定客户群并且在拿到投资后，先后在霍恩西和兰开斯特两地设厂。在鼎盛时期，工厂所雇佣的陶工超过400人。出口商品到全世界56个国家。1967年，霍恩西开始涉足餐具设计，所设计的餐具十分精致，注重造型和装饰。在创业初期，主要的设计师是威廉·约翰·克拉皮森（William John Clappison，1937—2013年），当时他比较受欢迎的设计包括霍恩西陶器的"Heirloom""Elegance"以及"Tricorn"等系列（图5.10）。

图5.10 "Heirloom"系列咖啡壶
克拉皮森设计，丝网印花釉，约克郡，1965—1966年，英国V&A博物馆藏

1974年，工厂转移到兰开斯特设立（1988年关闭），在20世纪70、80年代期间，工厂主力设计师马丁·亨特（Martin Hunt，1942年—）[②]和由科林·罗森（Colin Rawson）设计了一批作品，包括茶器、咖啡器以及陈设品，其创作灵感来源于宜兴紫砂。他们早在1966年就曾尝试设计过壶器，壶嘴倾斜上翘，受叶形启发，器表色如紫砂，经过抛光处理，光滑细腻，内部施黑色釉。虽然未投产，但是可见宜兴紫砂对于亨特的影响（图5.11）。

图5.11 茶器
伦敦，马丁·亨特设计，1966年，英国V&A博物馆藏

他们后来又在1975年设计了"Contrast"系列和1980年设计了"Cinnamon"系列日用器。"Contrast"系列（图5.12）是紫砂泥色与白色对比，壶器借鉴了中国传统紫砂横把壶的把手、壶嘴的安装方式，直筒身又具有现代日用陶瓷设计的元素。本系列有三个色系，整体单纯的造型和简练的线条，但是又十分注重细节，杯嘴延续了叶形造型感。

---

① https://en.wikipedia.org/wiki/Hornsea_Pottery.

② 马丁·亨特及其老师大卫·昆斯伯里（David Queensberry）于1966年创建了陶瓷设计品牌"昆斯伯里·亨特"（Queensberry Hunt），主张现代设计设计风格。在将近50年的时间里，他们先后和Wedgwood、Hornsea、Rosenthal、Habitat、John Lewis以及Crate & Barrel等知名品牌合作，设计出很多英国陶瓷史上经典的作品。他们的实践经历了采用新技术和销售市场东亚转移而带来的行业巨变。

图5.12 “Contrast”系列壶具
马丁·亨利设计，约克郡，1975—1982年，英国V&A博物馆藏

“Cinnamon”茶器系列（图5.13）更接近现代日用瓷器设计的风格，简单的几何造型，简练的线条，造型充满细节的设计感，色泽上比“Contrast”系列更单一，器身未施釉，抛光处理后肌理光滑细腻，口沿和内壁施以白色釉，朱泥和奶白色对比，既具有工业化批量生产的时代感，又呈现静穆庄重审美的历史感，达到一种形式美与内在美的统一。

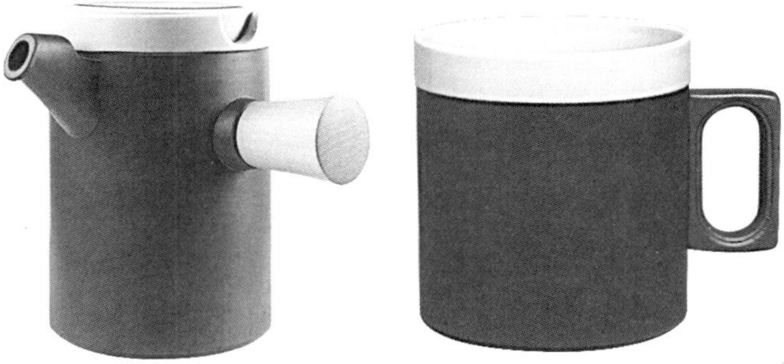

图5.13 “Cinnamon”系列
马丁·亨利设计，科林·罗森装饰，约克郡，英国V&A博物馆藏

霍恩西瓷器的“概念”（Concept）还包含未施釉的白色陶器系列咖啡具（图5.14），由马丁·亨特设计，把现代主义设计运用其中。产品在其清晰但微妙的表面浮雕中利用了“振动抛光”振动片在容器中装有陶瓷颗粒，虽然未施釉但是表面肌理如玻璃般光滑。此款设计产品采用球体作为基本造型，线条流畅、外形浑圆。壶体的嘴和把手为曲线和环式结构。总的来说，这款设计内部结构与外在形态，使用功能、外观造型与艺术风格达成了一种自然协调。是现

图5.14 “概念”系列
马丁·亨利设计，科林·罗森装饰，约克郡，英国V&A博物馆藏

代设计观念运用到壶器设计的典范。

这种向往自然、田园诗式的设计意趣是20世纪80年代之后日用陶瓷设计的审美走向。那时，现代工业的高速发展催生了人们对大自然的眷恋，经过了50年代人追求稳重、质朴的情怀，到60年代则流行形体柔和、含蓄，以弧线为主的造型①，到70年代又流行挺拔的造型和粗率的线条，到80年代批量化生产所带来的简洁单纯的工业化造型引起人们重返乡村田园的自然情结，在理性化风格中又包含线条简练、自然人性化的设计。

和英国当时一些陶瓷厂一样，霍恩西曾经进行过技术革新。19世纪70年代起，霍恩西首先采用四凸印纹样装饰工艺，用以装饰精陶、炻器产品，逐渐形成了这种新颖独特的装饰风格②。从20世纪50年代中期开始，霍恩西陶器业务变得更加多样化，涉及游园、服装、咖啡馆等产业。产业的不聚焦，加上生产的陶瓷多为摆件和观赏品，缺乏实用性和自己的风格。解散之后，一些冗余管理人员和工作人员又创立了“公园玫瑰陶器”（Park Rose Pottery）品牌，继续自己生产和销售一系列成功的设计师用品，产品包括花瓶、花盆架和陶瓷灯座等。当时，他们的客户之一是宜家。然而好景不长，2012年该品牌停产。如今逾2000件霍恩西陶瓷餐具仍于英国霍恩西博物馆常年展出，成为那个小镇不可或缺的文化遗产。

---

① 罗冠中．浅谈日用陶瓷造型时代观[J]．景德镇陶瓷，1999，(11)：15：27.

② 侯炳根．凹凸印纹样装饰新工艺[J]．江苏陶瓷．1982，(04)：157.

（3）迈森的重新生产

迈森瓷器是欧洲第一个硬质瓷器。20世纪的收藏家对受紫砂影响下的伯特格尔陶器产生了极大的兴趣，迈森（萨克森）收藏家对这些物品的极大兴趣导致了后来迈森又一次的模仿。经过多次尝试，在20世纪20年代，迈森能够重新开始生产伯特格尔器，主要包括与之相似的小物件、牌匾、大奖章和作为“紧急货币”的硬币等（图5.15）[①]。

图5.15　牌匾
迈森制，马丁·亨特设计制作，1969年，英国V&A博物馆藏

科学家在一项科学实验中对18世纪迈森伯特格尔炻器与20世纪生产的仿制品或者纪念章的成分进行了分析，结果证实两者相比，后者的铁钛值更高，而20世纪迈森出产的纪念炻器中含有较高浓度的锰和钾[②]。20世纪的迈森硬币是一种更轻巧的牛奶巧克力棕色。同时，把18世纪伯特格尔炻器和20世纪早期迈森复制伯特格尔红炻器硬币进行了区分。在对标准化净重计数比的分析显示，后者在硅、铅和锰含量值方面比伯特格尔炻器要高得多。

图5.16　茶壶
日本制，1800—1908年，
7.6cm×13.8cm×9.4cm，
卡内基美术馆藏

值得一提的是，除了在欧洲国家之外，紫砂的持续影响也仍然存在于其他国家。例如在日本，20世纪之后，仍然有一些陶瓷工厂对宜兴紫砂进行仿制，不论从器型还是色彩上，都能看到这种影响。如图，日本某现代工厂制作的施红釉瓷器（图5.16、图5.17）。

图5.17　茶壶
日本制，1800—1908年，
8.6cm×14.6cm×9.4cm，
卡内基美术馆藏

① W. Funk. Die Rohstoffe der Feinkeramik: Ihre Aufbereitung und Verarbeitung zu Massen und Glassuren, Springer[M], Berlin: Heidelberg, 1933.

② Gulsu Simsek, Francesca Casadio, Philippe Colomban, Ludovic Bellot-Gurlet, Katherine T. Faber, Ghenete Zelleke, V. Milande, Eric Moinet. On-Site Identification of Early BÖTTGER Red Stoneware Made at Meissen Using Portable XRF 1, Body Analysis[J], Journal of the American Ceramic Society, 2014, 97(9), 2745-2754.

（4）各类贸易公司

紫砂茶壶在20世纪80、90年代的生产和发展重新复活，国内外又掀起新一轮的紫砂收藏热，不论是古董品、仿制壶还是新制壶，都能激起相应人群的收藏兴趣。当时欧洲进口商开始到宜兴定制紫砂壶，款式、装饰风格皆属欧洲人的审美情趣。当时主要的企业有法国东方与中国文化公司（CFOC，Compagnie Francaise de L'Orient et de la Chine），它是欧洲现当代紫砂进口的先驱，由道特尔斯姆家族（Dautresme）在1965年创办。在1980—1990年定制和进口的宜兴紫砂上印有"CFOC"的标志[①]。

历史重演，物质文化的发展如出一辙，在此后，欧洲几个国家纷纷开设了茶叶店，带有紫砂壶的售卖。较为有名的有：马里亚热兄弟公司（Mariages Frères Company），位于巴黎，于1854年6月由马里亚热亨利和爱德华两兄弟成立（brothers Henri and Edouard Mariage）。马里亚热家族的前人皮埃尔（Pierre Mariage）是路易十四时期法国东印度公司的高级官员，向波斯、东印度群岛和莫卧儿帝国等国家寻求茶叶。

该公司由四代马里亚热茶商管理，他们从东方进口优质的茶器、家具，然后在法国进行交易。从1854年到1983年，该业务已进口到美国、英国、比利时和其他欧洲国家，其中包括皇室和奢侈品店。虽然直到1983年才有零售，但在某些社交圈中，公司名称和声誉已经相当成熟。公司在巴黎Bourg Tibourg的店面设计了一处茶博物馆，远东贸易留下的中国茶器和物品被陈列在此[②]。另外，1990—2005年法国紫砂爱好者万福莱经营的Exotic Line Company公司，进口了大量的茶叶和宜兴茶壶。这批茶壶有两种途径，一是直接购买具有浓郁中国装饰风格和传统款式的内销壶；另一种直接向宜兴制陶工匠定制紫砂茶器，这些定制壶的容量在800～1000毫升，样式和装饰符合欧洲人审美趣味[③]。

2. 对艺术家的启发

现代陶艺的兴起使得艺术家重新定义了陶瓷艺术，宜兴紫砂陶对现代艺术家产生影响就是随之而发展的。一般认为，现代陶艺发轫于20世纪50年代，以

---

① 〔法〕帕特里斯·万福莱. 宜兴紫砂陶对欧洲的影响[M]. 施云乔，译. 北京：中国文化出版社，2017: 206-207.

② Barbara Dufrene. Mariages Frères: the concept store for French tea. Tea & Coffee Trade Journal, 2006, 178(5): 42.

③ 〔法〕帕特里斯·万福莱. 宜兴紫砂陶对欧洲的影响[M]. 施云乔，译. 北京：中国文化出版社，2017: 207-208.

彼得·沃克思（Peter Voulkos）的“奥蒂斯革命”为标志[①]。并且，现代陶艺在中国的开端可以追溯到20世纪70年代末和80年代初[②]。

现代陶艺的发展有其自身的艺术逻辑和方式，在发展过程中受抽象表现主义、极限主义、象征表现主义等艺术风格的影响，视觉语言丰富，表达方式自由灵活。它总的意旨和特征是：把黏土作为媒介和表达情感的载体，彻底脱离陶瓷的日用功能，颠覆传统意义的工艺造型和装饰美感。当时，多样化的陶艺风貌被不断地表现出来，随着泥土变成崭新的艺术媒材，无限的可能性被激发出来，新的艺术精神作品被层出不穷地开拓出来，陶艺界的新气象蓬勃发展。人们兴奋欣赏的同时，也觅求更多的风格，好奇地等待泥艺有更大的可能性和空间。

当时，随着20世纪80年代之后紫砂产业的生命力重新焕发，欧美、我国港澳台等国家和地区个人、博物馆引起紫砂收藏的热潮。于是，紫砂又重新进入国际视野。当时的宜兴，石大鹏、陈鸣远等工匠已经成为历史，当地陶工一方面继续延续传统在工艺上精进，在紫砂文化元素上挖掘其内涵；另一方面当代制陶师为传统模式注入新的色彩、造型和装饰风格。例如吴光荣、周定芳、吴鸣等陶艺家重新诠释了紫砂泥作为现代艺术的内涵。紫砂就泥质来说延展性强、可塑性好，外国有一批艺术家目光开始投向宜兴紫砂，他们的作品从宜兴紫砂中获得了灵感，用当代艺术语言阐释和探索其多样表达的可能性，把传统艺术引入当代语境，对宜兴紫砂的内涵重新进行了诠释。

这些艺术家不是单纯把紫砂泥作为一种艺术表现媒介，而是深入探索紫砂壶器作为茶器的艺术符号和内在意义，以另外一种具有形式感和符号意义的现代方式表达。尤其是紫砂器中茶壶的象征意义，更是被当代陶艺家作为媒介，它几乎成为陶瓷问题物质上和美学上的缩影。茶壶有很深的文化隐喻和艺术寓意，由表及里代表宜兴陶瓷文化的本质。著名的当代艺术评论家加思·克拉克（Garth Clark）认为茶壶有无限的内涵：“茶壶是一种偶像，人们爱上了这种形式的生命力和活泼性。从视觉上来说，它非常有吸引力，它可以成为陶器最具表现力的物体，茶壶长期以来一直是幽默、讽刺和不可言传的内容的传播工具……茶壶正在演变成一种‘非凡的艺术形式’，陶艺家的创作也不仅仅只

① 白明．世界现代陶艺概览[M]．南昌：江西美术出版社，1999: 2.

② 白明．世界现代陶艺概览[M]．南昌：江西美术出版社，1999: 11.

成为‘陶瓷文化’，更具有哲学意味和人伦价值。”[①]英国散文家悉尼·史密斯（Sydney Smith）在19世纪早期就曾写道：“……500年来茶壶是一个迷人的对象，是仪式和精致的象征，充满温和与温暖。”[②]宜兴紫砂代表了中国传统陶瓷艺术，现代陶艺的表达之一就是对传统的解构和重组。艺术家把宜兴茶壶作为表达符号，在现代社会文化和艺术语境下对符号的指示、象征意义进行转换，对其内涵进行重新延伸和扩展。在文化符号和艺术转换中，“任何符号都只是一种媒介，当符号本身的意义被纳入图像之中以后，原来的符号便成了当下观念的代替”[③]。在这种转化过程中，代表了艺术家对作为符号和媒介的紫砂壶器的更深层次的思考。

（1）理查德·诺金（Richard Notkin）

犹太艺术家理查德·诺金（Richard Notkin）以重新诠释传统的无釉宜兴茶壶而闻名。他1948年10月出生于美国伊利诺伊州的芝加哥。1970年，他在堪萨斯城艺术学院获得学士学位。现在长期生活和工作在蒙大拿州的赫勒拿。他关注政治和历史，作品一贯体现具体的社会和政治问题。早在20世纪60年代末和70年代初，理查德用他的雕塑陶瓷作为抗议越南战争和理查德·尼克松总统的一种形式。从那之后，诺金决定，他想用艺术表达更普遍的人类主题——罪恶、战争和环境，而不是具体的事件或人物[④]。20世纪70年代至80年代初，他的作品为袖珍的雕塑装置，如缩微模型。

20世纪80年代中期起，“诺金花了好几年的时间来掌握注浆技术，但是当他决心超越茶壶的形式时，他对于坚持单一技术的局限性的关注强加于概念上的探索，导致他尝试使用比他所惯常使用的更有质感和变化的黏土。”[⑤]于是，他开始利用紫砂黏土把紫砂的风格和观念带入创作中，创作了“紫砂茶壶”系列。他对宜兴茶壶情有独钟，他的现代艺术表达也以茶壶作为媒介。在十几年中设计了大约250个茶壶，这批茶壶虽然在意趣上已经脱离紫砂壶器的审美，具有现代艺术特征，然而也具有严谨规整的结构造型，也如中国传统壶器那样讲究线、面的组合。虽然作为现代艺术家，他的作品并不抽象，相反“具有写

① Joyce Lovelace. The ubiquitous teapot. American Craft; 1994, 54(2): 54.

② Joyce Lovelace. The ubiquitous teapot. American Craft; 1994, 54(2): 54.

③ Richard Notkin. American Craft, June/July 2008, 68(3): 46.

④ Richard Notkin. American Craft, June/July 2008, 68(3): 46.

⑤ Brown, Glen R. Ceramics: Art & Perception; 2001(43): 6-11.

实主义和怪怖艺术的双重结合”[①]，他在技术上和美学上掌握了这种形式。他敏锐地观察到宜兴壶的结构和形状，把它们赋予当代艺术符号，“转换成有时异想天开，有时惊人的意象：摇摇欲坠的城市街道场景、象征核毁灭的符号”[②]。

这些壶的外形怪异，有核电站、心脏、骷髅、蘑菇云等，看似怪诞离奇，但是却指向一种对现实社会的思考。骷髅、心脏、蘑菇云的造型是他多次使用的主题形象，他有意识地保持着一种独立的文化身份，以紫砂作为媒介和载体，结合历史、政治和战争，反映当今人类文明的困境和社会评论。似木、似砖、似金属、似橡胶的乱真质感与形态，共同构筑了诺金的宜兴茶壶的独特风格[③]。

图5.18 “Heart Teapot: Homage to Archie Bray”
2006年，纽约大都会博物馆藏

20世纪80年代，他所制作的隐喻茶壶，象征内容涉及核扩散领域的问题和对第三世界国家的秘密干预和侵犯人权的问题，这时期他最具代表性的作品是“心脏茶壶”系列（Heart Teapot）（图5.18），构思受到了宜兴紫砂“佛手壶”的启发。这些小小的具有宜兴风格的茶壶，象征的是核爆炸或者受束缚的、痛苦的人的心脏，具有社会现实意义。这一系列作品目前在霍尔特艺术博物馆（Collection of the Holter Museum of Art，2006年制作，蒙大拿州海伦娜收藏Helena，Montana.）、纽约大都会博物馆、皮博迪博物馆（Peabody Essex Museum）等收藏。

20世纪90年代中期之后，他的作品也被越来越多地沉思反省，甚至具有超现实主义的特征，具有很高的艺术深度。理查德·诺金（Richard Notkin）通过探索激进主义艺术的全部潜能，以达到精神和理性思维的统一，击中了一些真正重要的、仍然相当独特的东西。他的作品在形式、表面、纹理是宜兴的，但是主题和意义却属于20世纪晚期社会现实。他把这些来自象征中国传统工艺美术的茶壶赋予具有仪式感的沉思，通过跨文化交流的观念使作品具有了现实主义意义。

① 白明．外国当代陶艺经典[M]．南昌：江西美术出版社，2002: 88.

② Claudia Brown. Ah Leon, Yixing, and the West: Beyond Yixing: The ceramic art of Ah Leon[C], Taipei: Purple Sands Publishers. 1998: 109.

③ 白明．外国当代陶艺经典[M]．南昌：江西美术出版社，2002: 88.

（2）陈景亮

紫砂茶器是一种在物质上与茶叶，在文化上与饮茶方式并存在器物。前者代表了它的实用价值，后者指向其文化属性，它的价值在寓于实用，并取决于应用。从这一点上来说，紫砂器受时间和空间的双重制约和影响，它的造型、大小和装饰总是“酷似其时代”和社会生活的[①]。换言之，紫砂作为传统茶器，它的“在场”自然赋予某种文化性。到明末清初，由于文人的参与，诗词书画便引入紫砂的装饰，一壶在手，玩味无穷，紫砂成为一种雅玩之物。发展到20世纪，宜兴紫砂已经成为一个民族的文化符号，它的材质、艺术语言每一部分都成熟独特到可以作为现代设计师的借鉴和灵感。不论是从产品设计角度，还是现代陶艺层面，前者完善的是紫砂壶的日用功能，后者实现的是紫砂作为文化符号的内涵。

在这两方面的尝试较为成功的实践者是陶艺家、雕塑家陈景亮（阿亮，Ah Leon）。陈景亮1953年出生于中国台湾，1972年进入台北美术学院主修超现实主义绘画。在1980年，陈景亮开始学习古玩鉴赏，并研读中国传统文化、艺术。他沉浸于饮茶，并且潜心学习中国茶道礼仪。在这一时期，他开始对茶器产生兴趣，从拉坯壶开始，尝试去制作和设计功能性茶器。他的艺术理念、设计思维联结在紫砂茶器上呈现出两种面貌：第一方面，经过功能上科学的改革，实现把紫砂传统工艺完全演绎成了功能良好的现代设计产品；第二方面，与现代艺术、陶瓷文化交织在一起，体现紫砂壶的文化延伸、贸易历史和象征意义等文化内涵。

图5.19　茶壶

陈景亮制，1995年，高9.2cm

20世纪80年代后，陈景亮多次到宜兴学习，即使受传统紫砂工艺的影响，他也没有放弃他的个人风格，用现代设计思维取代传统工艺。因而他设计了一批传统造型紫砂壶，通过壶柄和壶嘴造型的微微改变使这些作品看起来具有现代设计感。他设计的这款壶功能上十分具有科学性：盖子上的蒸汽孔足够大，在不必拿下盖子的情况下可以重新添茶续水；壶口位于一个凸起的中心旋纽中，腰部被束紧，当壶倾斜时水不会溢出（图5.19）。

① 宋伯胤．宋伯胤说紫砂[M]．杭州：西泠印社出版社，2008: 215-216.

陈景亮对传统紫砂造型进行变形、演绎，使其更接近现代陶艺的表现形式。这类作品，以仿生壶居多，造型例如竹子、葫芦、茄子等植物，或类似于龙、青蛙或其他变形的生物形象。这些作品无釉、多设计有奇特造型的嘴和手柄。对传统形式的创造性变化，反映了他对宜兴传统紫砂茶器的深刻认知。C形的把手，造型新颖的壶嘴、高肩，无处不在的现代设计元素。

当时他意识到台湾当地的陶泥无论在色泽上还是在可塑性上，都比不上宜兴泥，于是，他给这组作品定位为“台湾–宜兴风格”[①]。除此之外，证明他把现代陶艺理念和传统紫砂陶器进行联结的一个艺术构思就是：在陶艺中引入西方当代艺术中视错觉画（trompe l’oeil）的风格，创作了一种新的具有装置艺术和现代陶艺双重特征的艺术形式。

当代著名的艺术评论家、策展人加思·克拉克（Garth Clark）在“西方观点”的历史背景下描述了陈景亮的作品，他认为，陈的很多作品来自西方传统的视错觉画（trompe l’oeil）。trompe l’oeil原是法语，字面意思是“愚弄眼睛”（Fool-the-eye），汉语翻译是“错视画”。这种技术创造了描绘的对象实际存在的错觉，是艺术现实主义的极端例子。这种艺术的实例可以在从古代到现在的艺术中找到。起源于中世纪的欧洲，并运用于北美现代艺术中[②]。这种艺术形式影响了一些当代陶瓷雕塑家的创作。比较成功的案例是加拿大女陶艺家玛丽莲·莱文（Marilyn Levine，1935年—）和理查德·诺金（Richard Notkin，1948年—），前者作为超现实主义雕塑领域的代表人物，她的作品造型有着超强的存在感；后者在紫砂壶中找到创作灵感，以茶壶作为载体，制作了隐喻社会和政治问题的作品。大概受他们的启发，陈景亮创作了宜兴错视觉（Yixing trompe l’oeil）[③]。与理查德·诺金用茶壶谴责不明确的灾难和暗讽社会政治问题，以及莱文更注重利用材质实现苦心经营的现实主义不同，陈景亮把紫砂作为传统工艺和现代艺术的承载体，肯定传统工艺价值，强调和利用宜兴紫砂更强的概念性陈述。他所设计的木制风格的茶壶系列，用宜兴泥做仿木纹的处

① Jan Stuart. Ah Leon’s Bridge Illusion in Clay: Beyond Yixing: The ceramic art of Ah Leon[C]. Taipei: Purple Sands Publishers. 1998: 46.

② Milo C. Beach. Beyond Yixing: The ceramic art of Ah Leon[C]. Taipei: Purple Sands Publishers (1998): 16.

③ Jan Stuart. Ah Leon’s Bridge Illusion in Clay: Beyond Yixing: The ceramic art of Ah Leon[C]. Taipei: Purple Sands Publishers. 1998: 52.

理，在错视画风的语境中表现出了一种还原、强调细节的精湛技术（图5.20）。

图5.20 Trunk T-pot with Bent Branch
1994年，高29cm，宽26cm，台北私人收藏

陈景亮还把现代艺术的其他理念运用于创作中。他的作品《桥》，把美国表现主义和宜兴茶器相结合，创作了特殊风格的作品。《桥》策展人简·斯图尔特（Jan Stuart）曾指出，“在阿莱的新风格中，他的茶壶采取了树干、树枝及铁路的造型，虽然在理论上仍然是功能性的，但是它们的尺寸和重量令人印象深刻，取而代之的是作为船只的目的、特征。”

总之，陈景亮从宜兴传统的4英寸高的茶壶制作开始了他与宜兴紫砂的接触。经过二十几年的实践，他对于紫砂艺术做出两个实践和推动。第一，对传统的宜兴紫砂进行功能上的创新，使其使用更合理化和更具科学性；例如改进了紫砂壶的排气、烧水壶的明火等功能。第二，将中国的宜兴传统工艺精神与他创新的木质纹理融合在一起，引入西方当代艺术中视错觉画（trompe l’oeil）的风格，创作了一种新的艺术形式。在表面上既具有枯木肌理效果，但是在技术上又离不开传统紫砂工艺的沿承。他不断在东西方和历史语境中寻找艺术的交流，从东方到西方，从过去到现在，从容器到装置。

（3）乔治·拉斯托米斯基（Geo Lastomirsky）

美国另一位陶艺家乔治·拉斯托米斯基，如理查德·诺金一样生活和工作在美国西北部。1996年他第一次到宜兴，成为西方第一位到宜兴访问的陶艺家。他所做的茶壶在形式上是繁复的，装饰形象是抽象梦幻的。他曾坦言自己灵感来自18世纪模仿中国和日本外销商品的欧洲艺术家①。

乔治的茶壶中充满浪漫主义表现元素，茶壶的把柄、壶纽、壶流、壶身都设计了充满童话色彩和神秘的抽象化的人物、植物等形象，用贴、刻、雕等手法对形象进行拼贴、重组，欧洲的艺术元素通过紫砂壶的形式呈现。

乔治有意地模糊艺术品与日常之物的使用界限，用这种媒介、材料与形式

① Claudia Brown. Ah Leon, Yixing, and the West: Beyond Yixing: The ceramic art of Ah Leon[C]. Taipei: Purple Sands Publishers. 1998: 109.

上的“混搭”风格来实现欧洲文化与宜兴紫砂的联结。“他对人物的使用将他的作品与欧洲传统联系在一起，而他所使用的紫砂这种材料反映了他与宜兴的最终联系。他将中国人喜爱有机物，如浮木，岩石的文化传统，带到了他的抽象茶壶里。他尝试在精妙的器皿上安装手柄和流，这是对自然的安静和沉思的回应。”①

（4）优伦·贝克托得（Jeroen Bechtold）

还有，荷兰陶艺家优伦·贝克托得（Jeroen Bechtold）擅长计算机陶瓷3D建模，把具有500多年历史的宜兴壶带入现代信息时代和现代设计语境。现代著名的策展人、评论家Garth Clark对数字和艺术的结合一直持肯定态度：“黏土和火的局限性使得艺术家在虚拟现实和陶工更具体的陶瓷的现实之间进行了一些调整。东方前工业时代的工艺传统和信息时代西方探索性的展望，他们之间的联姻指向了本土和数字的融合，这成为未来茶壶设计的来源。”②

在1996—1997年，优伦·贝克托得和宜兴陶工合作完成了一批“宜兴系列”紫砂壶。在他建好模型后，由宜兴的陶工手工制作。造型来自中国传统紫砂壶，中国艺术文化元素和特征在壶的把手、盖纽、壶流上都有体现。例如龙壶（图5.21），整体造型像龙衔珠，手柄似蜷曲的龙的形象，球形壶体，似珠。从产品设计上来说，这个壶非常符合人体工程学，手柄的弧度和造型使得使用的时候手不容易烫伤。

图5.21　龙壶
Hua-Hsien Chiang制，1996年，15cm × 9cm × 10cm

优伦设计的紫砂系列壶具有夸张的把手，C形或者O形手柄多见，他擅于充分利用线条流畅感，壶身的造型皆是在传统紫砂壶形基础上的变形，具有童趣和幽默感。1997年，他设计了茶壶“Blue Twist”，这款壶是他在计算机上建模（图5.22），由宜兴紫砂工人顾伟芬用宜均泥制作。建模图壶身的造型符合现代茶壶特点，规整简洁，但缺乏文化识别度和艺术特色，陶工在建模图的基础上把壶体做了稍微调整，

① Garth Clark. The Artful Teapot[M]. London: Thames & Hudson, 2001: 29.

② Garth Clark. The Artful Teapot[M]. London: Thames & Hudson, 2001: 31.

图5.22 “BlueTwist” 1997年

演绎为传统蛋壶造型，赋予了原作更具紫砂文化指征的特点。

另外，还有英国产品设计师克里斯托弗·詹纳（Christopher Jenner）、中国艺术家罗小平等人在紫砂艺术宝库中寻求灵感，这种研究和探索像极了17、18世纪欧洲陶艺家的模仿和借鉴。罗小平从传统紫砂工艺的泥片拍打成型得到启发，用泥片拍打雕塑成型。淡化了雕塑塑造特征，放松形体结构，加强了陶艺的偶然性和泥质自然天成的效果。罗小平比较大的隐喻寓意的作品，都是紫砂精制而成，作品比传统用于宜兴茶壶的气温高，他巧妙地将现代陶瓷技法与中国美学模式的深刻精神和哲学元素巧妙地结合起来。

英国艺术史家赫伯特·里德对陶瓷艺术有这样的评论：“陶器是一门最简单而又最复杂的艺术。说它最简单，是因为它最基本，说它复杂是因为它最抽象。……它与文明的基本需求紧密相关；作为一种艺术媒介，陶器必然是一个民族的精神气质的表现。凭借陶器，我们便能对一个国家的艺术，即情感艺术作出评价；毫无疑问，陶器是衡量一个国家艺术的标准。陶器是纯艺术，是一门不带有任何模仿意图的艺术。……也许正是由于这一点，在用形式来表达人的意愿时，雕塑比陶器更有局限性，陶器在本质上是一门最抽象的造型艺术。”①

通过梳理宜兴紫砂传入欧洲的文化历程，英国维多利亚博物馆远东部前馆长柯玫瑰认为，“宜兴对世界的影响高潮发生在1650—1720年”②。20世纪中期以后，中国与欧美的一些陶艺家、设计师深受宜兴雅致陶器的影响，努力探索和实践，采用现代设计语言，把紫砂艺术的内涵向前推进了一步。在20世纪晚期，宜兴紫砂不但迎来新中国之后的复兴，并且影响了欧洲的设计和艺术创作，因而可以认为，这是继17、18世纪宜兴茶器对欧洲进行深刻影响之后的第二次文化交汇。在这两次文化交流中，所不同的是：第一次的文化交汇是一种

① 〔英〕赫伯特·里德. 艺术的真谛[M]，王柯平，译，沈阳：辽宁人民出版社，1987: 21-23.

② Rose Kerr. Yixing Ware and Europe[C]. 2007年国际紫砂研讨会论文集，北京：紫禁城出版社，2009: 142.

从无到有的在造型、装饰纹样等形式上的效仿，虽然在18世纪中后期各国走向了自主创新，但是总的来说形式上的追随多于对工艺的探索。然而，随着现代设计和艺术理念的产生，第二次的文化交汇更注重艺术创作的理念呈现和探索精神，把紫砂茶器作为一种兼有历史文化和符号意义的艺术语言，在现代设计和艺术语境中寻找既能够继承发扬传统工艺，又能够诠释现代设计和艺术的创作方法。

四、总结

本部分主要论述宜兴紫砂在20世纪时代变革、文化交流背景中所形成的新发展、新风格，主要包括两方面的内容。第一，20世纪紫砂艺术对外交流的特色。一方面实业家参与紫砂的生产和销售，在国内外设立商行，使得清末到民国这段时期，虽然战乱不断、社会动荡，但是紫砂工业出现了短暂的繁荣，涌现出了一批杰出的紫砂艺人和优秀的紫砂壶作品，紫砂艺人积极参加国外博览会，推动了紫砂的国际影响力。另一方面，在20世纪50年代之后，一批收藏家和理论者的助推，使得宜兴紫砂重回国际视野，再度西传。

第二，20世纪晚期现代主义设计、现代主义艺术与传统紫砂艺术相结合，拓展了紫砂艺术的广度和深度。艺术的影响是相互的，一方面，现代设计中强调几何造型、块面感、直线条等设计元素被现代紫砂设计所采用，赋予紫砂茶器新的风格。本文举要总结了流线型、几何结构型、象征型等几种形式，主要的代表人物有古洛塔、曹婉芬、施小马、陈国良、张守智等。另外，受现代设计功能性影响，注重紫砂茶器科学的实用性与艺术性的结合。然而，现代设计成型方式、表现形式、视觉语言自成体系，与紫砂设计的结合，如果运用恰当，形式上表现更具有革新精神，产生新的审美风格；反之，在紫砂造型中过度呈现现代主义的机械感、工业感，会削弱紫砂材质的美感和手工技术的温度。

另一方面，西方陶艺家、艺术家受宜兴壶的启发，所呈现的作品，不论在材质、造型，还是寓意内涵上都有新的表达。如陈景亮、理查德·诺金、乔治·拉斯托米斯基、优伦·贝克托得，他们不是把紫砂作为一种艺术表现的媒介，而是有意地探索紫砂茶器作为历史意义的艺术符号内涵，赋予具有形式感和媒介意义的现代艺术形式的表达。

总之，在中国与欧洲文化激烈碰撞、交汇的20世纪，紫砂茶器的发展既充满曲折，又保持着其文化强大的生命力和影响力，如同两个世纪之前中欧文化的融合互动一样。紫砂茶器时尚又新颖，为陶艺家、设计师注入创作灵感，给陶瓷企业生产带来启发，在现代企业中重新焕发光彩。

第六章　结语

宜兴紫砂壶享誉天下，四百余年来，引导宜兴壶漫游全球的是无所不在的茶文化。随着各地茶叶的消费，17世纪时，紫砂壶漂洋过海运抵欧洲，从此拉开了紫砂传播的序幕。在传播地域方面，紫砂茶器到达荷兰、英国、德国等欧洲国家；在传播效应方面，随着茶文化的风靡，基于对东方瓷器的迷恋和利益的驱动，代尔夫特、斯塔福德郡、萨克森等地开始了对宜兴紫砂的仿制。尔后，紫砂壶对当地陶瓷制造业产生了触发与影响；在传播层次方面，各地陶工在形制、泥料、装饰、功能等方面竭力追摹紫砂意象，后又在器型、装饰等方面加入欧洲本地化风格。于是，随着各地窑场的发展，欧洲各国窑业逐渐走向创新和品牌发展之路。

经过前文对在中国与欧洲文化交流视野下紫砂茶器艺术传播及发展的脉络、方式的系统梳理和研究，可得出紫砂在文化传播、工艺交流上呈现如下特点。

一、紫砂文化在欧洲传播的特点

1. 文化意义的区域性差异

宜兴紫砂壶以茶文化为经，文人雅赏为纬，架构出辽阔的茶事版图。其享誉天下的法宝，便是紫砂泥优越的宜茶性。优异的天然资产，结合良工的巧手创作，就是紫砂陶艺能在世界陶瓷史占有一席之地的原因。

对中国茶事文化来说，紫砂文化的特殊性还在于它与文人士大夫的联结。时大彬听从陈继儒等文人的建议，改大壶为小壶；陈鸣远深受文人影响，所做壶最具有文人味道；陈鸿寿更是把诗、书、画、印等艺术都融入紫砂壶创作，文人墨客的参与，使紫砂壶从一种实用器具上升为文化层面的艺术品。虽然紫砂在艺术上经过了清代的装饰化倾向，然而它所具有的文化气息与品质始终没有改变，它的造型、材质、文化内涵紧密结合在一起的文化的生命力没有改变，对它的发展轨迹来说，保持了传统，使这种艺术形式能够持续发展。

传入欧洲的紫砂茶器是作为东方饮茶方式的附属器物。它在欧洲的文化内涵来自各国对紫砂的理解、想象、模仿以及创新借鉴。背后重要的推动力是随着17世纪以来全球渐兴的饮茶风尚，以及欧洲社会从上至下的“中国热”。欧洲人对紫砂茶器的青睐，从个体艺术物体的物质性转移到了一个更为普遍的异域性的概念上，这种概念是被涵盖在整个“中国热”范畴之下的。

对于茶文化，不论是茶器、茶味或者茶的精神，中国人自有数千年的深刻的体会。紫砂壶在中国的珍视、流传也是基于这个角度。那么对于欧洲人来说呢？彼时的欧洲，本地化的茶文化还在酝酿中，并且对茶器文化的态度，有一个摸索的过程，在此过程中，自然因受到本地社会风俗、审美文化的影响而做出取舍。如前文所提到的那样，销往欧洲的茶壶，在18世纪之后体量、规格变得越来越大，装饰风格也愈加华丽繁复，明显从实用器走向陈设器，可窥见欧洲对宜兴壶的认识已经脱离了中国人对紫砂宜茶性的文化情结。

另外，值得一提的是，当时欧洲仿制紫砂的红陶泥的品质参差不齐，其泥料皆不具备紫砂泥的优良透气性。欧洲人也并非模仿彼时中国人泡茶的方式冲出纯正的茶汤，因而对紫砂泥“能发真茶之色香味”的物理特征无从体会。与之相反，由于加奶加糖的饮茶方式，多孔性、透气性强的宜兴紫砂并未发挥出其宜茶的特性，反而不若瓷器易于清理。

饮茶作为庶民饮食的一部分，消费端的需求左右着制造端，作为一种实用茶具，包括古老的宜兴在内的各地窑场，必然受到来自市场喜好的影响。因而随着来自景德镇或日本的瓷壶、欧洲本地茶器等产品的冲击，欧洲各国迅速形成英式、法式等本地化饮茶文化及相适应的茶器配置，于是宜兴紫砂被逐渐取代，欧洲市场渐失。

总而言之，17世纪饮茶风气传播之时，欧洲人开始使用紫砂壶，紫砂壶输入之后供不应求，在物以稀为贵因素影响下，各地的仿制遂自然而然地出现。然而，中国人的茶事文化并未能以紫砂为载体传入欧洲，随着欧洲各国形成本地茶文化之后，宜兴紫砂被迅速取代。这种文化现象正说明，伴随着紫砂壶的使用，背后是一整套茶文化的发展。紫砂壶曾经在欧洲风靡一时，作为一种生活用器，它迅速被模仿，也迅速被取代，证实生活器物的发展和传承需要有其文化涵养的土壤，只有“生活”被“本地化”，器物的传播才能“本地化”。

2. 工艺技术交流的缺失

宜兴紫砂在几百年的文化发展历程中，有一个文化元素和特点是一以贯之的：成型技法。时大彬改进了供春“斫木为模”的制法，把打身筒成形法与镶身筒成形法结合起来，确定了紫砂壶泥片镶接成形的基本方法，沿用至今。

过去数百年来，世界各窑场对宜兴壶的仿制，尽管在形制、泥料、装饰、功能、款识，竭尽全力追摹紫砂意象，但始终未能毕见全部。无论多么完美的仿制品，只要打开壶盖，看看它的内胎，或是观察它的成型法，就足以判断是否为宜兴所出。这与明清宜兴紫砂在欧洲的文化传播特点相关：以商品销售、流通为主要形式，并未涉及制作工艺和技术的外传。

在通往宜兴仿制之路上，横亘着两道难以克服的屏障：“紫砂泥料”与“打身筒成型法”。对仿制者而言，紫砂泥料是一个难以逾越的障碍，在交通不发达的时代，从宜兴千里迢迢运来紫砂土，不如直接采购紫砂壶。即便潮汕或日本常滑曾经偶而为之，也因不符合长远的经济效益而放弃。既然没有紫砂土，那受限于本地陶土的物理性，肯定无法采用宜兴工匠所用“打身筒成型”的制作技艺。所有试图复制宜兴壶的陶工一样，他们首先要克服成型问题。荷兰陶工米尔德是镟轳车拉坯制壶，埃勒尔的仿制尝试用注浆方式，其贴花技法也省略了中国泥片贴附的方法，直接以印模施压，甚至连印模留下的边缘印痕也不做修饰。

当时紫砂外销的文化互动中，唯有日本在某种历史机缘之下得到紫砂素不外传的打身筒成型工艺。虽然日本常滑陶瓷匠师们在仿制宜兴紫砂时，比代尔夫特陶工晚了整整两个世纪，然而，对日本来说，这种技术上的学习使得19世纪之后至今，其陶瓷生产与中国都有亲密的联系，不论是在以茶道为中心的道器文化上，还是技术、风格上。这种影响似乎也可以正反两看：一方面，日本与中国瓷器组成为东亚陶瓷艺术的力量，形成今日独特的东方陶瓷风格；另一方面，日本无法像同样在18世纪参与宜兴紫砂模仿的欧洲工坊一样，从18世纪中期之后迅速走上一条独立创新之路，并随着工业革命的发展，借助其机械生产的先天优势，走上现代陶瓷设计之路。

并且，于中国来说，对于工艺技术的坚持使得紫砂一直走传统发展之路，虽然在现代主义设计影响下，新的设计理念积极运用到器型上，然而在成型工艺上，仍然把圆器用拍身筒、方器用泥片衔接的手工制作视为正宗。这是促成紫砂艺术生命力不断延续和发展的根本。对于欧洲的仿制来讲，虽然如伯特格尔等在研制红陶的过程中已经熟练掌握了烧成技术，并且意外发现了瓷土配方。然而，相比较紫砂茶器的文化性，欧洲陶工对其功能性更为关注的态度，日后欧洲能在设计发展历程中走向功能主义道路的端倪，早在此时已经露出。

中国与欧洲文化艺术交流互动下的紫砂艺术，相较彼时欧洲人千方百计想得到研制技术的瓷器而言，它的泥土配方、窑炉烧成、成型工艺等技术交流和传播在欧洲是缺失的。工艺交流的缺失，一方面使得欧洲对紫砂茶器的认知停留在茶器的功能性范畴，对其仿制流于颜色、造型、装饰等艺术性层面。器物本身所承载的特定的文化符号和传播功能并没有被激活，因而也就削弱了两种文化互动所呈现的深度和力度；另一方面，对欧洲陶瓷制作来说，缺少外来工艺的束缚反而成为一个契机和推力，推动了各国瓷器生产工艺的不断创新，顺利地走上了近代工业发展之路。

二、启示：从紫砂文化传播看文化交流的模式

文化学理论研究认为，文化的传播即文化的互动行为和交流行为，是社区、群体以及人与人之间的文化流通关系[①]。文化总是处于一个传播和流动的动态过程而存在。文化的交流是一个复杂的、多向的甚至反复的交流、对流的过程。对于内在逻辑来说，文化交流的复杂表现在既有选择、吸收、融合，也有拒绝、排斥、扬弃。

美国著名人类学家雷德菲尔德·林顿（R. Redfield，R.Linton）和赫斯科维茨（M. J. Herskovits，1895—1963年）在1936年所著的《涵化研究备忘录》中指出："涵化……被定义为由个体所组成的而具有不同文化的民族间发生持续的直接接触，从而导致一方或双方原有文化形式发生变迁的现象。"[②]后来在1938年《涵化：文化接触之研究》（*Acculturation: the study of culture contact*）中又重申了这一定义。

史学家沃什特尔（N. Wachtel）从"涵化"（Acculturation）的角度来"研究不同文化接触之后产生的相互影响的种种现象"[③]。"涵化"指的是文化移动的过程，不同文化群体深入接触时所发生的变化。"伴随着文化接触产生的接收、选择、对抗、统一的过程，这个过程是双向对流的"[④]文化的涵化，从要

---

① 李砚祖．工艺美术概论[M]．北京：中国轻工业出版社，2007: 208.

② Putting culture back into acculturation: Identifying and overcoming gaps in the definition and measurement of acculturation, James Broesch&Craig Hadley[J], The Social Science Journal, 2012, 49(3): 376.

③ 张广达．文本、图像与文化流传[M]．桂林：广西师范大学出版社．2008: 21-22.

④ 郭齐勇．论文化变迁中的涵化和整合[J]．哲学动态，1990（4）: 24.

素和阶段发展来说，分为：输入—接纳—适应—调适的过程。“纵观历史上的任何一次文化交流，它的形式都是由表及里，由日常走向风俗，由物质走向精神。在这种交流中，彼此都会经过输出与接纳、适应与调适。”[①]

用文化涵化的概念和角度，可以阐释本文所涉及的文化互动背景下的宜兴紫砂艺术在造型、纹饰等形成艺术形象、艺术风格等的艺术性研究。在每一个时代双向文化所表现出来的文化互动、互渗就是文化涵化的过程。在本研究主题中不乏这样的示例。以17、18世纪紫砂茶器对欧洲陶艺家和陶瓷工业的影响这一主题来看，17世纪70年代早期，荷兰商人在运送茶叶的过程中将宜兴茶器一起带入欧洲。紫砂茶器的传播以茶叶为载体，以“中国热”为助推。宜兴茶器的特性十分神奇，未施釉但不渗水，器型特别，器表富有光泽，随着饮茶的流行，宜兴茶器也很快成为流行品，数量稀少、昂贵的价格和阶级属性促使代尔夫特、伦敦西南区的富姆勒和斯塔福德郡、迈森、法国等瓷厂竞相模仿。代尔夫特的模仿从1678年开始生产红陶器，并一直持续到1730年左右。不久后传到斯塔福德郡，17世纪90年代，荷兰埃勒尔兄弟研制了红陶新工艺。1710年德国迈森仿制荷兰或者宜兴器生产红陶。在这一过程，实现了文化传播、互动的所表现出的输入—接纳—仿制这一过程。然而，具有强大生命力的文化总是带有可调适性、改善性的特性。

大约从1760—1775年[②]这段时间开始，那些在17、18世纪初期风靡欧洲的中国艺术和图像不再受到狂热的追捧。欧洲工匠试图从色泽、装饰、器型到工艺进行自主创新，追求新的风格，实现了陶瓷制作和艺术风格中的蜕变。尔后，这些不施釉、颜色淡雅的贾思帕炻器（Jasper Porcelain）便停产了，逐渐被后来的乳白瓷所替代。甚至欧洲制造商在尝试用其他的材质在替代中国瓷器所带来的影响。创新和技术的推动，新的釉料、镀金装饰、转印丝网印刷，以及整体式样等方面的创新和研发，使得18世纪末期，欧洲陶瓷自主品牌塞夫勒、韦奇伍德、迈森奥地利皇家维也纳、意大利波迪蒙蒂、伍斯特、切尔西、德比等制造商生产出了欧洲风格的瓷器。在这种创新推动中，欧洲不但实现了输入—接纳—仿制—生产这一早期工业化进程，并且也实现了文化交流的良性

---

① 林金水．从罗可可之风看17—18世纪西方对东方文化的接纳与调适[J]．史学理论研究，2002（02）：70-83.

② 〔法〕帕特里斯·万福莱．宜兴紫砂陶对欧洲的影响[M]．施云乔，译．北京：中国文化出版社，2017：16.

模式：从接纳、融合到调适的过程。由接触、接受和仿制、调适生产推动了欧洲陶业生产的发展进程。在这一进程中陶工的技艺创新、适应性生产和文化自觉，以及陶瓷艺术发展的形塑和裂变，最终形成欧洲自己独立的发展脉络，形成18世纪末期多样性和稳定性并存的艺术面貌。而这些成果从对宜兴茶器的引进、接纳、适应与模仿开始。

模式和规律的发展具有适性。同样地，纵观18、19世纪内、外销紫砂茶器所表现出来的装饰化倾向，表现在浓郁的西方审美趣味、求新求异的造型、繁复多层次的装饰工艺等无不体现出欧洲文化艺术的影响。然而，在这一过程中，内销紫砂始终保持有选择性的“接纳”，通过文化艺术创新和调适，文化的移植、变迁、发展、整合得以实现。文化涵化正是建立在这种整合历程基础之上的。

文化交流的模式，从来自欧洲的珐琅技术运用于宜兴胎茶器上可见一斑，康熙珐琅在其研制之初完全仰赖西方传教士的技术支持，后来宫廷匠师在工艺、装饰元素以及文化风格上进行了一系列的创新，形成了具有特色的样式的珐琅器文化面貌。在中国文明史视阈之下，宏观到造物文化，微观到陶瓷史，器物的形制、装饰、色彩都是在漫长的历史长河中与不同民族、不同文化的传统、工艺和审美经过范围广大的文化交流、交融的结果。

从紫砂文化的交流，以小窥大，可见文化交流的模式。在文化交流过程中，既有融合渗透，又有冲突对抗，在最后走向调适与整合。因而，涵化的结果应当促进双方文化的共同发展，任何一次的“适应”和“调适”，都是一种新的文化的再生和创造性的文化交流。对接纳之方来说，它既是对外来异质文化吸纳、改造和重建的过程；对输出方来说，又是对本土文化重新反思、审视和改铸的过程。因而，对文化、艺术互动之双方，是各类文化在各种形式的交往中相互影响，并分别贡献各自价值的过程，是一种各民族相关文化进行共同创造、丰富的过程。

附录A　输入欧洲紫砂壶及各国的仿制

时间 国家	1600—1650年	1650—1700年		1700—1750年		1750—1800年		1800—1900年		1900—2000年	
	1620—1627年	1650—1670年	1680—1700年	1700—1730年	1730—1750年	1750—1780年	1780—1800年	1800—1850年	1850—1900年	1900—1950年	1950—2000年
宜兴	 										
荷兰											
英国											
德国											
法国											
捷克											

附录B 输入欧洲紫砂器装饰类型图示

 透雕装饰	 同色贴花装饰	 珐琅装饰
 半透雕装饰	 对比泥贴花装饰	 模印装饰
 金属附件	 高浮雕	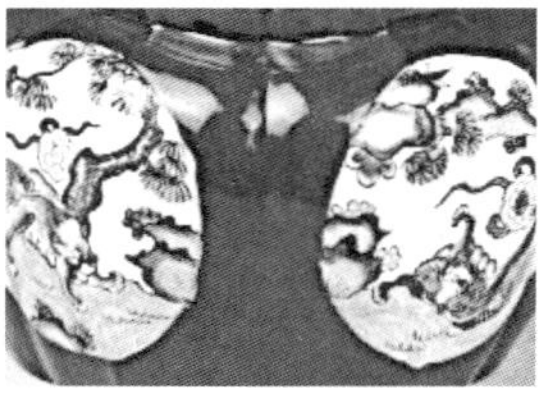 珐琅装饰（满釉）
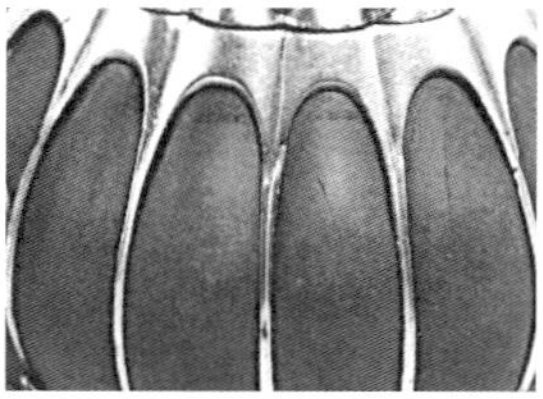 包镶工艺	 金漆装饰	 刻字装饰
 泥绘装饰	 漆绘装饰	 模压装饰